本书获得温州大学资助

A Study of Firm's Cooperative Innovation Matching Mechanism Based on Heterogeneous Factors

基于异质性要素的企业合作创新匹配机理研究

刘克寅◎著

图书在版编目（CIP）数据

基于异质性要素的企业合作创新匹配机理研究/刘克寅著．—北京：经济管理出版社，2021.3
ISBN 978-7-5096-7864-0

Ⅰ.①基… Ⅱ.①刘… Ⅲ.①企业创新—经济合作—研究—中国 Ⅳ.①F279.23

中国版本图书馆CIP数据核字（2021）第050933号

组稿编辑：何　蒂
责任编辑：何　蒂　李光萌
责任印制：黄章平
责任校对：董杉珊

出版发行：经济管理出版社
　　　　　（北京市海淀区北蜂窝8号中雅大厦A座11层　100038）
网　　址：www.E-mp.com.cn
电　　话：（010）51915602
印　　刷：北京虎彩文化传播有限公司
经　　销：新华书店
开　　本：720mm×1000mm/16
印　　张：13.75
字　　数：239千字
版　　次：2021年3月第1版　2021年3月第1次印刷
书　　号：ISBN 978-7-5096-7864-0
定　　价：78.00元

·版权所有　翻印必究·
凡购本社图书，如有印装错误，由本社读者服务部负责调换。
联系地址：北京阜外月坛北小街2号
电话：（010）68022974　邮编：100836

前　言

合作创新对于我国企业发展越来越重要，但在实践过程中，合作分离、合作失败的比例却非常高。现有的研究没有形成一个清晰、明确的合作创新理论，对合作创新影响因素的分析较为凌乱，对于合作创新机理的刻画较为浅显、片面、不够深入。因此，本书主要解决三个问题：①解析合作创新的作用机理；②对影响合作创新绩效的主要因素做实证分析和检验；③提出促进企业合作创新发展的措施和策略建议。

在理论研究方面，笔者从现实大量的合作创新失败资料中提炼出影响合作创新的三个关键性要素，即资源、能力和行为；并从合作双方创新要素匹配视角，解析合作创新绩效的关键影响因素和约束条件。本书强调了合作中"3C"匹配的重要性，即不同合作伙伴之间的异质性资源互补（Complementary）、异质性能力兼容（Compatible）和异质性行为契合（Coordinate）。研究紧紧围绕这三个方面解析了合作创新作用机理：①在实现创新资源互补匹配研究方面，强调资源异质性、相关性与获取资源的相对成本三者之间的权衡是实现最优匹配的关键。异质性与相关性是合作价值提升的基础，而获取资源的相对成本高低在合作选择中起着调控作用。以此为基础，本书提出了潜在合作伙伴选择的两种评价方法——欧几里得距离评价方法和合作吸引力评价方法，并对合作对象的选择方法与步骤做了阐述。②在实现异质性能力兼容研究方面，本书强调合作创新同时也是一个能力发挥的动态过程，合作伙伴之间的能力水平兼容以及不同性质能力的衔接对合作绩效具有重要的影响作用。然而能力水平兼容与衔接又与能力提升的激励机制和管理水平紧密联系，企业应该从内生能力激励与外生能力管理角度，实现合作各方的能力兼容。③在实现异质性行为契合研究方面，本书强调合作各方的行为协调失灵、各种机会主义行为，如合作中不努力、刻意隐瞒成果、不按时完成任务等会增大合作风险，降低创新投入积极性，最终导致合作失败。本书进一步指出合作中异质性行为产生的深层次原因，包括信息不对称、合作契约不完备等。

在实证研究方面，本书利用我国工业企业在合作创新方面的宏观统计数据和浙江省温州、台州地区的企业调研数据分析了我国企业开展合作创新的现状、特点以及存在的主要问题，并利用计量软件和 Amos 统计分析软件检验了异质性要素匹配对企业合作创新绩效的影响效应。①结果显示，尽管我国企业的合作创新活动越来越活跃，但仍存在较严重的创新要素错配现象。本书利用各省份的合作创新面板数据检验了我国大中型工业企业开展合作创新对企业绩效提升所具有的互补效应。结果显示，当企业具有更强的技术吸收能力（衡量合作中各方能力兼容程度）、较大经营规模（衡量合作中可寻资源互补程度）和具备以往技术转让经验（衡量合作中各方行为管理与控制水平）时，合作创新对企业绩效提升的互补性较强。②利用浙江省温州、台州地区 235 家制造业企业的调研数据，笔者进一步分析了这些企业的异质性要素匹配状况以及它们对创新绩效（合作目标实现程度、合作满意程度、合作关系稳定持久性）的影响效应。结果显示：资源互补匹配、能力兼容和行为契合同时与合作绩效提升有显著的正向关系；其中，异质性资源互补匹配对合作创新绩效的影响最大，异质性行为契合次之，最后是异质性能力兼容。从细分因素的影响来看，资源搜寻努力、合作中资产多样性、能力水平兼容、合作可信性、合作行为协调性等对合作绩效的影响较为显著。

在对策建议方面：①提出通过加强合作信息搜寻，合作项目与对象筛选、审查与评估工作，来提高合作决策机制的科学性与有效性。在合作伙伴选取时，不应过分追求合作对象的"高大上"和技术的先进性，合作对象选择可以具有多样性、层次性和针对性。合作方式可以由浅入深，通过了解、磨合增进互信，降低信息不对称；同时构建专业化的合作对象选择管理机制，从被动、盲目地选择合作伙伴转变到主动、有针对性地选择合作伙伴。②在促进合作中异质性能力兼容方面，企业可以从内生视角构建创新能力提升激励机制，改进收益分配方式和人才奖励制度，提升企业能力水平。企业还可以从外生视角加强各方能力衔接与管理工作，通过沟通平台、互动学习平台与交叉激励机制实现异质性能力兼容。③提出通过利用声誉机制、信号机制、关系治理和契约管理等减少合作中的信息不对称，约束异质性行为，增进互信，实现合作中的协同效应。④政府可以在信息平台搭建、合作创新投入资助、推动中小企业合作创新发展等方面发挥积极作用。

本书的主要贡献：①对影响合作创新发展的主要因素做了有益的梳理和提炼，克服了合作创新理论研究中异质性概念过于宽泛、模糊的问题。②从创新过程中的异质性要素匹配角度出发解析了合作创新机理、约束条件和关键性影响因素，为合作创新研究提供了新视角。③提出通过实现异质性资源互补匹配、异质性能力兼容、异质性行为契合来提升创新绩效，为促进合作创新发展提供了新观点。

目 录

第一章 绪 论 ·· 1
    第一节 研究背景 ·· 1
    第二节 研究目的与意义 ·· 3
    第三节 研究基本框架、概念界定和主要内容 ································ 4
    第四节 研究方法与创新点 ·· 10

第二章 企业合作创新匹配的相关研究述评 ······································ 13
    第一节 合作创新机理的理论研究 ·· 13
    第二节 合作创新绩效与影响因素的实证研究 ······························ 23
    第三节 合作创新对象选择研究 ·· 31
    第四节 异质性与企业合作创新研究 ·· 34
    第五节 现有研究评述 ·· 41

第三章 基于异质性资源互补的合作创新机理研究 ·························· 43
    第一节 企业开展合作创新对互补性资源的需求 ·························· 44
    第二节 基于异质性资源互补的合作创新模型 ······························ 48
    第三节 基于异质性资源互补匹配的合作伙伴选择评价模型 ········ 56
    第四节 提升合作中异质性资源互补匹配的管理策略 ··················· 65
    第五节 本章小结 ··· 68

第四章 基于异质性能力兼容的合作创新机理研究 ·························· 70
    第一节 合作创新中效率与能力约束问题 ····································· 71

第二节　基于异质性能力兼容的合作创新模型 ……………… 77
　　第三节　影响合作中企业能力兼容的因素分析 ……………… 83
　　第四节　促进合作中异质性能力兼容的策略 ………………… 87
　　第五节　本章小结 ……………………………………………… 91

第五章　基于异质性行为契合的合作创新机理研究 …………… 92
　　第一节　异质性行为导致合作创新分离与失败 ……………… 93
　　第二节　异质性行为契合的合作创新模型 …………………… 96
　　第三节　合作主体的创新行为不契合的根源分析 ………… 103
　　第四节　合作中异质性行为的治理策略 …………………… 106
　　第五节　本章小结 …………………………………………… 111

第六章　我国工业企业合作创新问题及其互补效应实证研究 … 113
　　第一节　我国工业企业开展合作创新现状与特点 ………… 115
　　第二节　我国工业企业合作创新存在的障碍与问题 ……… 132
　　第三节　我国大中型工业企业合作创新的互补效应计量分析 … 137
　　第四节　本章小结 …………………………………………… 147

第七章　典型地区企业的合作创新要素匹配与绩效实证研究 … 149
　　第一节　调研对象与方法 …………………………………… 149
　　第二节　结构方程模型与调研问卷变量设计 ……………… 151
　　第三节　测量变量的效度与信度检验 ……………………… 160
　　第四节　结构方程模型分析 ………………………………… 170
　　第五节　假设检验结果及讨论 ……………………………… 178
　　第六节　本章小结 …………………………………………… 180

第八章　研究结论与对策建议 …………………………………… 181
　　第一节　主要研究结论 ……………………………………… 181
　　第二节　对策建议 …………………………………………… 183

参考文献 ……………………………………………………………… 190

附　录 ………………………………………………………………… 206

后　记 ………………………………………………………………… 209

第一章 绪 论

第一节 研究背景

一、合作创新变得越来越重要

合作创新是指企业与企业、大学、科研院所等机构展开合作,通过整合分散的创新资源和能力,提升创新绩效的创新过程。合作创新研究既是一个前沿理论研究,又具有重要的实践意义。

随着我国经济的快速发展和外部经济环境的变化,合作创新对于企业发展变得越来越重要。合作创新能够实现资源共享和规模经济,消除不必要的重复投资,使得合作企业可以承担更大规模的开发项目;合作中协同效应,提升了合作企业整体竞争力;合作创新还可以克服专利制度不完善时,将知识溢出内部化,从而提高创新的积极性。

Chesbrough(2003)强调目前全球已经出现了一种开放式创新趋势,当企业之间的关系变得越来越紧密时,如果企业的内部资源不足以进行创新,可以充分利用好外部技术资源进行创新。Edquist 等(2002)在对瑞典近千家制造业企业的创新活动做了调查分析后发现,近70%的企业都与外部伙伴有过合作。Buschma(2005)指出,过去的20多年里,与供应商、客户、竞争对手、大学、科研机构等进行R&D合作或成立技术创新联盟已经成为欧美国家许多企业开展创新活动的常用方法之一。许多研究也表明,通过合作创新,企业不仅成功开发了新技术、新产品,而且自身创新能力也得到提高,对企业的创新发展产生了深远影响（如 Ponds 等，2010；Mindruta，2013）。Perkmann 等（2011）指出，合作创新提高了企业进一步获取专利的成功率。Kafouros 等（2015）认为，通过与大学、科研院所等学术机构的合作，对于类似中国这样的新兴市场中的企业而言，其创新能力得到了很大提升。Yayavaram 等（2018）则从知识领域和结构角度对合作创新伙伴选择进行了探究。毫无疑问，合作创新对于企业发展越来越重要。

当前我国正处在发展转型过程中，政府提出了创新驱动的新发展战略。我国要构建自主、新特色的发展道路，就要以全球视野谋划和推动创新，增强原始创新与合作创新，提高技术引进、吸收与再创新能力。通过合作创新提升企业的创新能力、实现经济转型发展在当前显得格外重要，它是我国实现创新驱动发展的一条有效路径。

二、为何经常出现合作创新失败

尽管合作创新会给各方带来诸多好处，但是仍有大量的研究表明，相当部分（占30%~70%）的合作创新以失败而告终，合作分离的风险也很高。Harrigan（1988）研究了880家合作创新项目，发现只有45%的合作项目取得了成功（依据合作伙伴的评价）。Littler 等（1995）研究了100多家英国IT企业的合作创新活动，他们的研究结果显示，超过40%的企业认为合作创新开发新技术或改进产品相对于独立开发的时间耗费更多、过程更为复杂；对瑞典的400多家企业的调查研究也得出相似的结果。他们发现，仅仅有不到9%的企业真正做到了与竞争对手企业合作，而有40%的企业管理人员对合作持有否定态度。我国学者陈一君（2004）的调研结果显示，企业进行合作创新活动的失败率一般在50%~60%，合作行为的不确定性给合作带来了极大的风险，导致合作失败率很高。杨焕春（2007）对温州19个行业、300多家企业进行了调研。在对企业技术开发模式的调查中显示：进行独立的技术项目研发的企业占很大比重，高达79.1%；然而与其他企业开展合作研发的比重为13.6%。33%的企业会经常开展产学研活动，37.3%的企业只是偶尔开展产学研活动，另外，还有高达30%的企业几乎没有任何的合作开发活动。即使企业参与产学研合作，也以"短、平、快"的合作开发项目为主，一些企业难以形成长久合作关系，合作多处于自发、偶然状态，企业也普遍缺乏全面的合作战略规划。影响企业合作积极性的因素还包括：企业的合作能力衔接不足，缺乏足够的技术转化人才或设备；然而高校等的技术不成熟也是经常出现的问题。宋娟等（2019）以中国轨道交通装备产业为案例剖析了导致大量核心企业合作创新失败的隐性因素，在此基础上试图进一步探究突破创新"盲点"的路径。

为何合作创新经常出现失败？①合作创新的障碍因素多。缺乏信息、科技成果不成熟、吸收应用能力不足、利益分配不合理、沟通困难、合作形式单一、协调不力、文化差异存在、知识产权矛盾等都是可能造成合作创新失败的原因。②合作中的创新要素错配现象严重。选择不恰当的合作伙伴一直被认为是导致合作失败的重要原因之一。在合作前，各方对彼此间的核心资源禀赋情况了解不深、技术供需不匹配、资源重叠或同质现象严重，不能形成互补效应；合作中各方在技术开发、吸收与市场应用等方面的能力脱节，不能形成有效衔接，能力水平差异太大，不能形成协同效应，降低了创新效率；合作中各方目标不一致、信息不透明、缺乏互信，各种机会主义行为和道德风险问题严重，导致合作分离。③合作管理机制不健全，合作努力和投入激励不足。合作是一个复杂的动态过程，不确定性和风险因素很多，需要各方面能力的协调与发挥。但是在实际过程中，企业不重视能力提升的投入激励、互信关系的培养，没有建立规范、有效的沟通、管理、协调与监督机制，也没有相应的奖惩机制，降低了合作中知识传递效率、学习效率，不能形成稳定、可靠的合作关系。

一方面，合作创新对于企业发展越来越重要；另一方面，在实际合作过程中又经常出现资源不匹配、能力不兼容、行为不契合等问题，影响了合作各方利益的提升，导致企业参与合作的积极性不高。要改变这种尴尬局面，有必要对合作创新机理进行深入剖析，找出影响合作绩效提升的约束条件和关键性因素，并提出相应的对策建议。

第二节　研究目的与意义

本书是"基于异质性要素的企业合作创新匹配机理研究"。笔者认为，①尽管合作创新作用机理复杂且影响因素众多，但是其仍具有一定规律。合作创新中有一些关键性要素，例如创新资源、创新能力与创新行为等，基于这些关键性要素进行合作匹配、管理与控制，就能寻找到双方合作的契合点，也就能提高合作创新绩效。②要保证合作创新的成功应充分考虑各个创新要素在合作各方之间的异质性，例如合作双方资源的异质性、能力的异质性以及行为的异质性。异质性在现实中很普遍，企业与企业、大学、科研机构等存在广泛异质性：在资源禀赋、能力水平和行为方式等方面存在广泛差异。一个关键问题是：合作伙伴的异质性既有可能提升合作创新绩效，又有可能抑制创新绩效提升。如果合作各方的创新要素能整合在一起，形成互补效应和协同效应，那么就能提升合作绩效；但是如果合作各方的创新要素不匹配，合作具有竞争性、替代性和不协调性，那么就会降低合作各方的收益，导致合作分离或者失败。在实际中，这种案例很多，合作伙伴之间的创新资源尽管差异很大，但没有形成互补优势；在一些合作中，各方的创新能力不兼容，不能形成有效的学习与互动，影响了技术知识的传递、吸收和应用效率；还有一些合作中，合作各方出现了各种机会主义行为：研发不努力，投入支出不协调，不能按时、按质完成任务，挪用资金，知识侵权等，合作方的这些异质性行为使得信息交流受阻，给创新带来了极大风险，影响了合作创新稳定发展。因此，合作要因势利导，依据各方特点，在资源上形成互补、在能力上形成兼容、在行为上形成契合，才能最终提升创新绩效。③现有研究没有形成关于合作创新中异质性的清晰概念，对创新要素的解剖也不够深入，也不能在促进合作资源互补、创新能力兼容和创新行为契合方面提出针对性建议和策略。因此，对这一方面的研究非常有必要。

研究目的和意义有以下三个：

（1）将合作创新中的异质性划分为三个维度：异质性资源、异质性能力和异质性行为。深入探讨三个维度的异质性要素对企业合作创新绩效的作用机制，弥补其理论研究的不足。

（2）利用调研数据，验证和分析理论模型的科学性、准确性与适用性，估算各个异质性要素对企业合作创新绩效的影响效应大小。

（3）充分挖掘实现异质性资源互补匹配、异质性能力兼容和异质性行为契合的关键性影响因素，提出相应的控制要点与策略，为企业的合作创新实践提供指导建议。

第三节　研究基本框架、概念界定和主要内容

一、研究基本框架

本书的基本框架如图1-1所示。

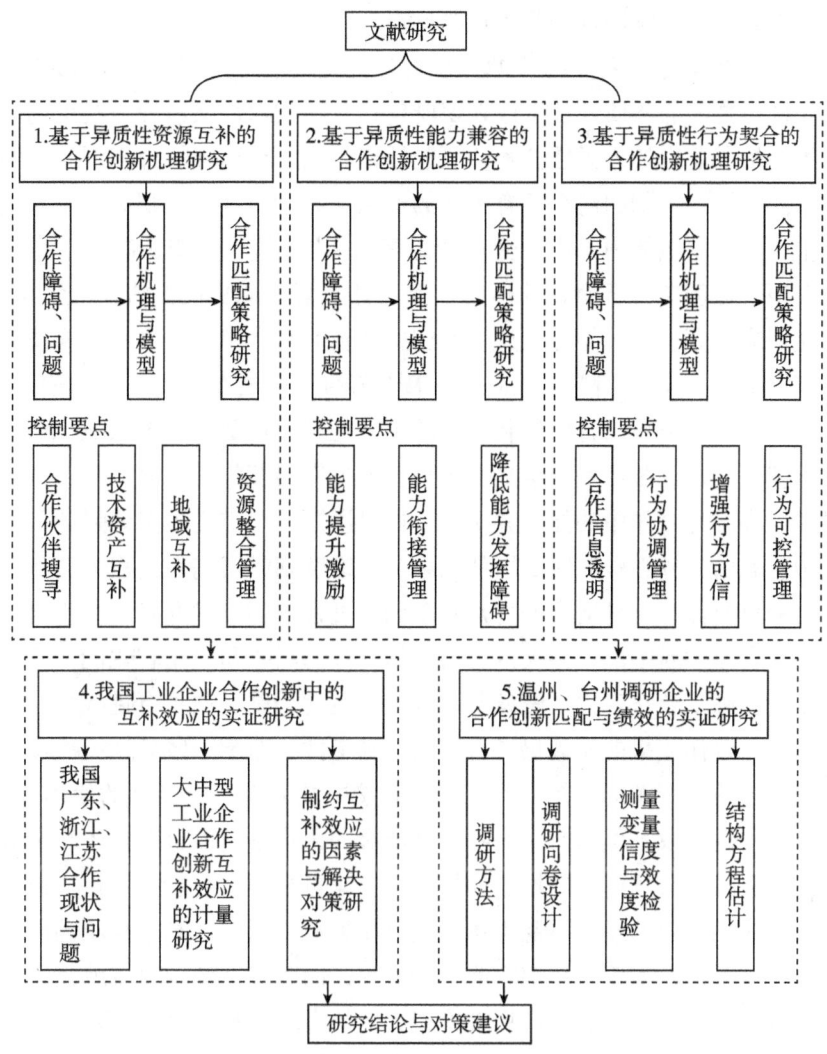

图1-1 本书的基本框架

本书框架包括四大部分：第一部分是文献研究，通过梳理合作创新相关文献，找出当前研究的不足，并为本书寻找出一定理论线索。

第二部分是基于异质性的企业合作创新机理研究。本书将合作创新中的异质性划分为三个维度，即异质性资源、异质性能力和异质性行为，这是从影响合作创新绩效的众多因素中归纳出的三个主要的创新要素，从合作双方的要素匹配状况来展开对合作创新机理的研究。本书这一部分以此为根据，详细解构合作创新机理，找出其中的关键因素和管理控制要点。

第一个维度是合作伙伴的资源异质性，主要是合作伙伴的知识和技术异质性。合作伙伴之间的异质性技术或知识既包括专利技术，又包括一些市场、管理知识；既包括产业内的差异性技术，又包括跨产业、跨地域的合作创新主体的差异性技术和知识。不同的组织拥有不同的资源（人力资本、已积累的专利技术基础、资金、生产制造能力、市场营销资源等），这种差异性资源决定了企业在应用这些资源进行创新时所面临的不同成本，对于某种禀赋较少的技术知识资源，企业的应用成本会很高。但是通过合作创新，企业与合作伙伴之间的异质性资源的分享能提高互补作用，降低异质性技术资源的使用成本，提高合作创新绩效。因此，基于异质性资源的合作创新机理的关键是实现资源的互补匹配，而其管理控制要点就是通过克服不完全信息，最大程度提高资源的匹配度。

第二个维度是合作中的能力异质性。如果说第一个维度更多地强调了合作创新过程中静态的互补性资源匹配，那么第二个维度则强调创新过程中合作双方的动态能力的重要性，这种动态能力是基于创新过程中的技术开发、吸收与应用转换的能力。合作创新中的很多失败源自合作双方的吸收和应用转化能力不足。合作创新尽管提高了合作双方的资源共享程度，但它仍是一项具有挑战性、风险性的创新活动，合作成果的实现仍具有很大不确定性。对于一些较低层次或水平的合作而言，异质性资源的直接交换（比如直接的技术购买、专利的使用或授权）就意味着合作的结束，但是对于一些较高层次的合作创新而言，它还涉及所开发技术的有效吸收及市场应用转换。如果合作企业自身的吸收能力不足，或者自身进行吸收、应用转换的投入不足也将导致合作失败。因此，基于异质性能力的合作创新机理的关键是实现合作双方能力的兼容，而其管理控制要点就是通过不断投入、改进合作双方的吸收、应用转换能力，最大程度提高合作创新绩效。

第三个维度是合作中行为异质性，主要是合作伙伴的机会主义行为等。合作中的异质性行为非常普遍，因为合作主体的差异性、合作双方的目标差异性以及合作过程中的长期性和复杂性等导致不信任、机会主义行为出现。然而这些异质性行为对合作创新非常有害，它会使合作双方的投资行为不协调，或者使创新投入不足、投资不足或者出现"搭便车"现象。只有合作双方的行为具有契合性、协调性，它们才能形成"1+1>2"的合力。因此，基于异质性行为的合作创新机理的关键是实现合作双方行为的契合，而其管理控制要点就是改进治理机制，减少不对称信息和合作交易成本，增强信任，提高协同性，实现程序匹配。

第三部分是异质性创新要素匹配对合作创新绩效影响的实证分析。其中，一部分是基于温州、台州地区 200 多个调研企业的合作创新绩效实证分析，主要研究三个维度的异质性要素匹配对合作创新绩效的影响。研究将详细阐述调研对象、调研方法、理论模型假设、调研问卷的设计、变量测量以及统计结果讨论与启示等内容。另一部分是基于中国大中型工业企业数据的合作创新中替代性与互补性分析。这一部分研究的目的是考察中国大中型工业企业的内部 R&D 与合作创新中外部技术获取之间的关系性质，特别是分析哪些异质性因素决定了企业内部 R&D 和外部技术获取之间的互补效应，例如企业的技术吸收能力、企业规模、企业发展阶段以及不同技术活动形式等因素的影响效应。为了实现这一目标，估计一个超越对数（Translog）创新产出函数，在这一函数中，可以提供对内、外部 R&D 投入以及直接外部技术引进之间的互补性或替代性的估计，并分析其决定性因素。

第四部分是结论和对策建议，对主要发现、重要观点做一一归纳，并提出相应的企业策略建议及政策建议。

二、主要概念内涵界定

研究中有一些重要概念，表 1-1 对这些概念的含义做了清晰定义。

表 1-1　主要概念的内涵界定

主要概念	基本含义
合作创新	是指企业与企业、大学、科研院所等开展合作，通过共享、整合分散的创新资源，激发各自能力，共同提升创新绩效的过程
异质性资源	是指合作伙伴拥有不同性质、不同领域的创新资源，例如在技术专利、知识储备与技术人员数量等方面表现差异。它是合作的基础，但是仍要考虑相互间互补
异质性能力	是指合作伙伴在技术研发、学习、应用与吸收方面表现出的能力水平差异和不同能力之间衔接程度。如果能力水平差异太大，或者不同能力衔接不足就会降低合作中的技术研发效率、技术吸收效率和技术应用效率
异质性行为	指合作中合作伙伴之间在研发投入、知识共享、风险分担等方面表现出行为不协调，例如投入不足、不按时完成任务、知识侵权等行为，影响合作绩效
合作匹配	指合作伙伴之间能形成创新资源互补、创新能力兼容和创新行为契合
资源互补匹配	指合作伙伴将各自拥有的差异性资源进行有效组合，形成互补优势，实现资源组合的最大价值

续表

主要概念	基本含义
能力兼容	指合作伙伴在技术研发、学习、吸收与应用等方面能力水平与质量的有效衔接，将创新效率提升到最大
行为契合	指合作伙伴相互间能实现创新行为的一致性，没有推卸责任，按时、按质完成各项任务，发挥协同效应
Euclid（欧几里得）距离评价法	指在选择合作伙伴时，为了实现异质性资源互补匹配，从合作主体之间的技术异质性（业务、技术领域、技术质量异质性）、资产异质性（设备资产、人力资本等异质性）和地域异质性（合作对象所处不同地域）等角度评价潜在合作对象
合作伙伴吸引力评价方法	指在选择合作伙伴时，为了实现异质性资源互补匹配，从合作主体的有价值资源掌握状况与合作距离、合作成本的权衡比较评价潜在合作对象
吸收能力	指企业对合作中外部知识信息的识别、获取、学习、转换和实现商业应用的能力
内部 R&D 与外部 R&D 替代性	指合作中企业的内部 R&D 与其他创新主体的外部 R&D 之间只是一种简单的替换关系（"1+1=2"），两者的结合没有产生"1+1>2"的协同效应
内部 R&D 与外部 R&D 互补性	指合作中企业的内部 R&D 与其他创新主体的外部 R&D 之间能形成一种"1+1>2"的协同效应；或者当内、外部 R&D 配合使用时，一种 R&D 投入可以提高另一种 R&D 投入的边际报酬率，两种 R&D 具有相互依赖关系，它们共存时可以实现更高的 R&D 投入回报率

三、主要研究内容

本书总共八章，主要内容如下：

第一章是绪论。本章主要从当前企业开展合作创新遇到的阻碍与问题出发，提炼出影响合作创新的关键要素，并阐述实现合作中异质性要素匹配的重要意义。另外对本书的基本框架、思路和方法也做了一一说明。

第二章是企业合作创新匹配的相关研究述评。分为四个部分：一是对目前关于合作创新机理的理论研究做出相应评述；二是对现有的关于合作创新绩效的影响因素的实证分析做相应评述；三是对现有的关于合作对象选择方法研究做出相应评述；四是对与企业合作创新有关的异质性主题文献做出相应评述。

第三章是基于异质性资源互补的合作创新机理研究。首先，探讨企业创新资源的分类、特征以及合作创新中企业对互补性资源的需求。其次，提出实现异质性资源互补匹配的合作创新机理，强调合作中实现资源异质性与相关性之间的有效平衡是关键，它能实现资源组合价值最大化。对潜在合作伙伴的选择方法、评价原理和评价指标体系设计等一一做了阐述。最后，提出提升合作中异质性资源互补匹配程度的策略建议。

第四章是基于异质性能力兼容的合作创新机理研究。首先阐述了提升合作创新效率对合作各方多方面创新能力的要求。其次通过合作过程中技术吸收模型论证了技术吸收能力约束可能导致的合作低效或合作失败的问题。在此基础上，深入探讨了造成能力约束的原因，以及激发合作各方能力提升的因素和实现不同能力有效衔接的控制要点。最后提出促进合作中各方异质性能力兼容的策略建议。

第五章是基于异质性行为契合的合作创新机理研究。首先阐述了合作中各方行为不协调性的表现及其后果，包括对合作中各种机会主义行为的分析。其次以校企合作创新模型为例，通过两阶段的合作过程分析，阐述了合作双方在创新投入选择方面出现协调失灵的影响。进一步研究了造成合作双方的创新行为不契合的深层次原因，包括合作观念与目标的不一致性、合作信息不透明、激励扭曲、合作契约不完备以及社会关系等因素的影响。最后阐述了促进合作行为契合的控制要点与策略，包括发挥信号机制作用、关系治理作用以及构建有效监督机制与沟通渠道等。

第六章是我国工业企业合作创新问题及其互补效应实证研究。利用文献资料、网上公开报道以及历年《中国工业经济统计年鉴》《中国科技统计年鉴》《高等学校科技统计资料汇编》等比较分析了我国不同省份的工业企业开展合作创新的现状、特点以及存在的问题与障碍。在此基础上，通过借鉴相关研究，构建了一个超越对数（Translog）形式的创新产出函数检验企业开展合作创新的互补效应程度，重点考察了中国大中型工业企业的内、外部 R&D 投入以及技术引进等关键变量之间的关系性质，分析它们之间到底呈现替代效应还是互补效应，并解析其影响因素。本章分析既是对前述章节的合作机理研究的一个实证检验（关于互补性），又是为后面一章详细考察企业的创新异质性要素匹配与创新绩效关系分析做铺垫，起到承上启下的作用。

第七章是典型地区企业的合作创新要素匹配与绩效实证研究。在第三、第四、第五章合作创新机理研究的基础上，利用浙江省温州、台州地区制造业企业的调研数据，进一步分析了这些企业在开展合作创新过程中的异质性资源互补匹配状况、异质性能力兼容状况与异质性行为契合状况，并研究了三个维度的异质性要素匹配对合作创新绩效的影响。研究详细阐述了调研对象特征、调研方法、理论模型假设、调研问卷的设计、变量测量以及效度与信度检验，并进行了结构方程分析和作用路径分析，找出对合作创新绩效影响显著的因素，为企业进行合作创新提供参考建议。采用了 Amos7.0 统计软件作为调研问卷的分析工具。

第八章是研究结论与对策建议。对合作创新机理的理论研究成果与实证研究成果做了总结,并从促进资源匹配、能力兼容和行为契合三个维度提出了相应的企业策略建议,最后,对政府在推进合作创新发展中应该采取的政策措施提出了相应建议。

第四节 研究方法与创新点

一、主要研究方法

本书采用了多种方法:

(1) 文献研究。梳理了现有国内外关于合作创新领域的经典文献、前沿研究,对众多研究成果做了分类和解析,找出已有研究发现的关键性问题和最新进展,为本书的后续研究奠定了坚实基础。

(2) 模型研究。主要采用了两种不同的模型分析方法:一是基于产业组织理论、博弈论的研究方法,构建了基于异质性资源匹配、异质性能力兼容和异质性行为契合的合作创新模型,通过模型分析找出决定合作创新绩效的关键因素和控制要点,为相应的管理策略和建议研究奠定基础。二是在实证研究中构建了结构方程,解析异质性要素匹配对合作绩效的影响机理。

(3) 调研分析。笔者利用长达半年的时间对浙江省温州、台州地区多家企业开展合作创新的调研分析,掌握了当前企业开展合作创新状况、特点、存在的问题及可借鉴经验等重要资料,剖析了影响合作绩效的关键性因素。理论研究与实证研究相结合,分析结论可靠、可信。还运用 Amos 软件进行结构方程模型分析,定量地检验了相应的理论假设。

(4) 计量研究。利用《中国工业经济统计年鉴》中的统计数据和计量分析工具研究了我国不同地区的大中型工业企业内部 R&D 与外部技术获取之间的关系性质,分析了哪些异质性因素决定了企业内部 R&D 和外部技术获取之间的互补效应。

二、创新点及不足

本书在以下方面有所创新:

(1) 以异质性为切入点，深入剖析了异质性要素对合作创新绩效的作用机理。提炼了合作创新中异质性的概念内涵，将异质性划分为三个维度：异质性资源、异质性能力和异质性行为，维度划分克服了合作创新研究中异质性概念过于宽泛、模糊等问题，为后续机理研究和实证研究奠定了基础，也为合作创新理论研究做了有益探索。基于异质性资源的合作创新机理研究阐述了合作中实现不同资源互补组合的静态匹配观点，构建了基于资源互补的合作创新模型，阐释了互补的内涵与要点，以此为基础提出了合作对象选择原理、评价方法和评价指标体系设计等。基于异质性能力的合作创新机理研究阐述了合作中实现各方在技术研发、学习与吸收应用等方面的能力发挥与衔接的动态匹配观点，构建了合作中能力水平提升激发对合作绩效的影响模型。基于异质性行为的合作创新机理研究阐述了合作中实现各方创新行为协调一致，发挥协同效应的观点，从信息不对称、关系治理、契约治理等角度对造成协调失灵的深层次原因做了解释，提出了独到观点。

(2) 提出了实现合作创新中资源互补匹配、能力提升和行为契合的策略建议。提出通过增强对合作伙伴的信息搜寻与管理，以及从合作中技术多样性、资产多样性、地域多样性和合作交易成本的综合考量来平衡异质性与相关性的关系，最终实现异质性资源互补匹配的策略建议；提出通过增强 R&D 努力激励、人力资本积累与组织间相互学习管理，以及合作中不同能力衔接管理等实现异质性能力兼容的策略建议；提出了发挥信号机制作用、注重社会关系治理作用、完善契约治理、构建有效的奖惩机制、沟通渠道和监督管理等实现合作各方相互间创新行为契合的建议。这些建议在保持合作各方之间嵌入性的同时，也能保持它们关系的足够柔性，激发它们的创新活性，最终提升合作创新中的协同效应，促进合作创新稳定发展。

(3) 深化了合作伙伴异质性与企业创新绩效关系的实证研究。利用中国 31 个省份的大中型工业企业的宏观统计数据研究了各省份企业开展合作创新的现状、特点及存在的主要问题，研究了当前我国企业开展合作创新获得的互补效应大小，结合机理分析，考察了企业的技术吸收能力、企业规模、企业的发展阶段以及不同合作方式等异质性因素对创新绩效的影响效应。研究结果表明，当企业具有更强的技术吸收能力、较大的经济规模和具备以往技术转让经验时，内部 R&D 与外部 R&D 之间的互补性较强；然而企业的 R&D 投入（技术开发）与外部技术引进（直接技术利用）之间一般呈现替代性。可见企业在不同的技术活动阶段、采用不同的技术活动形式时，外部技术的替代性与互补性有所不同。其次,利用浙江省温州、台州地区开展过合作创新的企业的调研数据研究了异质性资源、异质性能力和异质性行为对创新绩效(合作目标实现程度、合作满意程度、合作关系稳定持久性)的影响效应,研究发现:异质性资源互补匹配、异质性能力兼容和异质性行为契合同时与合作创新绩效之间有着显著的正相关关系,从标准化路径系数(p)来看:异质性资源互补匹配(p=0.409)、异质性能力兼容(p=0.283)、异质性行为契合(p=0.346)都是影响合作创新绩效的因素,且都显著。其中合作中异质性资源互补匹配对合作创新绩效的影响最为显著,异质性行为契合次之,最后是异质性能力兼容。实证分析结果基本印证了理论研究提出的作用机理,进一步提升了本书的现实价值。

由于数据等原因也存在一些不足,例如,在基于异质性资源互补匹配的合作创新机理研究中,尽管提出了合作伙伴选择的欧几里得距离评价方法和合作吸引力方法,但是笔者没有办法获得企业在开展合作创新时其潜在合作伙伴的相关资料,因而无法对这两种评价方法做检验。

第二章 企业合作创新匹配的相关研究述评

第一节 合作创新机理的理论研究

一、合作创新的动因及决定因素

企业开展合作创新的根本目的是提高企业未来的收益率或降低生产成本。具体而言,企业的合作创新动机一般包括:获取企业范围以外的新知识,进入新的行业或市场;实现合作伙伴之间的互补性知识或资源共享;获取研发方面的规模优势,增强市场竞争优势;分担过高的研发成本,分散创新风险。Merrill 和 Cooper(1999)的研究显示,20 世纪 90 年代以来,美国 11 个产业的企业的创新战略发生了重大改变,即对大学、联合企业和政府实验室的创新资源依赖性越来越大,这些产业包括计算机、软件、汽车、生物工程、通信制造等。这种变化也反映了新时代创新环境的变革。Weber(2004)列举了当前的企业创新更具合作思维的三个主要原因:一是日益复杂的创新过程使得需要来自其他企业的创新资源;二是竞争的趋同性使得企业有必要展开合作;三是价值链分工、产品和服务模块化也使得企业间形成多维协作与整合趋势。

特别是在创新中发挥重要作用的隐性知识一般很难扩散,而合作是实现隐性知识转移的一种必不可少的方式。Sakakibara(1997a)曾对日本 400 多家参与合作创新的企业进行了调查研究,结果发现:企业参与合作创新的最主要动机是"对互补性技术知识的获取"(3.69 分,分值大小表示该合作动机的重要程度,分值从1分到5分），其次分别是"新技术领域的进入"（3.51分）、"减少重复性研究"（3.15分）、"使技术处于国际领先地位"（2.99分）、"分担创新成本和实现规模经济"（2.95分）、"使技术处于国内领先地位"（1.65分）。Uzzi（1997）也认为只有双方真正投入到合作关系之中，那些隐性的、专有的know-how（技术诀窍）知识才有可能在合作双方之间进行交换、传播和扩散，而且合作中的知识交换频繁度大大高于市场交易中的知识交换频繁度。

Poyago等（2002）认为促使美国企业与大学开展合作的因素包括：企业能够获得前瞻性技术和知识、大学能够获得研发项目的额外资助和收入、政府则能促进地区内快速的技术扩散和经济发展，因此，合作创新对企业、大学和政府都有利。Hagedoorn（2002）认为，美国在1980年以来R&D合作案例迅速增长的原因与这一时期的高新技术产业和技术的变化有关，例如电子计算机、信息技术变化，这些技术变化导致了技术开发的复杂性增加、R&D的不确定性更高、R&D项目的成本陡增、创新的周期缩短，这些因素迫使企业积极寻求对外合作创新。另外，美国也相应出台了《国家合作研究促进法案》，积极支持和促进合作研发发展。Bozeman和Corley（2004）总结了产学研合作中的11种动机，它们包括获取专业性技术、获取关键性设备或资源、不同学科的知识的交叉利用、获取更多的资助、提高声誉、获取隐性知识、解决运营过程中的重大问题、提高生产率、培训人才和提升专业性等。

Fontana等（2006）发现，企业的开放程度与企业对合作创新的选择存在一定联系，即开放性较强的企业从事产学研合作的意愿更高，但是企业的合作水平或绩效与开放程度并没有显著联系。一方面，开放程度越高的企业对各种互补性资源的需求程度越高，它们也越倾向于通过合作满足资源需求；另一方面，开放程度越高的企业越了解各种有价值的潜在资源，其合作动力也越强。Giuliani和Arza（2009）的研究也显示，企业的知识基础高低与合作的建立存在明显联系。具体而言，具有较扎实知识基础的企业一般会选择从事核心技术的研发，而将一些非核心技术开发交予其他合作伙伴。这表明企业利用了创新中不同主体的比较优势，形成协同效应。不过，合作中的企业也很注重核心利益的保护，避免合作中的重要知识外溢，以免自身利益受到侵害。Sugandhavanija等（2011）发现，决定产学研合作开展的因素有三个方面：一是来自学校方面，包括获取与转移技术的能力、足量的专家、研究者与学生、充足的工具与设备、与企业合作的意愿和动机等；二是来自企业方面，包括获取与转移技术的能力、与高校合作的意愿和动机、共同研发的经济价值与知识价值的评估、技术发展的长期战略，以及对高校与企业间差异的认识等；三是共同的研发管理机制，包括沟通的有效性、有效的协调机制、知识产权管理和激励机制。从 Sugandhavanija 等（2011）的研究来看，合作双方的能力水平、所掌握资源状况、合作意愿和共同研发管理机制是决定合作的最主要因素。Pommerening 和 Wawi（2017）通过对瑞典中小企业合作创新动因或驱动因素的研究发现，虽然中小企业能够并且确实采用了各种创新模式，但它们倾向于采用开放式创新活动，而且开放创新中合作伙伴选择与形成的因素非常重要。

我国学者朱涛（2007）认为企业开展合作创新的动机主要包括以下几点：分担高昂的 R&D 成本、分担创新风险、从合作伙伴中获得隐性知识、解决竞争性企业之间技术溢出问题等。然而他对企业合作创新的博弈分析表明，决定企业是否选择合作创新与合作联盟的可加性、收益增进程度、利益分配方案等有关。合理的利益分配方案是开展合作的基础，但它又是双方讨价还价的结果。刘洋等（2013）提出，在当前更为开放、产业变动迅速、竞争更为激励的市场环境下，将分散的创新资源加以整合是企业形成竞争力的关键环节，合作创新已经成为一种必需的战略选择。陈伟民（2013）认为，合作的前提是合作各方能够从对方所拥有的资源中汲取到对自己有用的资源。理性的创新主体是不会在没有获得相当的、有用的资源时向他人传递自己的资源的。因此，合作是基于合作双方资源互补而进行的，并且知识、技术等创新资源的共享程度和种类会影响合作绩效。王崇锋等（2018）则以中国船舶产业为例，实证结果表明产业内"明星"创新主体发展以及信息资源互补匹配是团队间开展合作的主要动因。

总结上述研究可以发现，企业开展合作创新的动因基本可以归为两大类：一是实现创新资源（技术和知识）共享；二是分担创新成本，降低创新风险。这两个动机是企业开展合作创新的出发点和初始目标。不过除此之外，还有一些其他因素会影响到合作创新的开展，包括合作双方能力水平的高低、共同研发管理机制等，这些因素会影响到合作开展及以后的创新绩效，因而这些因素都会被企业提前评估，以此进行合作创新决策。另外，为了实现合作目标还有许多重要问题待解决，例如如何寻找到创新所需的资源或合作对象、共享哪些资源、合作过程中的风险如何控制等。

二、合作创新组织模式研究

合作创新的组织模式有多种，例如，按照合作关系的紧密程度可以划分为：人才或技术交流、技术转让或专利许可、委托开发、联合开发、共建基地、联合实验室或合资企业等。①人才或技术交流主要是不同企业之间、企业与高校之间互派技术人员到对方单位参观、座谈和学习，通过交流获得相关前沿技术信息等。人才或技术交流开拓了企业技术人员的视野，使得他们能够学习国内、国际前沿的产业技术和经验，培养了他们的研发能力（李金登，2005；胡剑波，2008）。②技术转让或专利许可是合作一方允许另一方有偿或无偿使用自己的专有技术。专利许可还有交叉许可情况，即合作各方允许对方有偿或无偿使用自己的专利技术。专利交叉许可能实现技术资源的共享。③项目委托开发是指一个企业与另一个企业或大学等签署合作协议，就一项或多项技术课题、产品项目进行开发，在一定期限内，企业提供相关的开发经费、研发设备，而高校组织研究人员进行项目技术攻关，最后合作双方共享或者转让技术成果。④项目联合开发是指合作各方利用彼此在技术、人力资源、实验设备、资金等方面的优势共同完成产品或技术设计、研究，实现既定的合作目标。一般而言，合作双方的互动性较强，技术信息、人员交流密切，合作关系紧密。合作成果一般为双方共同享有。⑤共建实体是指合作各方共同建立研发基地、联合实验室、联合研发中心或者合资企业（Research of Jointed Venture，RJV）等，这一类模式是较为高级的合作模式。一般而言，企业提供合作经费和研发课题，大学等提供相应的科研人员、设备、技术和场地等，双方建立较稳定、长期的合作机制，可以互派人员参加实体的经营管理，人员活动服从统一安排，合作成果也由双方共享（赵劲松，2007）。合作实体能够把企业、大学等的科研人员、资金、科技资源协调组织起来，共同完成研发任务，它能进一步深化双方的合作。Pastor 和 Sandonis（2002）对同一行业的 RJV（联合研发共同体）与技术交叉许可两种合作模式进行了比较分析，他们认为前者的协同效应、Know – How 吸收水平更高，但是 RJV 合作也面临合作成员较大的机会主义行为风险。Moris（2004）发现，美国企业与中国企业的合作研发模式正在逐年发生变化，其中非产权（即不拥有合作的资产产权）合作模式越来越多。

有些学者将合作模式划分为正式合作和非正式合作两大类，例如 Cohen 等（2002），正式合作一般是通过正式的合作协议对合作双方进行约束，正式合作与非正式合作模式对美国企业的发展产生过重要的影响作用。此外，还有学者按合作的时间长短将合作模式划分为长期合作模式与短期合作模式，一般而言，技术转让、专利许可、委托开发、提供咨询和人才培训等都属于短期合作模式，而联合开发、创办新的产业实体等都属于长期合作模式。陈劲和张学文（2008）对日本的产学官合作案例进行了分析，他们发现：日本的产学官合作创新组织模式与企业、大学的规模有直接联系。其中，在产学官合作模式中合作研发的比例最高，而且在千人以上的大企业与大学的合作中合作研发的比例高达80%；其次则分别是委托研发、奖学资助等合作模式。在中小规模企业的合作中，合作研发所占的比例约为50%，而技术授权、技术咨询等合作模式的比例较高。他们的研究进一步发现：从2002年开始，日本的产学官合作创新中的共同研发数量逐渐超过了委托研发数量，合作关系的紧密程度有所提高，它也表明日本的合作创新中不同组织之间的信任程度和依赖程度有了进一步提高。然而这种改善来自两个方面的作用：一是全球化和信息化对创新提出的新要求，特别是合作幅度与合作深度；二是日本政府在创新支持政策方面的改革作用。

不同的合作创新组织模式具有不同的特点和演进规律，如表2-1所示。陶蕴芳和员智凯（2012）归纳了不同合作组织模式的特点，他们认为人才交流或者联合培养的信息交流层次较低，但合作风险小、灵活。然而联合攻关、共建研发基地或实验室等合作模式中的技术信息传递较为充分、完整，不过这类合作模式更为强调合作机制与合作管理水平，因为在这一类合作中的各方关系较为复杂，利益冲突、行为不协调的可能性增大，有必要建立完善的合作管理机制。

表2-1 合作创新的组织模式分类与特点

	合作创新模式特征	合作中的问题及风险	适宜情况
人才交流	双方交换信息、技术等资源，风险小	人才竞争激烈，难以获取最新、完整资源	初级合作
委托研发	企业的研发参与度低，投资较小，针对性强，灵活，高校负责技术研发，合作强度较低	研发成果归企业，参与度低，能力提升有限	初级合作
联合研发	双方都是研发主体，在创新全部或某些环节共同投入、共享成果、共担风险	权责机制要清晰	中级合作
产业化基地	促进高校、研究机构的科技成果转化为现实利益	管理水平要提升	中级合作
研究中心	合作紧密，资源、信息交流充分	知识产权管理规范、核心技术保密问题	高级合作
联合实验室	合作紧密，共同参与项目攻关，成果共享，合作关系稳定	权责清晰，涉及重要技术保密、知识产权保护问题	高级合作
虚拟合作	突破了时空局限，灵活、高效地实现资源共享，沟通便捷，但信息交流层次低	网络安全问题突出，合作信息容易被窃取	新型合作

资料来源：陶蕴芳，员智凯，研究型大学与跨国公司的合作创新模式研究[J]．西北工业大学学报（社会科学版），2012（2）：94-98．

一些合作模式只适合合作初级阶段，而随着时间的推移和各方关系的稳定，合作模式也在逐步演进。陶蕴芳和员智凯（2012）指出，企业的合作创新组织模式会经历一个由浅入深的过程。在初期阶段，企业往往以沟通与交流等浅层次的形式进行合作，相关企业相互学习经营经验、策略和思路，彼此影响、相互启发。在这一类合作中，各方仍保持着相对独立的关系。然后，合作会进入一个深层次，例如合资、合并等形式，它将合作融入一个新的组织中，此时的合作关系更为紧密，各种信息交流、人才流动较为充分。深层次合作能够带来的收益也将更高。另外，随着互联网技术的发展，合作可以通过虚拟平台进行，即虚拟合作模式。在该模式下，来自不同地区的企业、科研机构和个人可以通过网络平台共享资源，实现数据的即时交换，大大提高了合作成功概率和合作绩效。于长宏（2019）的研究发现随着技术基础能力和技术更新能力的增加，紧密型合作模式比松散型合作模式更有利于企业创新绩效的提升，企业也会更加倾向于以紧密型合作模式替代松散型合作模式，而企业所获得的政策支持对此具有正向调节作用。

综上所述，合作模式的选择与合作各方的目标、能力、资源和意愿等有关。不同的合作模式各有优缺点，企业在选择合作模式时仍基本依据自身特点进行选择，以获得有利于自身的合作方式。例如，技术开发能力、技术吸收能力强的企业广泛采用各种合作组织模式，对于一些非核心技术，其采用委托开发或联合开发模式，然而对于一些核心技术，其更愿意与非竞争对手合作，例如高校等开展合作，或者选择自主研发。然而对于一些技术能力较弱的企业，其一般选择技术转让或专利许可的合作模式。当企业逐渐成熟的时候会更倾向于选择关系紧密的合作形式。

三、企业间的合作创新机理研究

企业间的合作创新是指由多个企业主体之间开展的技术创新活动。卢福财和周鹏（2006）的研究显示，当前世界的跨国公司中，超过90%的企业都与其他企业构建了合作创新关系。企业间的合作创新按不同企业类型可以分为企业间横向合作和纵向合作。横向合作是同业间的企业开展合作创新，它们一般是进行R&D合作，分享各自专有技术、研发经验或者技能，或者分担研发中的过高成本。横向合作的最大特征是参与合作的企业之间既是一种合作关系又是一种竞争关系，合作关系可以提高它们的收益，但是竞争关系又可能降低各自收益，进而影响到企业参与合作的激励。因此，横向合作中的知识分享程度和利益分配方式都很关键。纵向合作是产业价值链或上下游企业之间开展的合作,处于同一产业价值链的企业为了实现共同利益最大化,会分享各自的技术成果,共担研发成本,降低创新风险,实现"双赢"。纵向合作在企业中较为普遍,最主要的原因是它们的合作一般不存在竞争关系,并且两者存在较强的"共生"关系,当合作一方的产品销量由于创新而得到扩大,其也将带动另一方的销量。

Cassiman 和 Veugelers(2002)区分了合作创新中的溢出效应和竞争效应(Appropriability),前者能提高合作企业的收益,但是后者将降低企业的收益。他们利用调查数据研究了 4000 多家比利时制造业企业的这两种效应对开展创新合作的影响,发现当企业从合作中获得的技术溢出效应较高时,企业倾向于选择与大学、科研机构展开合作,而较少与其他企业、客户、供应商等合作;当企业能够有力控制竞争效应时,企业倾向于与其他企业、客户、供应商等合作。他们的研究同样表明,在纵向合作中仍需谨慎,有必要考虑竞争效应,即使是与供应商的合作也要求具备足够的合作控制能力,否则供应商有可能脱离与本企业的合作而选择与其他企业合作,进而构成对自身的威胁。

Belderbos 等(2004,2006)的研究显示,企业间合作能否建立起来关键取决于它们之间形成的互补效应(通过资源共享、成本分担)是否超过竞争效应。他们强调,即使是在合作过程中,企业为了收益最大化,也是极力控制知识的过度外溢,而尽量吸收来自其他企业的技术知识。Lerner 等(2007)研究了创新联盟中不同的专利许可规则对创新绩效的影响,他们发现,在以互补性专利为主的合作联盟中,独立许可规则能够提高成员的后续创新投入激励;然而所谓的"回授规则"要求合作成员必须将后续创新中取得的关键性构件技术无偿转给联盟其他成员,它有可能降低部分关键性技术开发的投入激励和创新绩效。Miyagiwa(2009)讨论了重复博弈条件下的企业合作研发行为,他论证合作 R&D 能得到一个较高的社会福利。Lerner 和 Malmendier(2010)研究了同一产业价值链上的制造企业与供应商之间的合作创新,他们发现,许多制造企业会向供应商提供一定创新补贴和技术开发支援,以促使供应商进行产品或工艺创新,降低所使用的原材料、零部件等成本,从而为自身赢得竞争优势,实现双赢。Stepanova 和 Tesoriere(2011)认为,当行业内的技术溢出程度较高时,企业之间经常会选择合作 R&D,而且这种合作 R&D 也能够带来更高的创新投入水平和社会福利水平。Song(2011)强调,同业企业之间的 RJV 合作模式(即建立联合研发企业)能够减少重复性的研发投入,提高参与企业竞争力。他利用美国计算机制造行业的 CPU 市场数据检验了 RJV 效应,合作带来了整体福利的提升,降低了 20% ~

50%的研发支出。Lampe 和 Petra（2012）的研究认为，没有任何管制的合作创新联盟政策将促使替代性专利联盟形成，很容易形成行业垄断，并进一步降低创新激励和绩效。

国内学者霍沛军和宣国良（2002）研究了纵向 R&D 合作（即产业价值链中的企业间合作）与不合作中的各种效应，他们认为，纵向 R&D 合作一般有利于促进企业的创新活动，提高产业利润和社会福利。与横向合作不同，在纵向合作中，非创新企业要承担部分的 R&D 成本才能形成足够的创新激励，因此在合作管理中应重视合作利益分配机制设计。刘卫民和陈继祥（2006）论证了企业的 R&D 合作能够摆脱创新过程中技术共享可能存在的"囚徒困境"问题，提升创新发展水平。任荣和王涛（2009）指出，我国大多是传统的企业合作方式，即主要是供应链上下游的厂商之间的合作，它们是纵向合作，而较少出现竞争对手或潜在竞争性厂商之间的合作。他们进一步强调，随着现代经济的发展，构建包容信息、知识、技术、服务和产品的社会网络越来越重要，企业应该不断挖掘、认知新的、适宜的合作伙伴，不仅开展纵向合作，也应积极开展横向合作。

王晓丽和刘和东（2012）研究了同时包括内生溢出和外生溢出（混合溢出）的创新联盟博弈，他们发现：当创新联盟中企业的合作程度越高时，联盟成员的利润越高，并能获得多方共赢。增加利润来自联盟对外的市场扩张效应。不过很多研究忽视了联盟成员之间仍然存在一定的竞争效应，联盟的成功建立取决于联盟对外的扩张效应能否超过内部的竞争效应。李丹和杨建君（2018）结合社会网络和技术创新理论，跨层次分析了网络联结强度与企业间信任的内在联系，揭示企业间信任与技术创新模式对合作创新的交互作用。基于陕西、江苏、广东等全国多地制造业及高新技术企业的调查研究分析结果表明：相对于经济型信任，强联结带来了更多的情感型信任；情感型信任与渐进式创新交互正向作用于合作创新绩效；经济型信任与突变式创新交互正向作用于合作创新绩效。

四、企业与高校的合作创新机理研究

企业与高校（或大学）的合作创新是指企业与高校通过在技术研发、中试以及商业化过程等阶段中的任务交错与分工来实现优势资源整合、集成，进而产生协同效应，共同推进创新发展。企业与高校的合作创新能够将高校较强的技术研发能力与企业较强的技术转换应用能力、市场经营能力以及雄厚的资金实力结合起来，解决创新过程中遇到的系列障碍。Kazuyuki（2005）研究显示，在产学研合作中，小企业获得的生产率提升效应要远远大于对大企业获得的生产率提升效应。Kodama（2008）认为，与高校的合作将有助于中小企业加强自身的创新活动，例如从事产品开发、完善和专利申请等的研发活动。Bruneel 等（2010）认为，与高校等科研机构的长期合作对中小企业的影响要远大于大企业，政府部门制定的促进产学研资助政策将有利于中小企的创新发展。

不过，在企业与高校的合作创新过程中经常会出现所谓的"协调失灵"状况，即双方行为不协调，致使合作失败。如果企业与高校的合作创新失败，并且在寻求新的合作创新伙伴时存在较高的搜寻成本或匹配成本，那么企业与高校的创新投入意愿将降低，并且它将产生连锁反应，进一步降低潜在的合作伙伴的创新投入意愿，使得整个地区的校企合作创新陷入一种低水平、低效的恶性循环状况。一些学者分析过阻碍校企合作创新的影响因素。例如，Mansfield 和 Lee（1996）利用66家高新技术企业的数据验证了大学的名气、类型及教师质量对合作创新行为的影响。他们指出具有较高质量研究水平和师资队伍的二流大学是最易发生合作创新行为的大学类型。因为一流大学更多地承担了社会和政府所赋予的基础研究任务，其相对较少关注企业的应用性和市场需求，反而制约了高校与企业合作创新的可行性。Lee（1996）认为企业与高校在文化、地理距离以及合作经验方面的差异会抑制合作创新行为。高校的研究人员一般较为重视研发的学术价值，而企业以市场利益为核心，两种文化的差异造成了合作障碍。Santoro 和 Chakrabarti（2002）认为，如果校企之间的合作关系越稳定，双方更容易达成一致目标，其资源共享程度也越高，创新风险、利益冲突也较少。D'Este 和 Perkmann（2011）则认为，如果企业与高校之间存在良好的沟通方式，或者存在一个有效的沟通组织，例如高校技术成果转化办公室，那么校企之间的组织文化差异并不会阻碍合作的发生。

国内学者吕海萍（2004）对浙江省的产学研状况进行了调查研究，她发现，技术不成熟、决策管理不够协调、权益分配不当是当前产学研发展的三大障碍因素。张奇等（2009）采用博弈论方法研究了企业与高校的合作创新，他们考虑了信息不完全对技术许可活动可能产生的影响。景临英（2008）考虑了不同需求条件下的高校与企业合作，其强调合作双方目标差异对合作行为、创新绩效可能存在的影响。杨东升等（2008）讨论了合作可以采用的方式、原则与方法，他们指出了合作过程中可能存在的道德风险等问题，这些问题的出现将导致合作收益有可能出现负值的情况。他们进一步强调，有必要为合作创新建立一个规范、成熟的市场机制，减小双方行为不协调、道德风险等问题，提高高校参与合作创新的积极性。

詹美求和潘杰义（2008）构建了一个企业与高校合作创新模型，他们在模型方面探寻了最优的合作利益分配方案。他们强调，校企合作创新过程中的利益分配问题非常重要，会影响到合作能否成功实施以及合作绩效的高低。他们指出了当前存在的三种典型的合作利益分配方式：①固定支付方式，即企业一次性支付技术开发费用或技术转让费用，费用总金额提前确定。②产出共同分享方式，高校和企业各方以技术、资金等要素为投入，并折算成相应的资本权益，在合作项目取得收益后，按照各自的权益比例分红。③混合支付方式，即企业提前给高校方预支一定数额报酬，同时从合作项目的总收益中按一定比例向其支付另一部分报酬。不同的分配方式特点不一样，第一种分配方式操作简单，适合中小技术创新项目，开发技术较为成熟；后面两种分配方式较为复杂，但是激励性强，特别是对高校形成了较强的激励约束，有利于其增加研发力度，合作双方的收益相对较高。詹美求和潘杰义（2008）强调，校企合作利益分配方式具有阶段性特征，即随着创新活动的深入，混合利益分配方式较为常见，它更能适应复杂的合作创新项目，适时监测、调整项目运营，促进合作双方共同创造价值。

徐向艺和任荣（2011）选取我国三个省两个市的31组校企合作创新典型样本，通过对比分析产学研合作和企业间合作的差异。他们发现：①在产学研合作创新中，合作企业的数目与创新绩效呈现反向关系。然而参与合作的企业的经营规模与合作绩效之间呈现正向关系。②同时产学研合作比企业间合作更需要政府的政策支持。他们强调，依据自身特点选择合作方式非常重要，合作的有效匹配影响创新绩效。徐静等（2012）指出，在产学研合作中，可能出现大学、科研机构等学研部门提供的技术与企业需求的技术存在偏差、商品技术与市场需求对应的技术存在偏差、知识创造过程中的认知偏差以及泄露削弱了合作动力以及不完美的创新环境等阻碍了产学研合作的发展。王海花等（2012）提出推动区域产学研合作创新的四种策略：识别不同区域制度环境，实现多种类型交互创新；扫描外部知识源，确定产学研合作网络成员；确定网络结构和网络位置，培育组织间情境质量；培育企业文化与团队管理技能，增强知识保存与吸收能力。刘克寅和宣勇（2014）研究了我国高校与企业开展合作创新的匹配规律，他们对浙江省11所高校，17家制造业40强企业的合作专利统计数据进行了分析，指出当前存在合作创新意识薄弱、合作对象类型单一、合作中的交易成本过大、合作各方的角色、目标存在冲突、合作中互信不足等问题。针对这些问题，他们提出了促进校企合作创新匹配的三个基本原则，即校企资源和能力互补原则、校企战略与文化兼容原则、校企承诺可信与长期发展原则。常永恒（2018）从企业对创新政策感知的微观视角来探讨创新政策的实施效果，验证了政策感知各个维度对校企合作创新任务绩效和学习成长绩效产生显著的正向影响。

国内关于校企合作创新的文献研究中，虽已涉及校企合作障碍的问题，但是多以企业或高校自身原因、特质来解释合作障碍，而不能从一个整体视角对合作双方的匹配失灵及创新低效做出合理解释，更没有触及障碍产生的根源与本质，特别是缺少对合作中出现"卸责"、研发不努力等投机行为和道德风险等问题根源的深入分析。例如，合作前与合作中经常出现的信息不对称、信息不完整问题就是导致合作双方行为不协调、各种机会主义行为出现的根源，而解决这些问题又必须从根本上减少或消除合作双方的信息不完全，需要进一步通过完善合作沟通机制、合作管理机制、合作决策机制等来实现。

第二节　合作创新绩效与影响因素的实证研究

部分学者将合作创新理论研究与实证研究相结合，探寻决定和影响合作创新绩效的约束条件与因素，他们的分析进一步深化了对合作创新机理的研究。

一、合作创新中的互补效应研究

不少学者对合作创新能够提升企业绩效存在争议。一些学者认为，合作创新中企业的内部技术开发力量与外部创新力量相结合，形成互补性，因而能够提高企业创新绩效。他们指出了采用合作创新方式的各种原因：许多产品的技术含量不断增加，单一凭借企业内部技术力量进行新技术、新产品开发存在很大不确定性、成本太高、速度太慢，不能适应多变的市场需求。相反，借助于技术购买、合作研发等外部技术来源，能实现优势技术互补、缩短开发时间和降低 R&D 成本，增强产品的市场竞争力。在实证分析方面，Cassiman 和 Veugelers（2006）的研究具有一定的影响力，他们利用 4000 多家比利时制造企业的数据研究了企业内部 R&D 投入与外部技术源泉之间的关系，研究结果显示两者呈现出显著的互补性特征，即合作创新绩效良好。同时他们还发现，企业的创新绩效高低与企业对基础性 R&D 的依赖程度有关，如果企业所进行的创新活动较大程度依赖于基础研究，那么内外 R&D 之间的互补性更强。Rothaermel 和 Hess（2007）、Schmiedeberg（2008）、Eom 和 Lee（2010）等都认为合作创新要形成互补效应有赖于企业具备一定的技术基础、吸收能力，并且要重视合作中的学习互动与资源整合管理。Ceccagnoli 等（2010）指出，那些富有朝气的新企业可能比那些相对传统、呆板的企业具有更多的前沿性技术和创新资源，与它们的合作能够获得更高的互补效应。

不过，也有不少学者认为，企业的内部创新与外部技术来源之间存在替代性，合作创新并不能显著提升甚至可能降低企业绩效。例如，Macdonald（1992）的一项研究表明，运用其他人的技术是很困难的，企业有时需要改变现有的生产技术，从而失去"干中学"效应和已经积累的技术经验，企业经营绩效有可能下降。Dacin 等（1997）研究了 900 家合资企业的成败情况，发现其中 55% 的合资企业都没能达到双赢的目的。除了一般性的创新影响因素外，还有合作双方的合作动机、合作方式、组织距离、技术吸收能力、文化距离、技术距离、地理邻近性、社会关系、合作双方信任程度、资源互补性程度、政府推动、企业领导与重视程度、知识产权政策等因素，它们对合作创新绩效产生深远的影响。

Laursen 和 Salter（2006）对英国制造业企业的研究显示，开放式创新活动与企业的创新绩效之间存在一种倒 U 形关系。开放式创新在一定程度上能提高一个企业的创新绩效，但是这种益处具有递减效应，超过某一点，会使得企业的创新绩效下降。Hess 和 Rothaermel（2011）研究了开放式创新战略（主要通过招募和保留"明星"科学家或参加 R&D 战略联盟两种方式）对美国制药业企业在 1974 年至 2003 年实施的创新绩效的影响。他们发现，当将内外部创新资源集中于同一价值链环节时，它们具有替代性，主要原因是知识的重冗性；当将内外部创新资源集中于不同价值链环节时，它们具有互补性。Ceccagnoli 等（2014）的研究则表明合作创新中的互补性随着企业的吸收能力、范围经济和专利许可经验增加而提升。从这些研究可以看出，合作创新中实现互补效应是有条件的，它需要企业具备一定学习、吸收能力，或者做出经营方面的调整，例如增加技术吸收努力或投入等。

国内学者陈劲等（2007）研究了基于相对闲置资源（Relative Idle Resource）的合作创新，他们指出闲置资源虽然对某一企业没有较大价值，但可能对另一企业存在较大使用价值，而且合作伙伴之间可能没有资源使用的竞争关系。因此，它们之间的合作可以提升合作互补效应。调研结果也证实了他们的结论，闲置资源投入和匹配程度对品牌知名度、机会窗口、财务绩效都有正效应。

樊霞等（2011）对参与 2009 年广东省"省部产学研合作计划"企业进行了调研分析，他们发现企业研发投入密度（即 R&D 投入）是影响企业内部研发与产学研合作之间互补性作用发挥的重要变量。企业研发投入密度越大、研发人员投入越多，企业越倾向于选择同时进行内部研发与产学研合作研发。他们强调，产学研合作与企业内部研发的互补性作用发挥具有"门槛效应"，企业需要投入一定的 R&D。刘炜等（2012）发现，企业的技术创新能力、吸收能力以及合作经验实际对合作选择产生重要影响。一般而言，具有更大规模、更高技术水平、更多技术人员或者设立有专门的技术开发机构的企业更注重合作创新。与未开展合作的企业相比，开展合作的企业的创新水平要高出 1%，在技术吸收能力方面要高出 4%。樊霞等（2013）通过倾向得分匹配方法也证实了参与产学研合作对企业的技术创新绩效提升有明显效应。

严焰和池仁勇（2013）利用浙江省高技术企业的调查数据研究了 R&D 投入、技术获取模式和企业的创新绩效三者之间的关系。他们发现，技术购买或专利引进对企业的 R&D 投入与创新绩效之间关系起正向促进作用，而合作研发等对企业 R&D 投入与创新绩效之间关系起负向调节作用。他们认为合作研发导致的高额的管理协调成本、交易成本是形成这种负向调节作用的原因。他们特别指出，技术引进的"天花板效应"可能会随着我国企业技术能力提升而显现。王鹏和张剑波（2013）以 2001~2010 年中国 13 个省市的数据为基础，考察了 FDI 和官产学研合作对新产品和专利产出的影响，研究结果显示，官学合作、官研合作和产学合作不论对新产品产出还是对专利产出均具有显著的正向作用，不过，官产合作和产研合作对新产品和专利产出的促进作用并不特别明显。其原因主要在于合作创新主体之间的合作程度并不紧密，政府和企业所追求的创新目标不同，影响了创新力量的发挥。贾晓霞和张寒（2018）运用中国 34 所 985 高校专利数据进行实证研究的结果表明知识积累是识别外部知识的关键，正向影响合作广度，并通过其中介作用间接影响合作创新绩效；合作广度与合作深度的交互对合作创新绩效存在显著正向影响。

现有文献综述表明，目前学者们关于合作创新提升企业创新绩效仍存在一定的争议，没有足够的证据证实企业内部 R&D 投入与外部 R&D 投入之间仅存在单一关系，特别是关于决定两者之间互补性关系的影响因素研究还较少。哪些异质性因素决定了企业内部 R&D 和外部技术获取之间的互补效应？对企业的技术吸收能力、企业规模、企业技术活动发展阶段以及不同技术活动形式等在合作创新中的作用效应还缺乏深入解析。

二、合作中交易成本影响作用研究

合作中的交易成本是指合作创新中除了研发投入等正常支出以外的企业需要承担的成本,包括合作相关信息搜寻成本、沟通成本、谈判成本、履约成本以及管理或减少合作中摩擦等所需支付的成本。

一些学者从交易成本角度出发解释合作中存在的障碍因素,具体包括以下三个方面:①信息成本。对于合作创新成员而言,首先遇到的问题是找到合适的合作伙伴,这需要企业付出搜寻成本。另外,在合作中可能存在信息交流障碍,为了建立相互信任关系,在各方之间建立直接的接触或网络连接机制,企业也需要承担相应的成本。②Powell(1990)认为,为了克服合作创新中的不确定、机会主义行为、信息不对称等,减少相互间的摩擦和冲突,合作成员要付出相应的监督、管理与协调成本。在合作中经常出现各方在企业文化、管理方式上的差异,以及面临组织、协调和激励专业人才能力发挥,提高合作效率等问题。然而要改进合作关系,提升合作效率,企业可能需要付出一定的成本。Cassiman 和 Veugelers(2009)强调合作创新是建立在竞争和合作并存的基础上,为了追求自己利益,合作企业可能选择机会主义行为,进而增加了合作中的交易成本。③合作中计量各方的贡献大小、资产投入等也存在一定的困难,并容易产生知识产权纠纷。为了纠正这些问题,也有赖于企业专门投入一定的资源进行解决。

顾佳峰(2008)从节约交易成本角度研究了产学研合作,从环境不确定性、资产专属性和结果计量三个层面测度了交易成本,例如,当合作中投入的人力、时间、资金等越多时,这些资产的专属性越强,如果合作终止,那么投资者将会蒙受损失,因此,必须设立严格的监督管理系统,协调合作关系,他认为设计合理的合作管理机制尤为重要。马如飞(2011)利用 78 家高科技企业的调研数据研究了交易成本对不同研发合作方式选择的影响。他的研究结果显示,当设备专用性越强时,企业为了降低交易成本而选择独立研发的可能性越大。地理距离是合作中的一种交易成本,它对合作选择与合作绩效产生影响。李琳和吴越(2014)研究了中国产学研合作促进会官方网站中的企业创新绩效的数据,结果显示我国产学研联盟合作中存在明显的地理邻近效应。她们指出,基于地理邻近的合作减少了交通费用成本、增加了合作成员间交流机会、增进了互信。因此,政府要引导企业与多层次的大学、科研机构合作。

三、企业技术能力、吸收能力影响作用研究

不少学者认识到，合作过程中的合作伙伴的技术能力对创新绩效起着重要的影响作用。Lane 等（2001）的研究显示：企业技术吸收能力、信任会影响 RJV 合作模式中的表现，技术吸收能力会影响合作企业对新知识的理解；然而合作企业的学习过程与结构也会反向影响企业对新知识的吸收效果。Cohen 和 Nelson（2002）强调接受知识企业的规模和研究能力可能会影响产学研合作效果。他们的研究结果显示，如果不区分行业特征，政府资助的公共研究对较大规模的企业或新进入企业的创新发展影响要明显高于其他企业。他们的解释是：大企业或新进入企业的技术吸收、拓展能力更强。特别是大企业在解决核心和非核心技术领域的问题时，它们对产学研合作有着更深入的认识，因而其合作绩效更好（Santoro 和 Chakrabarti，2002）。Belderbos（2004）认为，不同的合作伙伴由于具有不同的经验、能力和声誉等，它们对企业的创新绩效的影响不一样。Mayer 和 Kenney（2002）分析了美国思科公司的合作创新案例，他们认为，思科公司从 20 世纪 90 年代开始就成功利用合作创新和自身较强的吸收能力替代了内部研发。并且，他们指出大公司能比小公司更好地使用外溢知识，因为大公司投入了更多的 R&D，其技术吸收能力更强，保证了它们从合作研发中获得更高的收益。

Lichtenthaler 和 Lichtenthaler（2009）曾将开放式创新下企业的知识管理能力归结为六种，即企业内部的发明能力、转型能力、创新能力与外部的吸收能力、连接能力和解吸能力等。Giuliani 和 Arza（2009）认为企业的知识基础对合作创新的建立具有正向影响。他们发现，在产学研合作中，如果高校在某一技术领域具备较显著优势，例如技术成果较为丰厚、技术力量声誉较高，那么合作创新较为容易开展；如果企业具备较强的获取与转移技术的能力，合作创新也易于开展。

于冬（2008）研究了企业原发合作能力（企业之间基于信任等条件的合作），即自发合作能力（企业合作意愿、动机）、技术能力（生产设备能力、生产技术能力、员工技术水平等）与创新绩效之间的作用机理，并就此探讨了合作伙伴选择问题。李亚（2012）采用浙江省221个中小企业样本，研究了企业网络动态能力对企业创新绩效的影响作用，他发现，企业在网络组织、伙伴搜寻、关系管理和组织学习等方面的动态能力会显著影响创新绩效。汪孟艳（2012）认为企业的技术能力越强，越能减少合作中的依赖性，进而降低关系成本和机会主义行为的发生。陈艳艳和王文迪（2013）构建了基于企业技术吸收能力的合作创新

模型，分析了技术吸收能力对合作创新网络利用、企业创新绩效的影响效应。她们对239家知识密集型服务企业进行了调查分析，运用结构方程模型进行了实证研究，结果发现，企业构建合作创新网络对其创新绩效有着明显的促进作用，企业的技术吸收能力在合作创新网络对创新绩效的影响过程中发挥着极其重要的"中介"作用。因此，她们得出结论，知识密集型服务企业应积极构建自身的合作创新网络，并注重自身技术吸收能力的提升，以提高合作创新网络的利用效率，以此提高企业创新绩效。

樊霞等（2013）对广东省产学研合作绩效的调研分析结果显示，合作企业的经营规模、技术吸收能力、是否成立企业技术开发中心等都会对产学研合作绩效产生显著的影响作用。同时进一步发现，企业是否进行产学研合作也是由企业自身的技术能力水平以及资源禀赋特征等决定的，它是一个"自选"结果。因此，企业的技术能力在合作创新中发挥着独特且重要的影响作用。郭淑芬等（2017）的研究发现，合作开放性、互惠性及持久性对企业知识吸收能力均有显著正向影响，而知识吸收能力通过部分中介效应影响合作创新对创新绩效的效果。

尽管上述学者强调了企业的技术吸收能力对合作绩效的影响效应，但是他们的研究仍然有两个不足：一是对于技术吸收能力的来源缺乏深入研究，忽略了技术吸收能力主要来自企业的R&D努力，特别是国内一些企业在合作中，片面强调引进技术、应用技术，而忽略了技术的学习、消化与提升，降低了合作绩效。合作中技术能力形成仍然需要投入相应的R&D。二是对合作中除了技术吸收能力以外的其他能力缺乏研究，并且没有关注到不同能力间的衔接问题，而这正是发挥互补效应的关键，但是现有文献对这两个方面的研究仍然过少。

四、合作伙伴之间的信任程度影响作用研究

合作创新的复杂性使得合作过程中很容易出现各种矛盾与冲突，而各方之间的信任关系可能有助于这类问题的解决。Ingham和Mothe（1998）对欧洲国家的高新技术企业参与R&D合作的创新绩效进行了深入分析，他们的研究结果显示，合作双方的信任程度、企业R&D投入的密集程度、合作各方的资产是否具备足够的互补性、合作过程中各个成员的参与程度、以往的企业合作经验以及合作创新联盟中企业的数量都会显著影响到合作绩效的高低。Cummings和Teng（2003）也认为，在产学研合作中，除了要求各个成员增加其R&D投入以提升合作效率之外，合作成员之间是否构建有顺畅、协调的合作关系对整体的创新绩效也会产生重要影响。具体而言，合作成员之间的地理距离、关系融洽程度等都会显著影响合作的可靠程度及效益大小。因为地理邻近性使得区域内的各种相关联企业聚集在一起，降低合作中的各种交易成本，使它们更容易获得互补性资源，知识流动也会更为频繁，进而对合作创新效率产生积极影响。

Petersen 等（2005）认为，在基于价值链的合作创新中，供应商的技术能力、可信程度以及经济实力会对合作创新绩效产生明显的正向效应，同时，供应商参与新产品开发的时间投入和资源投入等起着调节作用。Koufteros（2007）则将价值链合作中的供应商参与程度划分为两种：一是供应商仅提供专业性知识，而不负责开发的具体任务或者细节部件开发；二是供应商全面、直接参与整个产品部件的开发，他发现第一种参与度对合作创新产生正向影响，而第二种参与度则产生负向影响。究其原因，过度的参与反而会束缚双方的创造力发挥，增加合作中的摩擦和矛盾，导致合作进程滞缓，影响合作双方的积极性。同时，他也发现，合作伙伴的经验和声誉等对合作创新产生正向影响。经验和声誉形成的信任关系减少了合作过程中的不必要纷争，使得合作更顺畅地进行，各方能力也得到充分发挥，因而对合作绩效产生正向影响。Fawcett（2012）认为合作创新的核心在于建立信任关系，没有信任的合作不稳定，也不能持续。他还通过一个动态模型论证了信任对合作绩效的影响。

范如国等（2012）以浙江省永康产业集群中的星月集团（主要经营汽油机、摩托车、电动滑板车、电动自行车等）与双健集团（专业生产电动滑板车、气动滑板车及电动助力车等）合作创新为例，研究集群企业合作创新中的信任机制，他们发现，信任关系的增强可以从关系强度和结构自主性两个方面加以实现，提升了合作中学习效率、信息透明，保障了气垫船项目开发成功。刘群慧和李丽（2013）认为，当企业在创新网络中与其他伙伴之间关系嵌入程度越强时，伙伴的机会主义行为程度、风险感知程度会越低，而企业的合作意愿越强。他们以广东省中小企业局公布的企业名单做了随机调查研究，结果证实了他们的观点。他们建议，中小企业要加强与外部环境的联系、增加互动频次和交往范围，在合作网络中树立良好形象和维护良好声誉，这些都有助于提升企业的合作创新绩效。许婷和杨建君（2017）的实证分析结果表明：企业间信任对股权式合作、契约式合作均具有显著促进作用，当知识库兼容性较高时，企业间信任对股权式合作的促进作用会被减弱、对契约式合作的促进作用会被加强。

五、文化背景、组织制度差异影响作用研究

合作创新中的伙伴来自不同地区、具有不同的组织类型、跨越多个技术领域，因而各自的文化背景、组织制度差异可能会影响合作创新绩效。Van Dierdonck 和 Debackere（1988）强调，在企业与大学的合作创新中可能存在三个方面的阻碍，即文化、制度和运营方面的阻碍。其中，文化阻碍是合作成员之间相互不理解、沟通困难；制度阻碍是订立的合作协议或政策不清晰，遇到问题时存在争议；运营阻碍是合作项目执行过程中存在的问题和阻力。Ditzel（1988）也认为，大学和企业追求的目标有所差异，作为研究机构的大学更强调的是学术价值，许多大学研究人员有较高的积极性去展示他们的技术成果；但是企业追求的是自身利益最大化，它们希望市场竞争对手越少越好，因而它们希望尽可能长时间对新技术的垄断控制，获得超额回报。因此，企业往往要求大学技术人员签订相关的保密协议，以此来约束研究成果、商业秘密的扩散，而这一做法可能会影响大学研究人员的积极性，并由此产生知识产权纠纷。Das 和 Teng（1998）强调，合作双方的理解和互信非常重要，只有合作一方能够理解另一方的政策、角色和实践，才能形成有效协作。合作双方在地理、文化、组织管理风格等方面越接近，则双方的知识转移越为便利，也越能提高合作绩效。同样，Fassin（2000）也认为，企业和大学追寻的目标有所差异，大学追寻新知识的获取，而企业更为关注技术可实现的市场利益，关注如何取得投入的回报；大学更为关注技术知识的长期获取，期望获得更大技术突破，而企业更为注重时间效益和对短期利益的获取。这些目标差异很容易造成合作行为的不协调，进而导致合作分离。

Bruneel 等（2010）研究了大学与企业之间不同的运作制度、规范对合作绩效的影响效应，他们发现两者之间不同的制度规范会引致在知识产权方面的冲突，进而对校企合作创新产生负面影响。Sugandhavanija 等（2011）指出，校企双方对新技术发展的价值认识差异、研发活动组织方式选择差异会导致两者的分歧，并影响双方能力的发挥。Phillips 等（2000）、Wang 等（2012）认为制度因素通过影响交易成本、规则、支持性结构与资源的构建，从而有可能促进合作或者限制合作。Kafouros 等（2015）认为制度因素在中国的合作创新发展中作用显著，制度因素影响着知识产权政策的实施、产学研质量、合作的开放度以及水平高低等。他们应用 375 家创新性企业的数据分析结果证实了这一观点，中国省际的不平衡制度发展影响了知识产权的实施、合作的国际开放度以及产学研质量。

国内学者陈伟民（2013）在借鉴 Cowan（2007）的模型的基础上构建了一个合作创新水平综合评价模型。他将合作创新绩效的影响因素划分为四个方面：即创新主体的知识资源结构、管理者学习能力、组织学习能力和创新主体的社会网络能力。除了第一个方面外，后面三者都是合作创新所需要的重要能力。他指出,如果合作创新处于一个人情社会中,处于不同人情圈的成员的相互学习、信息交流意愿将非常低,非常不利于合作创新。人情圈是通过血缘、地缘等建立起来的,尽管人情圈增进了各方互信,但是其中的管理者文化水平普遍较低、创新资源来源渠道狭窄,不利于互相学习以及合作创新的开展。特别是在信息不对称的条件下,企业很难寻找到合适的合作伙伴,知识信息交流、整合也遇到很大阻碍,不利于合作各方的相互学习和创新效率提升。因此,他得出结论,在人情社会中的合作创新水平是较低的,这在一定程度上可以解释部分私营经济发达地区却为何有较低的合作创新水平。企业要打破这种不利状况,应有突破意识,走出人情圈,引进圈外重要资源、人员,构建多层次的社会合作网络。

第三节 合作创新对象选择研究

一、合作对象选择影响因素分析

企业在选择合作创新对象时通常会考虑多个因素,包括信任与关系承诺、合作双方的相似性和合作个体因素等,具体而言包括:

(1) 信任与关系承诺。在选择合作创新伙伴时,Geringer(1988)指出,应从"任务维度"和"关系维度"来考察合作伙伴,所谓"任务维度"主要是考察合作伙伴是否具备足够能力完成合作任务,具体而言,它又包括合作中的资源拥有状况、经验和技能等,例如技术开发方面的经验和诀窍、管理人员的水平、市场规模和渠道等;然而"关系维度"主要是考察企业与合作伙伴之间的协调性,它也会影响与合作伙伴的合作效率。如果合作伙伴在文化、人员、组织结构与规模等方面具有兼容性,并且具有一定的合作历史,那么它们之间能够形成互信,进而促进合作发展。Brouthers(1995)认为,在选择合作伙伴时,应着重考虑合作伙伴之间在资源、能力等方面的互补程度、合作伙伴之间的组织文化相容程度、合作伙伴之间目标的一致性以及风险共担程度等因素。Hutt(2000)通过对欧美国家的技术创新合作联盟进行实证研究,发现有三个因素影响着合作伙伴的行为,即信任、关系承诺和兼容,这三个重要因素会影响合作伙伴的努力程度,进而对创新绩效产生影响。因此在选择合作伙伴时,应重视对这些方面因素的考察。

Mohr 和 Spekman（2006）强调，合作企业间的关系承诺、合作伙伴间的生产与技术开发协调性、合作伙伴间的沟通顺畅性、合作伙伴的投入意愿、管理方面的顺畅程度是企业选择合作伙伴时需要注意的。Bierly 等（2007）强调，合作企业应该在目标分歧上逐步缩小差距，并且建立一种互信关系，提高协同能力。他们认为，互信能提升企业对合作的可控性、增加企业对合作收益预判的准确性。企业在选择合作伙伴时应考虑这些因素。不过，Shan 等（2008）认为，选择合作伙伴的准则有时是可以变动的，依据不同的合作项目、不同的合作环境，确立不同的合作伙伴选择准则，增强合作的适应性和灵活性。

（2）合作双方的相似性。Roller（1998）研究了美国合资研发企业，即 RJV，他发现，经济规模越为相似的企业合作创新的趋势越大，而且合资研发企业的建立与产业特征紧密相连。规模越为相近的两个企业，它们的技术实力、资金实力、企业文化、声誉越为接近，也越能为创新活动提供支持，保障创新活动的成功实施，因此，它们也越倾向于开展合作。Pyka（2002）分析了资源具有互补性的两个创新者的合作联盟，他也提出了强强合作的创新机理，即通常是最有资金实力的企业与最具技术开发实力的企业展开合作，或者是其他类型的强强合作。

（3）合作个体因素。袁磊（2001）指出，企业在选择创新合作伙伴时应考虑两个方面，一是合作主体的特征，二是合作关系的性质；主体特征是合作企业的经营规模、技术资源状况（多样性、专有性）、资金实力、管理水平等，在选择合作伙伴时，可以对这些因素进行测量、评估和考察；关系性质则是考察合作伙伴是否具有互补性、在组织文化方面是否具有差异，能否形成互信等，这些因素只能通过主观评判得到。杨东奇等（2012）在探讨合作创新伙伴选择的影响因素时，他们除了考虑个体因素、关系因素外，还补充了合作联盟绩效因素的影响，具体而言，选择合作伙伴的个体因素包括：合作伙伴的抗风险能力、合作伙伴人员素质等，而关系因素则包括信任、沟通以及知识产权问题协调等方面；联盟绩效因素则包括合作交易成本、合作风险、市场潜力、合作各方技术能力等。他们认为这些因素也应考虑到合作伙伴选择中，特别是如果合作后效应对企业不利，例如通过合作可能培育出竞争对手，那么企业会在事前放弃合作。刘岩等（2020）的研究结论显示，与不合作相比，企业技术知识基础相关多元度正向促进企业与其他组织（包含学研和其他企业）建立合作关系；而企业技术知识基础非相关多元度的提升，有力地促进了企业与其他企业之间合作关系的建立。

二、合作对象选择的评价方法研究

不少学者构建了合作伙伴选择的评价方法。例如，Holmberg 和 Cummings（2009）构建了一种平衡计分卡指数模型，该模型确立了合作创新伙伴选择因素体系，并依据合作目标、行业状况以及公司特点来综合评价合作伙伴。

李潭和胡珑瑛（2005）利用灰色关联度评价方法来确立合作创新伙伴的选择决策，他们将评价指标体系分为六类：创新资源投入能力、研发能力、生产能力、营销能力、创新产出能力和组织管理能力等，该方法充分利用了实际指标因素的相互关联性，决策比层次分析方法更为客观，计算简单。王晓新等（2008）构建了合作创新伙伴的多层次优选模型，该模型从合作伙伴的信誉、资源能力、技术状况、管理水平、兼容程度等构建指标体系，并采用 Theil 指数计算指标权重，该方法大大降低了主观因素造成的权重值计算误差，分层对各个指标、主因素进行模糊评判。

戴彬等（2011）从合作伙伴之间的相容性（合作目标、企业文化、行业地位、管理体制）、信誉度（合作历史、银行信用、守法情况）和互补性（研发资源、研发能力、生产制造能力）三个方面构建了合作伙伴选择的评价指标体系，并运用 Theil 不均衡指数和模糊综合评价方法来决策选择最匹配合作伙伴。方金城等（2011）指出，对潜在的合作创新伙伴进行量化评价时会遇到多个问题，例如，可获得的评价信息较少、评价样本较少以及不确定因素等问题。传统评价方法，如 Delphi 专家调查法、AHP 比较判断方法都存在指标赋权不经济、主观性强和偏差大等问题。他们采用熵值法加以改进，提出了灰局势决策方法，该方法利用提供的信息量大小来确定指标权重系数的方法。杨名等（2013）提出将层次分析法（AHP）与密切值法（OVP）进行整合，构建合作创新伙伴评价的 AHP – OVP 模型。该方法将相关评价因素分为多层，并构造判断矩阵，并利用判断矩阵的特征值作为衡量每一个层次中各个因素对上一目标的影响程度，最后，他们计算了各个对象之间的密切值，即欧式距离。他们应用该方法对企业合作创新伙伴选择进行了检验，优化选择过程直观、简单，在一定程度上可以实现较优的决策效果。

程巧莲等（2014）从合作伙伴特征、合作关系特征及合作潜力等方面（子指标包括营运、技术创新等一般能力、声誉、合作经验、人际信任、资产专用性、创新潜力、合作动机、战略相似性、承诺、沟通、冲突解决机制等）构建了基于合作创新伙伴信任评价指标体系，该方法成为 RS – SVM 模型，在选择了某研究所与 30 个样本开展合作评价时，发现模型评价的准确率和效率均高。李娜（2018）亦借助层次分析法 AHP 对校企合作战略联盟伙伴的评价体系进行了研究，尤其对筛选的校企合作企业进行量化分析，得出的权重系数高的，学校可优先考虑与之展开合作。

综上，可以看出，国外学者一般偏重合作伙伴选择的影响因素研究，他们的研究思路是在对合作创新机理研究的基础上形成合作伙伴选择的判断标准。然而国内学者偏重评价指标体系的构建研究，尽管众多学者采用了各种各样的评价方法，但是这些方法仍然存在一定局限性，包括评价标准不一、评价指标选择主观性较强、各个指标间关系处理简单、权重选择随意性较大等问题。最大的问题是这些评价指标体系的设计缺乏理论基础，评价指标体系设计没有构建在对合作创新机理的分析基础上。

另外，很多文献在合作伙伴评选时以资源、能力指标的强弱进行评价，认为能力指标越强的合作伙伴，与之合作的成功概率越大。但是，实际并非这样，合作伙伴的选择应基于与自身能力、资源互补性强的个体，正所谓"门当户对"，这样才能建立稳定、可靠的合作关系。因此，一些合作伙伴评价研究具有片面性，评价的合理性、准确性受到质疑。

第四节　异质性与企业合作创新研究

一、异质性的内涵界定

异质性在创新中的影响研究从很早就开始。有些学者从企业自身特征，例如规模、技术能力、生产率等方面界定异质性；有的学者则从企业的不同行为或决策方面界定异质性，进而分析它们对创新绩效的影响；还有的学者从合作创新主体的非对称性角度界定异质性。

Penrose（1959）很早就关注了不同规模企业在成长过程中所表现出的知识积累异质性，指出企业随着产出规模的扩大，在技术利用方面可能会越来越具有优势。大企业利用内部成长经济的优势开发新产品、建立新的产业，进而能获得更快增长。然而小企业的发展通常被局限在有限的机会中，企业的扩张极大地受到资源限制。不同规模企业在知识积累方面的差异也决定了它们在组织经济活动时的效率差异。Sakakibara（1997）认为合作各方的能力差异决定了企业的合作动机，当双方能力同质时，合作倾向于共同投资；当具有异质性能力时，合作倾向于知识和技术的共享。Winter 等（2003）强调，新兴产业的演化与参与企业的自身特质变化以及企业间的相互作用紧密联系。Atallah（2003，2006）从参与合作创新主体的非对称性来强调异质性，强调了非对称性对合作激励以及创新绩效的不同影响。非对称性是指参与合作的企业在规模、技术知识吸收能力、研发投资、风险承担程度等方面的差异。处于不对称地位的企业进行研发投入的激励不一样。通常只有获得与之地位相匹配的利益回报，它们才有足够激励参与合作，因此，基于非对称视角的研究注重合作利益分配机制设计研究。非对称合作应该是实际合作过程中最为普遍的一种形式，但是目前关于这一主题的研究仍较少。Jiang 等（2010）将合作创新联盟中的合作伙伴异质性界定为合作伙伴在资源、能力、知识与技术开发方面的差异化。

孙晓华和周玲玲（2010）将企业异质性界定为企业相互间在成本、质量方面的差异，探讨了技术创新在创造成本差异和质量差异进而推进产业演化的作用机制。他们指出企业成本差异越明显，行业的产出增长越快。当没有新企业进入时，或者低效率企业被淘汰出市场后，成本差异的企业将减少，行业的增率会下降。顾兴燕和银路（2010）认为产学研合作创新中的异质性是能力异质性，即企业与学研方拥有不同的能力系统，这是它们开展合作的基础。能力异质性可以使合作方互学、互补。她们强调，由于我国历史原因和技术开发存在基础性质，大部分企业只强调新技术、新产品试验开发环节以及其后价值链环节所需的能力，它们所需的其他能力来自学研方，即高校和科研院所具有较强的研究开发能力。企业选择合作伙伴要基于能力互补。薛澜等（2019）认为资源异质性是指创新主体对创新网络中异质性资源进行掌控、吸收、运用的状态，关系着产学研协同创新发展的动机、速度和质量，对产学研协同创新绩效具有明显的积极作用，即企业、高校及科研院所资源异质性的大小将直接影响主体的产学研协同创新绩效。

二、异质性维度划分研究

合作创新中的异质性因素包括哪些？或者异质性有哪些维度？虽然学者们已经认同异质性在合作创新中的重要影响作用，但是对于合作创新中异质性的概念内涵和维度划分缺乏统一认识。

（1）创新主体异质性。创新主体异质性可以从两个方面加以衡量：一是创新主体的身份异质性，例如合作伙伴包括竞争对手、供应商、客户和大学、政府所属科研机构等，不同类型的合作伙伴拥有不同的资源状况，并对创新绩效产生影响。二是创新主体自身特性，即创新主体在经营规模、技术资源拥有状况、科研经费上的投入、产品生产成本等方面的差异，以及在文化、背景、开放程度、地理位置等方面的差异。大部分学者集中于探讨不同规模创新主体在合作中的作用表现差异。例如，一些学者认为，大企业具有更强的议价能力和更多的资源，能够保障创新活动的顺利实施。因而它们能够主导合作创新活动，从与其他企业、大学、科研机构的合作中获取创新成果，它们在创新活动中发挥着更大范围、更深层次的影响（Cohen and Levin，1989；Rotemberg and Saloner，1994）。大企业使得自身具有多样性，为合作建立了更为广泛的基础。因而，合作创新在一定程度上是大企业行为，大企业与小企业在合作创新方面表现迥异。参与合作创新的小企业面临很多问题，首先，它们面临创新资源约束问题；其次，它们面临合作过程风险控制问题。参与合作创新的主体越多，利益竞争、利益矛盾越多，对于小企业而言，很难保证各方行为的协调一致，因而容易导致合作失败。

不同特质的企业应选择与内部能力相匹配的合作模式。杨东奇和徐影（2009）认为合作伙伴间的组织大小与结构相似是企业在选择合作伙伴时应考虑的关系因素，它能平衡不同伙伴间的力量，促进合作关系协调。Okamuro（2007）的研究显示，企业规模越大，其合作R&D具有规模经济效应，并且获得资金支持与市场准入相对容易；另外，规模越大，干中学和管理经验也越足。大规模企业更倾向于合作创新。总之，大规模企业从事合作创新相对于小企业更具优势。Bruneel等（2010）认为，中小企业与高校保持长期合作关系得到的好处比大企业更多，因为大企业已经具备足够的能力，其合作收益是逐渐递减的。政府政策支持也表现出类似情况，即中小企业得到的好处更多。另外，在实力不对称合作中，大企业具有更强的主导控制力，因而大企业比小企业获得更多的好处。然而小企业在选择合作时，要对大企业的这种主导地位保持一定的警惕性，避免自身利益受到侵害。合作中的信任关系也很重要，它会造成双方的信息传递、沟通障碍，使得合作关系不稳定，风险性增大，合作预期收益降低，合作积极性大大降低。Almeida等（2010）认为，合作创新对小企业是一个提升自身创新能力的重要机会。它还与合作类型有关，对于小企业而言，进行产品创新合作比过程创新合作能取得更大的绩效。

（2）组织类型与知识结构异质性。组织类型差异也是影响合作的一个重要因素。具有公共性质的合作伙伴和具有私营性质的合作伙伴在合作过程中表现出不同行为和效率，公共研究机构，例如大学或政府所属科研机构对知识转移态度与私营科研机构不一样,它们对大企业、新创立企业的影响更大,它们也更愿意支持企业的创新计划(Agrawal,2001;Santoro and Chakrabarti,2002;Colyvas et al.,2002;Lam,2005)。Belderbos 等(2004)强调,企业总是最大程度控制潜在有价值的知识流出,并获取对方的有价值知识。因此,来自上下游的企业合作创新较多,它们相互间得到的益处也较大;然而横向合作通常较少。另外,与大学、科研机构等非竞争对手的合作,即产学研合作也较多,因为在这一类合作中通常是知识的单向流动,即由大学、科研机构向企业流动,企业受到的利益侵害威胁较小。

除了组织类型差异之外,创新主体之间还存在知识结构差异。一般而言,合作应是建立在共同的基础和知识背景上,以推动交流的发生和顺利进行。但是在实际中,合作伙伴来自不同行业、不同区域,经营时间也各有不同,它们可能具有自己独特的行业知识语言、隐性知识或技术诀窍,知识结构差异将降低知识的可表述性,造成交流与沟通障碍,进而降低合作效率。不过在一定条件下,知识结构差异可以提高参与者的互补性,提升合作绩效。另外,Zucker 等(2002)强调企业和大学之间的知识流动形式具有学科特性,一般而言,生物技术知识具有突破性质,而化学工程的知识流动通过技能型劳动者的流动实现,例如普通劳动力和技术人员等(Schartinger et al.,2002)。

(3)行业异质性。在不同的行业,合作创新的重要性不一样。一些学者将行业划分为不同类型,研究合作创新特点和规律。Marsili(2001)根据学习来源和发展模式将行业划分为科技型行业、过程型行业(大多数制造业)、产品开发型行业、复杂系统行业等,在科技型行业中,企业对合作创新有着更强烈的需求。大多数制造业属于过程型行业,它们对合作创新只是有着适度需求。不过,上述说法也不一定准确,德国的合作创新大多集中于机械工程行业、土木工程行业,其中机械工程行业属于制造型行业。还有的学者将所有行业划分为 R&D 密集型行业和 R&D 非密集型行业,例如 Cohen 等(2002)将医药、玻璃和航空航天等产业划分为 R&D 密集型制造业,这些行业的企业与其他企业、大学等的合作研发较为密集,特别是生物技术和医药行业。

张琳(2010)比较研究了上海市的电子及通信设备制造等 16 个行业的创新特性,她发现,与其他行业相比,产学研合作对电子及通信制造行业的企业创新能力的影响不大。原因在于,电子及通信设备制造业的企业较多开展自主创新,拥有自己的研发团队和技术人员,而且政府对此类高技术产业的资助政策进一步激励了企业开展自主创新活动。刘大鹏等(2019)比较了制造业与非制造业企业创新过程的不同，研究表明企业规模和政府补助对制造业企业起到的正向作用大于非制造业企业。然而，在企业创新产出中，制造业企业规模的影响却不如非制造业企业。企业创新产出对非制造业企业成长性绩效有显著负作用，研发人员投入强度对两种企业的成长性绩效都具有积极作用。

（4）企业发展阶段的异质性。企业的成长会经历不同阶段，不同时期对合作创新的要求又不一样，合作创新与企业内部研发的关系也不一样。刘炜（2013）对嘉宝莉集团的典型案例研究显示，在企业不同发展阶段，企业内部研发与合作创新的关系性质不一样。在企业发展早期，企业的技术能力、技术积累较为薄弱，同时，企业的学习能力和吸收能力也很薄弱，此时，合作创新与内部研发呈现出替代关系，企业一般通过技术引进等方式实现企业技术进步。当企业处于成长期，合作创新与企业内部研发呈现出互补关系，企业通过合作能够吸收外部重要技术资源，同时通过内部研发，加强了技术学习与自身能力提升，对吸收技术进行改进，形成具有自身特色的技术或产品，因此这一时期的企业内部研发与外部创新主体的合作研发具有较强互补性。当企业处于发展成熟期时，企业一般在行业领域内建立了具有基础性、前沿性技术实力，企业为了获得更大的垄断利润，此时企业会对核心技术或产品进行自主创新，而对一些非核心或非专有性技术进行合作创新。由此，企业不同发展阶段，合作创新的重要程度、性质会发生很大改变。

三、异质性与合作创新绩效关系研究

合作伙伴异质性对企业创新绩效存在何种影响？一些学者认为，合作伙伴异质性有利于企业从合作创新中获得异质性技术、知识和资源，例如Belderbos等（2004）利用荷兰的社会创新调查数据（Community Innovation Survey，CIS）研究了合作伙伴异质性对合作创新决策及创新绩效的影响效应，他们建立了一个概率模型，分析发现，合作创新决策显著受到合作伙伴异质性因素影响，其中，合作企业规模、研发强度和技术外溢程度等异质性因素相对于合作形式选择对合作决策的影响较弱。他们进一步发现，由于不同的合作伙伴具有不同的经验、声誉、拥有不同深度和广度的知识，不同合作伙伴对企业绩效产生不同的影响。最能提升企业创新绩效的合作对象依次是供应商、高校等科研机构、客户和竞争对手。不过，与这些伙伴合作产生的正向效应一般需要较长时间才能发挥出来，而负向效应则在短时间内会表现出来。

进一步地，Belderbos等（2004）的研究显示，合作中存在一些约束，例如

组织能力、成本约束、风险因素等，它们会束缚与供应商的垂直合作；但是这些因素可能促进企业选择与其他企业的横向合作。另外，快速的技术变化会提高企业合作意愿；然而政府的财政补贴对于纵向合作有明显的促进效应；相反，内部知识流动障碍会抑制企业与供应商合作的建立。Smith 等（2005）从企业知识资源存量角度展开研究，发现合作成员的异质性职业背景与合作的创新能力呈正相关。Sammarra 和 Biggiero（2008）也证实，通过与这些异质性伙伴开展合作，企业不仅能够获得合作中所需的互补性资源，也能够提高企业自身的技术学习能力、技术开发能力。总之，异质性有助于合作创新绩效的提升。Tsai（2009）的研究显示，技术吸收能力（Absorptive Capacity）会影响与不同合作伙伴的关系及创新绩效，他利用台湾技术创新调研数据（TTIS）证实了这一点。首先，吸收能力正向调节垂直合作中的新技术开发或产品改进绩效，其次，随着企业规模和行业类型变化，吸收能力的这种边际调节作用也有所不同。最后，吸收能力负向影响与客户的合作表现，而正向影响与竞争者、科研机构的合作表现。

　　Perks（2009）研究了一国社会文化背景、社会关系网络对合作创新发展的影响。他强调，非正式的社会关系能够在一定程度上促进合作创新发展，尤其是影响中后期的商业化活动。Fawcett（2012）认为合作是建立在信任的基础上，没有足够的信任，合作联盟难以建立和维持。Hewitt-Dundas（2013）发现影响美国校企合作创新的重要因素来自它们的邻近性即企业与高校之间的地理距离、"质量"距离以及区域内的大学研发密度。Duysters 等（2012）以组织学习理论为基础，研究了合作伙伴异质性（或多样化）与学习效应、创新绩效之间的关系，证实存在一种曲线关系，绩效高低还取决于企业的以往合作经验和能力。倪旭东和薛宪方（2013）强调合作创新中每个异质性成员（从种族、国籍、年龄、性别、职业背景、教育、任期、产业背景、认知和价值观差异等）中的学习经历和工作经历的重要性，它们是构建高效的基于异质性知识的合作网络的关键。He 和 Wong（2012）研究了 143 家新加坡制造业企业创新资料，他们发现，本地合作和非本地合作对创新绩效的影响大小很难区分出来，它们在促进创新方面具有互补性。这意味着，合作创新伙伴的选择不仅考虑合作对象的邻近性，而且还要考虑合作伙伴相互间的互补性。他们的研究对那种认为合作邻近性非常重要的观点提出了挑战。

　　Carboni（2013）利用意大利制造企业的数据研究了企业选择合作创新的决定因素，他的结果显示，公共资助、研究密度和企业规模是决定 R&D 合作的重要因素，但是资本密度并不与合作决策紧密相关。Nissen 等（2014）认为异质性团队通过不同形式的互动进行知识分享对于团队学习及创新绩效提升非常重要。互动形式包括合作成员利用互动不断整合其他成员的异质性知识;合作成员不断重建、扩展受到挑战的异质性知识,并以此推进技术创新发展。

不过,并非所有学者认为,与异质性伙伴开展合作将提高创新绩效。他们指出,与异质性伙伴合作将增加信息搜寻和管理成本,并且由于文化、管理、背景等方面的差异也造成合作中的协调成本增加,创新风险会提高,进而降低创新绩效,例如 Sampson(2007)的研究表达了这种看法。

任宗强和吴志岩(2012)认为,合作要形成各个创新要素的嵌入,通过优势互补,企业能够提升合作绩效。一般而言,在产业技术领域相近的企业具有较高的合作意愿,也能突破地理限制,选择跨区域的合作伙伴。他们认为,新的合作理论应该将传统资源观与网络嵌入观整合,提出一个系统的分析框架,并定义了异质性与匹配度类型,通过对调研企业的抽象化数据处理,构建了系统动力学模型,探索了资源异质性如何影响企业的合作创新行为及能力的动态变化。他们进一步研究发现,当企业扩大合作网络时,技术距离、产业距离、规模差异等产生动态影响,适当距离的合作能够实现最佳匹配,进而形成互补性优势,提高创新绩效能力。

陈钰芬(2013)基于开放式技术创新强调内外创新资源互补协同的本质。她结合企业拥有的异质性创新资源,提出不同企业应采取适宜的开放合作模式。实证研究结果发现:开放合作在一定程度上能提升创新绩效,不过要结合企业的内部 R&D 能力。一般而言,与科研伙伴合作,内部能力较强的企业可以提升创新效果;内部能力较弱的企业倾向于与其他企业开展横向合作,减轻创新风险。不同特质的企业应选择与内部能力相匹配的开放模式。刘克寅和宣勇(2014)结合浙江省 11 所高校、17 家制造业 40 强企业的合作专利统计数据,分析了当前校企合作创新存在的匹配规律、特点与问题。在此基础上,提出了高校与企业开展合作创新的三个匹配原则:校企资源或能力互补原则、校企战略与文化兼容原则、承诺可信与长期发展原则。他们进一步阐述了高校在选择企业合作伙伴时的匹配方法、标准、步骤与合作方式,并就合作创新匹配管理与组织工作提出了相应的政策建议,包括建立专业的合作促进部门与制度、构建合作关系评价体系等。

肖丁丁和朱桂龙(2013)认为,如果合作创新模式(单一合作、多元化合作等)与企业的技术能力的匹配性较低,那么将对合作效率产生负效应。然而如果选择与企业技术能力结构相匹配的合作模式,那么企业将能够提高对产业应用技术的转化与吸收,进而实现技术供给与技术需求对接时的最大效用。张慧

(2019)认为,合作创新依赖于组织间异质性资源和能力,但个别异质性维度也会对合作创新产生负面效应,如目标异质性和文化异质性,而互动频率可以弱化文化异质性带给合作创新绩效的不利影响。创新主体要正确认识异质性的作用,合理选择合作伙伴或通过治理机制来减少异质性带来的创新风险,实现合作者间的高效协作。

总结上述异质性主题探究,可以发现它们存在以下不足:一是现有研究没有形成关于合作创新中异质性的清晰概念、内涵和维度,也不能提出有针对性的合作匹配策略。二是现有研究对合作创新中合作伙伴异质性因素的作用机理以及与创新绩效关系的实证分析都比较缺乏。三是较少研究关注创新过程中的异质性资源匹配问题、能力激发问题和行为约束与控制问题。

第五节　现有研究评述

总结上述研究成果,可以发现,现有研究仍存在显著不足:

(1)学者们的研究多集中探讨合作过程中可能出现的问题及矛盾,而忽视了合作源头,即合作双方是否匹配的问题。部分研究仅从企业内部职能、创新影响因素等描述合作中存在的障碍和困难,难以真正揭示产生问题的根源。

(2)现有文献没有形成一个明确、统一的合作创新理论。现有研究没有形成关于合作创新理论的一致认识。有些学者从交易成本角度研究合作创新过程中的摩擦性因素,有的学者从网络、社会资本理论研究合作创新影响因素,还有的学者从战略联盟或博弈论角度研究合作创新演变等。大多研究集中于合作创新的动因与主要影响因素的描述性分析,对企业合作创新的动态过程缺乏深入研究,难以区分影响合作绩效的各个层次因素,对创新机理难以建立起结构性框架。尽管这些研究成果在一定程度上有助于指导企业开展合作创新,但是关于合作创新机理及关键性影响因素的研究仍显不足。

(3)对合作创新中合作伙伴异质性因素的作用机理以及与创新绩效关系的实证研究还比较缺乏。合作伙伴之间的异质性可能是合作中的最显著特征。在合作创新中,不同的合作伙伴在技术资源、创新能力、创新行为等方面存在较大的异质性,而这些异质性因素既可能是合作的基础,又可能对合作过程中的组织、管理以及最终的创新绩效产生显著性影响。将合作中的异质性因素整合成能发挥协同效应的一致性行动或组合资源也要求企业承担更多的交易成本，包括信息搜寻成本、管理成本等。因此，研究合作创新中的异质性对企业创新绩效的影响机制具有很强的理论价值与现实意义。但是目前关于这一主题的研究还比较缺乏，现有研究没有考察不同参与企业独特的内部因素，包括资源、能力等方面的差异，也无法找到与企业特质相适应的合作模式。

（4）现有研究关于合作创新中异质性的概念内涵与维度划分不清晰。现有研究关于异质性的概念内涵主要强调企业规模、组织类型、市场地位等方面的异质性，而忽视了对构成合作创新基础和重要影响变量的资源异质性、能力异质性和行为异质性的研究。清晰的概念是研究合作创新机理的基础，现有研究对这些重要概念缺乏清晰、统一的认识将无法获得合作创新机理的深入研究。

（5）现有研究没有形成完整的提升企业合作创新绩效的策略体系，对企业在合作创新中资源互补匹配、能力提升与行为控制缺乏具体的解决方案和对策建议。对于这些方面的研究有待深入。

第三章 基于异质性资源互补的合作创新机理研究

企业开展合作创新的一个重要环节就是实现不同合作伙伴的异质性资源互补匹配,提高合作中的协同效应和整体竞争力。合作中的异质性资源互补匹配之所以重要,有多个方面的原因:①无论一个企业的规模多大,技术能力多强,其不可能在创新所需的每个技术领域中都具有优势,它不一定拥有创新所需的全部资源。即使其具备创新所需的全部资源,根据经济学中的比较优势原理,它还要考虑不同资源使用的相对成本高低,要将自身具备的优势资源利用在能够带来最大价值的环节或方面,它同样对合作有着强烈需求。②不少企业或创新主体都有一些独特资源,这些资源是它们在长期积累过程中形成的,具有专有性、难以模仿,它们对创新绩效产生重要影响。例如,企业的供应商能够提高产品性能改进方面的关键信息;产品的用户则能提供相应的市场需求信息,为新产品升级做出积极贡献;竞争对手或产业外的企业则掌握一些关键性的技术资源,这些技术对于部分企业而言可能是外围技术,但是对于一些企业而言则可能是核心技术;大学、科研院所则能掌握技术领域的前沿知识,能够促使企业获得突破性创新成果。不同主体所掌握的专有资源成为合作的基础。③当前各个行业的创新速率大大加快,产品生命周期缩短,为了提高竞争力,企业也不得不与不同主体合作,通过分工合作加快创新的步伐。

虽然合作提供了不同资源组合的机会,但是如何在众多潜在合作伙伴中选择最适宜的合作对象?如何实现不同主体的异质性创新资源互补匹配?互补的依据与基础是什么?如何对资源匹配进行有效管理?已有研究并没有对这些问题阐释清楚。

这一章正是通过模型分析和推理探寻基于异质性资源互补匹配的合作创新机理。首先,探讨企业资源的分类、特征以及合作中对异质性资源的需求。其次,重点研究实现异质性资源互补匹配的合作创新机理。通过模型比较分析，论证合作中的资源组合比单一企业的封闭创新更能提高创新绩效，在此基础上，进一步归纳出实现合作各方的异质性资源互补匹配的三大要点：一是资源异质性；二是资源相关性；三是获得异质性资源的相对成本。这三者缺一不可，资源异质性是形成合作互补性的基础，合作成员间的资源异质性越显著，越能形成互补性优势，提高合作价值。但是如果各方的资源完全异质，例如，两个经营领域完全不相关的主体，其资源根本不具兼容性，那么它们开展合作所得到绩效也将是非常低的。因此，不同资源之间的相关性也很重要。最后，企业获取资源的相对成本也很重要。与独立的封闭创新相比，合作企业在获得创新所需的各项资源方面的成本相对较低，这也是合作所体现出的一个重要优势。

本书正是以此思路为突破口，探寻实现合作中异质性资源互补匹配的机理与路径，找出影响合作中异质性资源互补匹配的关键性因素。以此原理，还将提出两个潜在合作伙伴的评价模型，一个是欧几里得合作距离评价方法，另一个是合作吸引力方法，还将对各自的评价原理、评价指标体系设计等问题做了一一阐述。最后，提出促进合作中异质性资源互补匹配程度增加的策略建议。

第一节 企业开展合作创新对互补性资源的需求

一、创新活动中所需资源的分类

企业异质性资源观点可以得到经典文献的论证。Penrose（1959）、Wernerfelt（1984）认为，企业实质上是一个资源集合，包括技术、人力、市场经验、社会关系、资金和设备等。然而企业经营的主要目标是实现各种资源的最佳组合应用，他们奠定了企业资源基础论。Barney（1991）强调，不同企业拥有的资源不一样，异质性资源是企业长期竞争优势的源泉。当企业不具备这些资源时，企业可以从组织外部网络获得，企业在合作、并购、新建中不断获取新的资源，实现企业的动态发展。

创新中所需资源可以分为两大类，即有形资源和无形资源，具体而言：有形资源包括企业的 R&D 投入、人力资本、物质资本、资金投入等；无形资源则包括技术专利、软硬件技术诀窍、制造技术、隐性知识、蓝图、品牌、经验等。对这些无形资源进行归类，可以区分为技术专利、品牌、版权等产权得到清晰界定的资源，以及技术诀窍、技能和经验等产权没有得到清晰界定的资源。

不同的创新主体（企业规模、产业背景、组织类型、地理位置等不一样）拥有不同质量、不同水平和不同数量的创新资源。一般而言，大企业比小企业拥有更多、更广泛的技术资源，大企业积累有更多的技能和经验，而小企业则可能拥有大企业不具备的某一专业技术资源；同行业的企业具有相类似的技术资源，而跨地理界线、跨行业、跨价值链的企业则拥有多样化的资源；不同企业的社会网络关系不一样，同样拥有不同的融资能力和网络资源；不同组织类型的主体拥有不同资源，企业与大学、科研院所拥有不同的创新资源，企业拥有更多的生产制造能力、市场开发经验，而大学或科研院所则拥有较多的科研资源、人力资本、专业或基础性技术积累。总而言之，企业的资源异质性表现在多个方面。

二、合作创新主体所拥有的资源特征

合作创新主体所拥有的资源一般具有以下几个特征：

（1）价值性。即这种资源能促进合作创新绩效的提高，为合作双方带来价值。在合作创新中，有价值的异质性资源包括技术专利、技术诀窍或知识等，但是不是所有的技术专利都是有价值的，这一点恰恰被许多企业所忽视。依据部分学者的研究，全球超过一半以上的技术专利都是没有被实际利用的，不是拥有相关技术专利的企业、大学或科研院所就应成为潜在的合作者。另外，资源的价值性还受到合作主体之间关系性质、层次的影响。一般而言，同类型的企业或组织拥有相同的创新资源，或者说其掌握的技术重叠性较大，因此合作中对另一方的价值不大。但是，即使是同类型的组织主体，层次不一样，拥有的资源的质量、水平和价值迥异。例如，在与大学的合作创新中，"985"高校和一般省级高校相比，前者拥有的资源质量、水平一般会高于后者，通过与前者的合作能够获得更高创新绩效。因此，企业在选择合作伙伴时应重视对其异质性资源的价值的考量。

（2）多样性。异质性资源的一个重要特征就是多样性，多样性或多元化资源促进创新发展。Woerter（2009）对瑞士30多个产业的面板数据研究发现，多样性或差异性较大的行业比相对同质化的行业更有利于创新。创新是一种探索性行为，在一个多样性、多元化的知识环境容易孕育出新思想，因为不同的资源组合能够形成互补，展现出更多的新特征和新应用。当前，科技发展迅速，不同学科、技术领域不断交叉融合，这些交叉领域为企业丰富了开拓领域，通过合作创新，企业能形成技术组合优势和协同效应。实际情况也显示出技术密集型行业的创新活动更频繁、创新速度更快。例如，在 V2500 航空发动机合作开发项目中，美国的普惠（P&W）发动机公司与汽车领域的劳斯莱斯（Rolls–Royce）公司合作，前者在金属材料热处理技术方面具有较强研发实力，而后者则在空气压缩环节具备很强的技术储备实力，两者资源的结合使得它们开发出最优秀的客机发动机，这一发动机被美国波音公司大量采用。航空发动机公司与汽车制造公司的合作就是跨领域的合作典范，它们将互补技术优势充分发挥，将发动机技术提高到了一个新的、更高层次。另外，多样性资源也意味着资源的新颖性，它不仅提高了创新成功的概率，也提高了企业学习、合作的意愿。

（3）互补性。合作的一个主要目的就是通过不同创新主体的优势资源互补实现"1+1>2"的效果，这是单一创新主体仅凭自身力量无法实现的。例如，大学的研发人员具有相关技术的专业知识，且具有较好的实验资源，但是不具有技术商业化的信息；然而企业一般具有技术商业化的经验、技能和相应物质、客户资源，企业能够识别客户需求，设计产品概念和工艺原型。大学和企业的异质性资源结合就能实现协同效应。再举一个不同规模企业合作的例子，一家制药企业，其本身规模很小，但是它的技术研发能力很强。同时，有一家大型制药企业，它具有较强的资金规模、市场营销能力和经验。大企业经过长时期研究发现了这家小企业具有极强的研发能力，于是这两家企业建立了共同开发新产品的合作伙伴关系，小企业负责产品研发，大企业负责临床实验和市场推广。最终合作创新取得了成功，双方都从合作中获得了极高的收益回报。这一个成功案例表明，企业在选择合作伙伴时一定要谨慎考虑资源的互补性，它是保证合作创新是否成功的关键因素。

（4）专有性。企业的资源可以分为两种类型：一般资源和专有性资源，前者是企业拥有的一般生产要素和公共知识，它们尽管很重要，但很容易从其他渠道获得，因此不是企业的战略要素。后者如技术专利、生产诀窍、商业秘密等，难以模仿和复制，它们的获得渠道非常有限。在合作创新中，越是专有性强的资源，其价值越高，它在合作中的边际价值越高，供给缺乏弹性，替代性弱。通过合作拥有专有性资源，能为合作企业保持长久竞争优势。获得这些专有性资源往往是企业开展合作创新的主要动机之一。专有性资源有的是以技术专利等显性知识表达出来，也有的是以技能、技巧和经验等隐性知识表达出来。特别是获得后一种隐性知识资源，必须依赖合作创新，通过合作过程中的人员交往、流动实现传递。

三、合作创新对互补性资源的需求

潜在合作伙伴所掌握的创新资源多少、质量高低、获取的成本高低不仅是其竞争优势所在,也是基于异质性资源的合作创新的基础与前提。日本著名创新经济学家 Sakakibara(1997)曾经对参与合作创新的400多家企业进行了调查研究,发现参与合作创新的主要动机是获取互补性技术知识(得分3.69分,最高分值5分),其次是"进入新的业务或技术领域",在这一动机中,这些企业也是通过获取合作伙伴的异质性资源而进入新的业务和技术领域的。从研究结果可以发现,获取互补、专有性的技术资源对合作创新开展非常重要。日本企业参与合作创新的动机见表3-1。

表3-1　日本企业参与合作创新的动机

合作创新的动机	平均分值
获取合作伙伴的互补性技术知识	3.69
进入新的业务领域或技术领域	3.51
避免重复性的研究	3.15
赶上国外先进技术	2.99
分担成本和实现规模经济	2.95
赶上国内企业的先进技术	1.65

资料来源:Sakakibara, M. Evaluating Government – Sponsored R&D Consortia in Japan: Who Benefits and How? [J] Research Policy, 1997, 26: 447 – 473.

不同企业掌握的技术、知识等创新资源差异性很大,并且不能在市场中完全自由流通。作为合作创新主体之一的企业(可以细分为上下游企业、平行竞争企业)、大学和科研院所等拥有不同的重要资源(或战略性资源),这种资源通过合作得以在成员间低成本分享、整合,它是合作者提高创新绩效和构建持久性竞争优势的基础。

因此,通过合作实现互补性资源组合就很重要。例如,对于企业而言,它在资金、科研成果商业化方面有比较优势,而大学或科研机构拥有较强的科研能力、较多的科研技术人员,因而在新技术开发方面具有比较优势,两者的结合就能实现资源互补,降低创新成本。另外,企业与高校、科研机构合作不存在直接的利益冲突,它们的分工合作能够完成很多技术开发任务(Nissen et al., 2014)。即使在同行业的不同企业之间,如果它们所拥有的资源互补,在没有直接的利益冲突时,合作创新也会发生。市场竞争效应是合作创新开展的一个相对约束条件,而不是绝对约束。当共同利益大于竞争性利益时,知识分享仍会在同类企业中进行。

第二节 基于异质性资源互补的合作创新模型

企业在创新过程中获取互补性资源可以通过两条途径实现:一条途径是通过企业内部投入、积累形成所需资源。但是这一条路径具有很多缺点,首先,获取资源的相对成本太高,这些资源的形成需要一定的投入,而企业可能较少或者不具备这些投入;其次,可能需要花费较长时间,而在创新竞争中,创新速度是制胜的关键;最后,可行性较低,获取异质性资源需要克服多种困难,不仅有技术方面的,还有人才方面的,这对于许多企业而言非常困难。另一条途径是通过合作获取互补性资源,通过在更大的范围内寻求适宜的合作伙伴,实现资源共享与优化配置,共同提高创新绩效。在当前开放的创新环境下,这一条路径变得越来越可行且可靠。不过,实现合作中异质性资源互补匹配,仍需要考虑一些重要因素,对合作资源的互补匹配管理尤其重要。本书通过模型分析,指出实现这种合作的要点与控制策略。

一、单一企业的封闭创新模型

假定某一企业进行产品创新,它需要同时投入两种技术知识 X 和 Y,企业的创新函数为:

$$\max: A = f(X, Y) \qquad (3-1)$$

其中,A 是企业的创新成果或产出。同时假定企业为了获得创新所需的这两种技术知识需要投入两种创新资源进行开发:一种是有经验的技术人员(或人力资本)H,另一种是设备资本 K。对于这一企业而言,假定它相对缺乏有经验的技术人员,但在封闭条件下,它必须依赖自身有限资源开发这两种技术。企业对这两种技术的生产函数为:

$$X = G(H_X, K_X) \qquad (3-2)$$

$$Y = G(H_Y, K_Y) \qquad (3-3)$$

进一步假定这两种技术的生产函数满足一次齐次性（即规模报酬不变），可以对上式进行变形得到紧凑式：

$$X = G(H_X, K_X) = H_X G(1, K_X/H_X) = H_X g(K_X/H_X) \quad (3-4)$$

令 $\rho_X = K_X/H_X$ 或 $\rho_Y = K_Y/H_Y$ 为开发两种技术 X 和 Y 时的资源密集度。同时假定 $\rho_X > \rho_Y$，即 X 技术开发更依赖于 K 资源，而 Y 技术开发更依赖于 H 资源。两种技术的生产函数可以进一步改写为：

$$X = H_X g_X(\rho_X) \quad (3-5)$$

$$Y = H_Y g_Y(\rho_Y) \quad (3-6)$$

该企业面临开发 X 和 Y 两种技术的资源约束为：

$$H_X + H_Y = H \quad (3-7)$$

$$K_X + K_Y = K \text{ 或 } H_X \rho_X + H_Y \rho_Y = K \quad (3-8)$$

在上述条件下，可以求解得到企业最优创新决策均衡：

$$g'_X = \frac{\partial A/\partial Y}{\partial A/\partial X} g'_Y \quad (3-9)$$

$$g_X - \rho_X g'_X = \frac{\partial A/\partial Y}{\partial A/\partial X}(g_Y - \rho_Y g'_Y) \quad (3-10)$$

其中，$\frac{\partial A/\partial Y}{\partial A/\partial X}$ 衡量两种技术对企业的最终创新成果 A 的相对边际贡献率。上述变量为 $g'_X = \frac{\partial G(1, \rho_X)}{\partial K_X}$、$g'_Y = \frac{\partial G(1, \rho_Y)}{\partial K_Y}$、$g_X - \rho_X g'_X = \frac{\partial G(1, \rho_X)}{\partial H_X}$、$g_Y - \rho_Y g'_Y = \frac{\partial G(1, \rho_Y)}{\partial H_Y}$。上面最优均衡式意味着企业在选择创新资源投入时，将依赖于两种技术对创新产出 A 的相对边际贡献率进行决策，并受制于自身资源禀赋的约束。其中，第一式的含义是创新资源 K 的边际价值在 X 和 Y 部门相等；第二式是均衡式，资源 H 的边际价值在 X 和 Y 部门相等。

令 $p = \frac{\partial A/\partial Y}{\partial A/\partial X}$，对于前述式子分别求关于 p 的全微分，得到以下六个式子：

$$\frac{dX}{dp} = \frac{dH_X}{dp} g_X + H_X g'_X \frac{d\rho_X}{dp} \quad (3-11)$$

$$\frac{dY}{dp} = \frac{dH_Y}{dp} g_Y + H_Y g'_Y \frac{d\rho_Y}{dp} \quad (3-12)$$

$$\frac{dH_X}{dp} + \frac{dH_Y}{dp} = 0 \quad (3-13)$$

$$\frac{d\rho_X}{dp}H_X + \rho_X \frac{dH_X}{dp} + \frac{d\rho_Y}{dp}H_Y + \rho_Y \frac{dH_Y}{dp} = 0 \qquad (3-14)$$

$$g''_X \frac{d\rho_X}{dp} = g'_Y + pg''_Y \frac{d\rho_Y}{dp} \qquad (3-15)$$

$$-\rho_X g''_X \frac{d\rho_X}{dp} = g_Y - \rho_Y g'_Y - p\rho_Y g''_Y \frac{d\rho_Y}{dp} \qquad (3-16)$$

进一步整理和推导得到:

$$\frac{dX}{dp} = \frac{H_X g_Y^2 p}{g''_X (\rho_Y - \rho_X)^2} + \frac{H_Y g_X^2}{p^2 g''_Y (\rho_Y - \rho_X)^2} \qquad (3-17)$$

$$\frac{dY}{dp} = -\frac{H_X g_Y^2}{g''_X (\rho_Y - \rho_X)^2} - \frac{H_Y g_X^2}{p^3 g''_Y (\rho_Y - \rho_X)^2} \qquad (3-18)$$

上面两式可以整理得到:

$$\frac{dY}{dp} = -\frac{1}{p}\frac{dX}{dp} \qquad (3-19)$$

也即

$$-\frac{dX}{dY} = p = \frac{\partial A/\partial Y}{\partial A/\partial X} \qquad (3-20)$$

上面公式的含义是在封闭创新条件下,企业在均衡处的两种技术 X 和 Y 的转换率等于它们对创新产出 A 的边际贡献率的倒数。由前面式子,进一步可以得到:

$$\frac{\partial A/\partial Y}{\partial A/\partial X} = \frac{g'_X}{g'_Y} = \frac{g_X - \rho_X g'_X}{g_Y - \rho_Y g'_Y} \qquad (3-21)$$

由上述结果可以进一步推知:如果这个企业具有相对丰富的 K 资源,而相对稀缺有经验的技术人员 H,那么 g'_X 将过大,g'_Y 过小。因为由 $X = H_X g_X(\rho_X)$ 可知,由于在封闭创新条件下,企业为了获得必需的 Y 技术,不得不压缩投入到 X 技术开发中的 K_X 和 H_X,进而使得 K_X/H_X 比例过小且 g'_X 过大。因此 p 和 $\frac{\partial A/\partial Y}{\partial A/\partial X}$ 都将很大。

在这种情形下,对于该企业而言,获得一定单位的 dY 技术的边际成本非常高,必须舍去较多的 dX。它可以由下列式子看出:

$$-dX = pdY \qquad (3-22)$$

上式显示了两种技术之间实现转化的机会成本大小。当 p 越大时,为了获得一定的 dY 而失去的 dX 将很高。这一状况可能使得该企业只能开发较少数量的 Y 技术,而它又将限制企业的创新绩效 A 的提高(对 X 技术和 Y 技术都有一定的需求)。在很多情况下,由于某一关键技术的缺乏或者获得其成本太高,一些企业甚至选择退出了创新活动。

因此,我们得到推论1。

推论1:在封闭创新环境下,单一企业由于某一创新资源的相对匮乏(例如人力资本 H),使得它在进行创新时所必需的 Y 技术的开发成本相对较高(该技术开发严重依赖于人力资本),而这会导致创新绩效很低。

二、基于异质性资源互补的两个企业的合作创新模型

不同的企业或者组织(高校、研究机构)拥有不同的创新资源,它们可以形成互补性,共同推进创新发展。例如,企业 i 拥有相对较多的生产制造技术,可以将新技术或新产品实现商业化应用;然而企业 j 拥有相对较多的技术开发人员,它们在研发方面具有相对优势。可以证明,如果这些不同创新主体能够实现互补资源的匹配,就能提高异质性资源的协同效应,提高合作群体的创新绩效。

合作一般有两种方式:一种是由拥有异质性资源的企业分工合作,利用各自异质资源开发具有相对优势的技术,然后按一个"内部价格"实现技术共享。在这一合作模式中,X 和 Y 两种技术仍有两个合作创新主体独立开发,但是合作使得它们各自获得创新所需的 X 和 Y 技术的成本降低。另一种是两个合作主体整合各自资源,共同开发 X 和 Y 两种技术,其资源约束为 $K_i + K_j$ 和 $H_i + H_j$。在这种合作方式中,两个合作主体之间的技术、知识交流更为充分,不过由于共同开发需要更多组织、行为融合,其沟通过程较为复杂,协调成本可能较大。上述两种合作方式都能实现互补资源共享,都能提高合作主体的创新绩效。

(一)基于资源禀赋状况的分工合作

本书假定两个企业基于拥有的不同资源状况采取分工合作的方式进行创新,企业 i 拥有相对较多的设备资本,它在开发 X 技术方面具有优势,而企业 j 拥有相对较多的人力资本,它在开发 Y 技术方面具有优势,两个企业分工合作开发 X 和 Y 技术,并进行共享。两者的资源禀赋特征及相应约束为(对于企业 i 而言):

$$\frac{K_i}{H_i} \geq \frac{K_j}{H_j} \tag{3-23}$$

$$a_{HX}X_i + a_{HY}Y_i = H_{i,X} + H_{i,Y} = H_i \tag{3-24}$$

$$a_{KX}X_i + a_{KY}Y_i = K_{i,X} + K_{i,Y} = K_i \tag{3-25}$$

其中,a_{HX}、a_{HY}、a_{KX}、a_{KY} 分别是在开发 X 和 Y 两种技术时所需 H 和 K 两种资源的投入系数。对于合作主体 j 而言,有相类似的资源约束,后面的分析对于 j

同样适合。

将上面两式同时除以 H_i，可以得到：

$$a_{HX}\frac{X_i}{H_i} + a_{HY}\frac{Y_i}{H_i} = 1 \tag{3-26}$$

$$a_{KX}\frac{X_i}{H_i} + a_{KY}\frac{Y_i}{H_i} = \frac{K_i}{H_i} \tag{3-27}$$

求解上述线性方程组，可以得到：

$$\frac{X_i}{H_i} = \frac{a_{HY}K_i/H_i - a_{KY}}{a_{KX}a_{HY} - a_{KY}a_{HX}} \tag{3-28}$$

$$\frac{Y_i}{H_i} = \frac{a_{KX} - a_{HX}K_i/H_i}{a_{KX}a_{HY} - a_{KY}a_{HX}} \tag{3-29}$$

由此，进一步得到：

$$\frac{X_i/H_i}{Y_i/H_i} = \frac{X_i}{Y_i} = \frac{a_{HY}K_i/H_i - a_{KY}}{a_{KX} - a_{HX}K_i/H_i} \tag{3-30}$$

计算如下导数：

$$\frac{d(X_i/Y_i)}{d(K_i/H_i)} = \frac{a_{KX}a_{HY} - a_{HX}a_{KY}}{(a_{KX} - a_{HX}K_i/H_i)^2} = a_{HX}a_{HY}\frac{\rho_X - \rho_Y}{(a_{KX} - a_{HX}K_i/H_i)^2} \tag{3-31}$$

其中，$\rho_X = a_{KX}/a_{HX}$，$\rho_Y = a_{KY}/a_{HY}$。对于 j 企业而言，同理可以推得上式。

由于在 X 和 Y 两种技术开发中总有 $\rho_X > \rho_Y$，即 X 技术开发相对于 Y 技术开发需要更多地使用资源 K，进一步可知：

$$\frac{d(X_i/Y_i)}{d(K_i/H_i)} > 0 \tag{3-32}$$

由前述 $K_i/H_i \geq K_j/H_j$，可以推论出企业 i 将相对于企业 j 开发出更多的 X 技术，而企业 j 将相对于企业 i 开发出更多的 Y 技术，即

$$\frac{X_i}{Y_i} > \frac{X_j}{Y_j} \tag{3-33}$$

上式也意味着对于任何既定的 X/Y 两种技术转换率，由前述均衡条件决定的 p_i 大于 p_j，即

$$p_i = \frac{P_{i,Y}}{P_{i,X}} \geq \frac{P_{j,Y}}{P_{j,X}} = p_j \tag{3-34}$$

两个企业进行合作创新时，可以以一个"内部价格"进行 X 和 Y 技术的互换，即价格 R_s（X 技术的"内部价格"标准化为 1，Y 技术的"内部价格"为 R_s），这一价格相对单一企业的 X 和 Y 技术的转换成本更低。

$$\frac{P_{i,Y}}{P_{i,X}} \geq R_s \geq \frac{P_{j,Y}}{P_{j,X}} \qquad (3-35)$$

因此，可以得到推论2。

推论2：在合作中，拥有更多资源 K 的企业（或拥有更多熟练技术人员 H 的企业）倾向于开发密集使用 K 资源的技术 X（或密集使用 H 资源的技术 Y）；它们的合作将降低创新中 X 技术（或 Y 技术）的使用成本（相对于单一企业创新而言）。

（二）合作对创新绩效的影响

进一步地，对于合作企业 i 和 j 而言，它们通过合作可以扩展其创新资源禀赋。通过合作，企业 i 采用 $d\vec{X_i}$ 从合作企业 j 中可以获得数量为 $d\vec{X_i}/R_s$ 的 Y 技术：

$$d\vec{X_i}/R_s = d\overleftarrow{Y_j} \qquad (3-36)$$

对于企业 i 的内部技术转换而言，在内部均衡中的 X 技术与 Y 技术转换具有下列等式：

$$-\frac{d\vec{X_i}}{P_{i,Y}/P_{i,X}} = dY_i \qquad (3-37)$$

合作交换意味着：

$$-\frac{d\overleftarrow{Y_j}}{dY_i} = \frac{P_{i,Y}}{P_{i,X}}\frac{1}{R_s} \geq 1 \qquad (3-38)$$

因此，对于企业 i 而言，通过合作和不同技术开发战略调整（放弃自身不具优势的 Y 技术开发，转而重点开发 X 技术），它可以从企业 j 获得更多的 Y 技术，并将提高其创新绩效。企业 i 的创新资源禀赋也得到扩展，通过合作形成了新的目标约束，即：

max: $A'_i = f(X_i, Y'_i)$

s.t.: X_i, $Y'_i = Y_i + d\overleftarrow{Y_j} - dY_i \geq Y_i$

异质性资源互补匹配形成的提高合作创新绩效的协同效应如图3-1所示。

同样，对于合作企业 j 而言，在合作创新中也能提高绩效。可以由下述等式得到证明：

$$-dX_j = \frac{P_{j,Y}}{P_{j,X}} d\overleftarrow{Y_j} \qquad (3-39)$$

企业 j 通过合作得到下列资源有：

$$d\vec{X_i} = R_s d\overleftarrow{Y_j} \qquad (3-40)$$

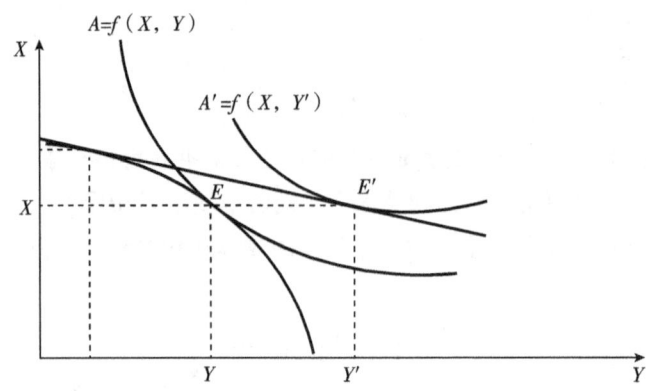

图 3-1　基于异质性资源互补的合作创新绩效提高效应

$$-\frac{d\vec{X_i}}{dX_j} = R_s \frac{P_{j,X}}{P_{j,Y}} \geq 1 \qquad (3-41)$$

因此，企业 j 通过合作与技术开发调整（自身放弃一定 X 技术生产，通过合作获取更多的 X 技术），也能扩展创新资源禀赋，进而提高创新绩效。进一步可以得到推论 3。

推论 3：在基于异质性资源互补的合作创新中，拥有不同创新资源禀赋 $\left(\frac{K_i}{H_i} \geq \frac{K_j}{H_j}\right)$ 的企业通过分工合作扩展了创新所需的 X、Y 技术边界，提高了双方的创新绩效 A。

不过，在上述合作过程中实际有一些潜在要求。首先，合作对象恰恰是两个资源禀赋具有差异的伙伴，例如，企业 i 和企业 j 具有不同的资源状况，企业 i 拥有相对较多的设备资本，它在开发 X 技术方面具有优势，而企业 j 拥有相对较多的人力资本，它在开发 Y 技术方面具有优势。因此，资源异质性是合作的基础之一。

其次，两者合作所需的资源具有很强的相关性，企业 i 拥有的设备资本和企业 j 具有的人力资本都是开发 X、Y 技术所必需的资源，缺一不可[它们通过创新投入产出函数联系起来，如 $X = G(H_X, K_X)$]。这种联系正是体现了合作双方资源的相关性，它构成了合作的另一基础。

最后，获得异质性资源的相对成本高低。它与合作双方的异质性程度有关，当合作双方所拥有的资源异质性程度越高时，合作带来的价值越高。不过，匹配合作双方，仍需要很强的信息要求，合作对象的搜寻、合作中的交易成本都是潜在的影响因素。本书模型没有引入这些因素，但是它们在实际中起着重要的影响作用。如果这些成本太高,那么它会大大降低合作的潜在价值。

由此,通过基于异质性资源互补的合作创新机理分析,可以得到推论4。

推论4:决定合作绩效高低的因素主要有三个,即合作各方资源的异质性程度、合作各方资源的有机联系程度、获取异质性资源的相对成本高低(信息或合作交易成本)。

三、异质性资源互补产生的合作利益增进效应

基于异质性资源互补的合作创新对创新绩效提升有多种效应。结合上面模型推论,将异质性资源互补的效应归纳为如图3-2所示的三个方面:关键性资源弥补效应、成本节约效应和资源利用分工深化效应。其中,前两者是静态效应,而第三者为动态效应。

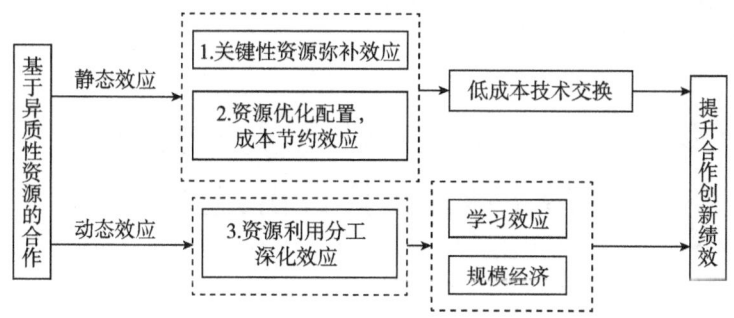

图3-2 基于异质性资源互补的合作创新效应

(一)所需关键性资源的弥补效应

在创新中,无论一个企业的规模多大,技术能力多强,不可能在创新所需的每个技术领域中都具有优势。有一些技术资源具有独特性、不可模仿、不完全流动,这些资源可能是核心技术或关键技术,它是企业经过长期积累或经过相当努力获得的。这些关键性资源有可能成为制约企业从事创新活动的瓶颈。这也意味着,只有通过合作,企业才能获得这些关键性技术资源,弥补它们在创新中的不足与劣势。

(二)互补实现的成本节约效应

正如本书模型所述,创新需要多种技术知识(例如模型中的X技术和Y技术),但是不同企业在提供这些技术知识时的优劣势不一样,即使一些企业能够提供所有的技术知识,但是它们在提供某些技术知识时的成本很高(例如模型中的i企业提供Y技术),因为它们相对缺乏某些创新资源(例如模型中的i企业

拥有的人力资本 H 资源较少）。不过，通过合作和技术交换（例如技术分享协议、专利的交叉许可等合作形式），企业可以以相对较低的成本获得具有开发劣势的那些技术。对于这些合作企业而言，它们实际通过合作节约了技术开发成本，提高了创新效率。

（三）分工实现的报酬递增效应

基于异质性资源互补的分工深化效应是一种动态效应。在合作创新中，通过分工合作，合作企业集中于特定领域的技术开发，并在开发过程中获得经济报酬递增效应，例如，"干中学"效应、资源整合效应等，进一步降低了该技术的开发成本，使其在合作中的优势更为明显，这就是分工深化效应。专业化的分工进一步降低了合作创新的成本，使得合作创新更具吸引力。实际上，在合作创新案例中，基于异质性资源互补的分工深化效应很显著，它也是那些有过合作创新经历的企业更倾向于扩大、深化合作的原因。

第三节 基于异质性资源互补匹配的合作伙伴选择评价模型

现有的研究还没有提出一种与企业内部独特资源相匹配的合作创新评价模型。理想的合作匹配是合作创新成功的基础，可以实现资源共享，降低合作成本，提升合作收益。如果合作匹配较差，则合作的收益和质量将较差，合作也不稳定，很容易出现失败。

本书对这种匹配评价模型进行了积极探寻，依靠这一评价模型，企业能够针对自身特质选择合适的合作对象与合作形式，它对于指导企业有效实施合作创新和创新管理体系十分重要。

一、合作伙伴选择评价原理

合作匹配是指在合作创新中，各个合作方所拥有的资源能够有效地满足对方需要。依据前面模型分析得到的结论可知，最优的合作匹配在于不同合作伙伴所掌握的资源能实现互补，而互补程度的大小又在于三个方面：一是合作伙伴之间所掌握的资源的相关性；二是合作伙伴之间所掌握的资源的异质性；三是获取合作对象或异质性资源的信息与交易成本。第一个方面能将不同资源连接起来，后面两个方面能够提高这些资源连接在一起时的价值高低。在本书模型中，创新同时需要两种资源的配合，即 K_i 和 H_i，这体现了它们之间的相关性。同时，合作最容易在拥有较多 K 的企业和拥有较多 H 的企业之间展开。它们的联合能提高资源组合的价值。因此，本书以合作各方在创新所需的各种资源禀赋上的相关性和异质性作为衡量合作互补性以及匹配程度的标准。

在充分获取潜在合作对象的相关信息的前提下，合作中的资源匹配度主要由两个方面决定：①不同资源之间的相关性。要建立合作中的互补性要求不同资源之间具有相关性，它们的相关性体现在它们能够服务于一个共同目标。无论是技术知识还是设备资源，它们的互补性和价值都通过创新目标的实现而体现出来。这些资源或者拥有这些资源的企业间必须具备一定的联系，无论是技术上的联系，还是生产、市场上的联系，这些联系为合作建立了一个共同基础。相反，如果合作各方的联系非常弱，或者对知识的认知距离太大，那么它们不能互相理解，各种资源的利用将大打折扣。因此，合作中除了考虑资源的异质性之外，还要考虑它们之间的相关性。②资源异质性。相关性可能表现出一个极端，即资源完全相似，那么又将降低它们的互补性价值。因而，在考虑合作资源相关性的同时，还要考虑异质性，异质性资源组合能够带来更多的价值增值。资源的异质性体现在不同资源的新颖性、新奇性。合作主体所拥有的资源差异性（或异质性）与它们之间能否形成互补具有重要联系，它也是构成合作匹配评价的基础。一般而言，合作成员间的异质性越显著，各方资源要素相互嵌入，能够形成耦合状态，进而形成互补性优势，均衡合作水平也越高。如果合作各方的资源要素完全相同，没有差异，那就没有互补性，因此也不能形成互补性优势。尽管有一些合作是在具有很强相似性的合作伙伴之间进行的，但是它们的合作基础主要是分担较大的创新成本。Sakakibara（1997）曾详细讨论过日本、美国的高科技领域的合作创新动机，证实具有相似性特征的创新主体间的合作主要是基于成本分担动机，其结论与本书观点一致）。这种建立在相似性资源基础上的合作具有很强的竞争替代性，如果合作成员之间或者创新资源之间都具有较强的替代性，那么创新绩效一般较低。但是如果各方的资源完全异质，例如，来自两个生产差异极大的行业的企业，它们的资源根本不具兼容性，那么它们开展合作所得到绩效也将是非常低的。

从以上分析可以看出两点：一是异质性并不完全等于互补性；二是最有效率的合作是在有一定相关但又具有独特性、专有性技术的企业或大学之间展开的。基于异质性资源的合作为新颖性组合、价值增值提供了机会。但是如果异质性太大，使得根本不具备相关性，那么反而阻碍了各种资源的有效利用。要克服这些障碍，有两种方法：一种是增强异质性资源的互补匹配，优化资源选择和合作伙伴选择；另一种是提升企业自身的学习能力、吸收能力，克服异质性资源带来的认知困难、交流障碍、知识传递障碍。

因此，基于异质性资源的合作创新有一个最优的匹配度（差异程度），在这个匹配度上才能形成互补。因此，合作匹配的评价模型设计应考虑到这些问题。下面各图分别显示了基于异质性资源的合作创新匹配度评价原理。资源异质性、相关性、相似性对合作绩效的影响见图3-3。开展合作创新的企业一般有两个动机：获得资源互补和成本分担，前者依赖于合作各方的资源异质性（技术异质性、资产异质性和地域异质性），后者存在资源相似性强、竞争替代性强、互补性弱的问题。同时，合作创新绩效与异质性资源匹配度之间存在一个倒U形特征，适度的资源异质性匹配最能提升合作创新绩效，如图3-4所示。

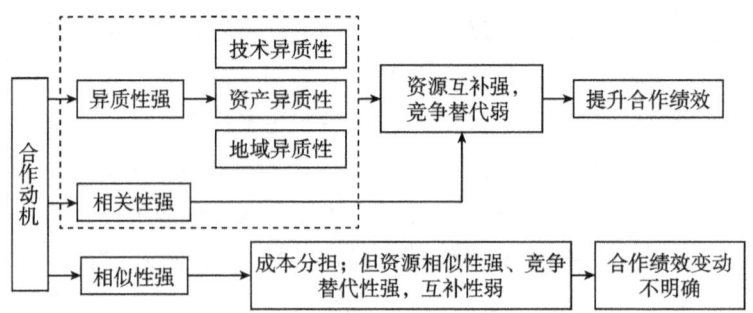

图3-3 资源异质性、相关性、相似性对合作绩效的影响

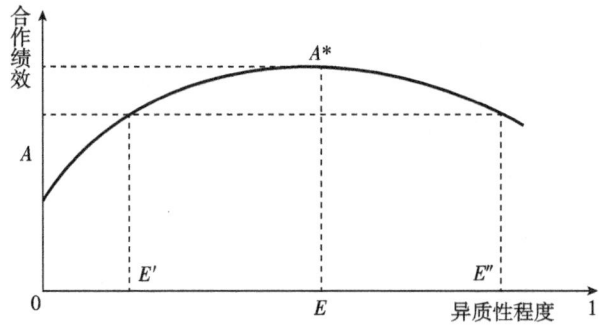

图3-4 合作各方资源异质性程度与合作创新绩效关系

二、方法一：Euclid（欧几里得）合作距离评价方法

借鉴 Knott（2003）、Glising（2008）、Woerter（2009）、任宗强和吴志岩（2012）、Carboni（2013）的研究，本书选择合作主体之间的技术异质性（业务、技术领域、技术质量异质性）、资产异质性（设备资产、人力资本等异质性）和地域异质性（合作对象所处不同地域）作为异质性的主要源泉，并采用 Euclid（欧几里得）距离来测量合作主体之间的资源差异性，进一步利用互补距离函数计算各方的合作匹配程度。异质性测度公式和匹配度测度公式如式（3-42）所示。

异质性测度公式：

$$\theta = \sum_{m}^{M} w_m E_m (1 - E_m) \quad (\text{合作双方资源匹配度测量公式}) \quad (3-42)$$

$$E_m = \sqrt{\sum_{n}^{N} \frac{(s_{n,i,m} - s_{n,j,m})^2}{n}} \quad (\text{合作双方资源异质性测量公式}) \quad (3-43)$$

$$1 = \sum_{m}^{M} w_m \quad (\text{权重之和}) \quad (3-44)$$

在上述公式中，E_m 代表着大类资源异质性评价指标，即技术异质性、资产异质性和地域异质性，它们从三个角度衡量了合作企业所拥有资源的异质性程度，每类异质性评价指标由一系列细分的评价指标构成，种类有 n 种。i 和 j 分别是合作的两个主体（当合作成员有多个时，可以进行扩展，例如 j 代表其他合作成员的异质性资源平均拥有量），$S_{n,i,m}$ 和 $S_{n,j,m}$ 分别衡量两个合作主体对第 n 种资源拥有数量的相对比例，由下列公式计算得到：

$$s_{n,i,m} = \frac{H_{n,i,m}}{H_{n,i,m} + H_{n,j,m}} \quad (3-45)$$

$$s_{n,j,m} = \frac{H_{n,j,m}}{H_{n,i,m} + H_{n,j,m}} \quad (3-46)$$

其中，$S_{n,i,m}$ 的取值在 $0 \sim 1$，也即 $(S_{n,i,m} - S_{n,j,m})^2$ 最大值为 1，最小值为 0，当 $(S_{n,i,m} - S_{n,j,m})^2$ 等于 1 时意味着 i 和 j 两个企业拥有的创新资源差异很大，而当其等于 0 时，意味着两者拥有相似的资源。同时，在考虑合作企业之间拥有的某一种创新资源数量的差异之外，进一步考虑到资源质量水平的差异，引入对应资源的质量的评价指标，例如人力资本质量的评价指标 $J_{n,i,m}$。因此，衡量合作企业之间的创新资源异质性程度指标转变为：

$$S_{n,i,m} = \frac{H_{n,i,m} J_{n,i,m}}{H_{n,i,m} J_{n,i,m} + H_{n,j,m} J_{n,j,m}} \quad (3-47)$$

在合作双方的资源匹配程度测量公式中，θ 衡量基于资源异质性的合作匹配度。W_m 是三个大类异质性评价指标的权重（可以取做1/3）。本书提出的评价方法权重选择自由裁定，不必采用不等权数。在匹配程度的计算公式中，基于前面论述的适度异质产生的互补原则，采用"$E_m(1-E_m)$"计算匹配程度。

显然，当合作双方的匹配程度 θ 越大，表明各方满足对方创新资源需要的匹配程度越强，如表3-2所示。

表3-2 合作各方资源异质性程度与合作匹配度

	异质性程度		
	强	适中	弱
合作匹配度	匹配度弱	匹配度强	匹配度弱

三、距离方法的评价指标体系

正如前文所述：只有互补的异质性才能对合作创新产生影响。最优水平的互补性是在创新主体所拥有资源的差异（异质性）与相似（同质性）之间有一个平衡，它能带来最高水平的创新绩效。本书将从合作企业的个体特征、所处产业与区域特征中选取重要指标来刻画合作伙伴之间创新资源的异质性程度。

（一）技术异质性的测度指标体系

本书采用Knott（2003）的方法利用技术距离来表示合作企业间的技术资源异质性，具体而言，它又从行业领域或业务领域、专利拥有量和技术水平先进程度三个具体角度刻画合作企业间的异质性。

（1）行业领域、业务领域距离，即 $s_{1,i,1} - s_{1,j,1}$。合作中，行业多样性能为企业带来差异性资源和能力。当合作创新主体以企业为主时，可以利用我国国民经济产业分类标准（门类、大类、中类和小类）来刻画它们在产业和技术资源方面的差异性，不同产业的企业拥有不同的技术资源（例如隐性知识），但是这些资源在一定程度上又具有互补性，可以用于两者的合作创新。例如，在航空发动机开发设计中，航空设备制造公司与汽车制造公司同属交通设备制造业，但又分属航空设备制造业和汽车设备制造业两个细分行业领域。本书将合作主体分属门类行业的异质性差值设置为0.9、大类差值设置为0.5、中类差值设置为0.3和小类差值设置为0.2，同一行业的差值设置为0。

不过，当合作主体分别属于同行业的上下游企业（供应商或用户）或者企业与大学、科研院所、政府机构开展合作创新时,它们之间开展合作的针对性和互补性较强。例如,用户、大学和供应商一直是企业重要的合作创新伙伴。大学有细分的研究院所,例如汽车学院,大学与企业合作,能为企业提供技术知识、技巧和咨询等。因此,将它们的业务领域差值统一设置为 0.5。

(2) 技术专利拥有量距离,$s_{2,i,1} - s_{2,j,1}$。技术专利是一种显性知识,相对于前述的行业领域、业务领域而言,后者更多刻画的是隐性知识,前者更易于观测,且前者能刻画一个企业所掌握的核心技术资源状况,它能直接反映合作中企业能够提供的技术资源。本书采用合作主体之间的技术专利拥有量比例来刻画两者之间的技术资源异质性。

(3) 技术先进性距离,$s_{3,i,1} - s_{3,j,1}$。除了采用技术专利的拥有数量衡量差异性之外,还可以利用定性指标衡量合作主体之间的技术异质性。一般而言,与处于前端研究或拥有前沿性技术知识的企业展开合作能获得更多的收益。本书将技术先进性划分为四个水平:国际领先、国际先进、国内领先和国内先进,当与国际领先企业展开合作时,两者的技术差值设置为 0.5;与国际先进企业展开合作时,两者的技术差值设置为 0.4;当与国内领先企业展开合作时,两者的技术差值设置为 0.3;当与国内先进企业展开合作时,两者的技术差值设置为 0.2;当与处于一般技术水平的企业展开合作时,技术差值设置为 0。

(二) 资产异质性的测度指标体系

合作创新主体之间的资产异质性主要衡量的是一种创新资源的规模差距,即合作主体在生产设备、研究设备或人力资本规模方面的差距。一般而言,合作主体的规模越大,其实力越强,能够提供的资源越多。

资产异质性主要通过合作主体之间的有形物质资产和人力资本的差异加以衡量。有形物质资产包括企业的生产设备或者企业、大学与科研机构的研发设备加以刻画,而无形资产则主要是人力资本数量和质量刻画。生产设备或者研发设备体现了合作主体实现技术应用转化的资源与能力,而人力资本则是创新主体的知识和经验的化身,它也是一种重要的技术资源。本书通过引入合作主体之间的生产设备资产、研发设备资产、人力资本资源存量比值来反映它们之间的规模差异。

(1) 生产设备、研究设备规模距离,$s_{1,i,2} - s_{1,j,2}$。对于合作伙伴是相对企业而言,采用生产设备规模差距衡量企业在合作创新中技术开发、应用领域(例如规模生产资源、市场开发应用资源等)的资源异质性;如果合作伙伴是大学、科研院所则采用研发设备规模(学研单位的现有研发设备越多,学研单位规模越大，级别越高，反映学研单位的技术开发资源状况）来衡量差异性。在数据翔实的情形下，可以采用不同年份的生产设备或研发设备的比例来衡量这些设备的质量。

（2）人力资本规模距离，$s_{2,i,2} - s_{2,j,2}$。合作伙伴之间的人力资本规模距离衡量它们在隐性知识、技能等隐性技术资源方面的差异性。人力资本规模以合作主体的技术人员或研究人员数量衡量，同时考虑采用受教育程度，或者高、中、初级技术人员数比例，或者技术人员总数占员工总数比例衡量合作伙伴的人力资本质量。

（三）地域异质性的测度指标体系

地域异质性反映合作创新主体之间除技术资源、资产之外的隐性资源差异程度。地域异质性显示了合作对象的广泛性，这些合作伙伴具有不同的声誉、社会资源、隐性知识和经验等无形的资源禀赋。与不同区域的创新主体合作，能拥有这些异质性资源，可以大大提升创新绩效。很多案例表明，企业除了与本地企业、大学或科研院所合作外，倾向于与省会城市或北京、上海等地区的知名企业、大学合作。

地域异质性有四个层次：当地区域、除当地外的省域、国内省外区域以及国际区域。与这四个地域的企业或大学开展合作能够获得不同互补程度的异质性资源。其中：

（1）与当地创新主体（地区）合作，地域差值0.3。在一定程度上，企业倾向于与本地的合作伙伴开展创新活动，例如，合作经常出现在本地的产业集聚区、科技园区等（例如美国的硅谷、意大利的一些产业集聚区）。首先，在产业园区中，企业虽然聚集在一起，但又通常保留着彼此独立运作，因此它们拥有一些异质性资源。集群中的企业往往具有一定嵌入性和依赖性，通过当地的人才流动较容易实现这些资源的共享，这促进了互补性的产生。其次，本地集聚为互动学习创造了有利环境，地理邻近性减少了合作的交易成本。再次，企业对本地合作伙伴的了解程度较高，交流与沟通较为容易，能够建立起信任关系，这些优势降低了信息传递成本，能够支持合作关系的建立。最后，本地市场的邻近性有利于加快新技术的应用转换，较容易调整适应当地市场需求。

不过，基于本地合作的优势恰恰也带来一些劣势。例如，地理邻近性尽管促进了各种信息资源的流动，但也导致了合作伙伴之间的各种资源的相似性（在技术、生产方式等方面的相似性），而这又降低了合作的互补性，不利于创新绩效的提高。此外，地理邻近性逐渐形成相同的认知思维、行为准则、惯例（归属性），导致创新资源的同质化。它缩小了合作主体之间相互学习的空间，降低了创新的积极性。

（2）与省域内创新主体合作，地域差值0.5。本地区域所容纳的创新资源可能过少，它主要是本地产业的相关资源。但当跨入省域时，企业可以通过区域网络获得更多的异质性资源，例如产业间的创新资源，大学、研究机构、政府等公共机构的资源，这些机构在省域内配置基本齐全，它们拥有的资源一般是在本地区域无法获得的。另外，省域为合作创新提供了足够的应用市场，有助于合作各方实现技术开发、制造与应用的分工，实现优势互补。

（3）与国内省域外创新主体合作，地域差值0.8。国家创新系统能为合作创新提供更广泛、更优质的合作对象与资源。如果能成功与它们开展合作，企业能获得相应的国内市场影响力。不过这种合作要求企业自身具有一定实力，包括声誉、规模和技术能力等，但并不是所有的企业都能达到这种要求。而且，如果合作企业之间的差异性较大，将造成技术吸收、沟通等方面的障碍，降低合作创新绩效。因而这一区域异质性适宜于部分大规模企业寻求合作对象，对于广大的中小规模企业而言，它们与省域层次的创新主体合作更能获得较高收益。

（4）与国际创新主体合作，地域差值0.9。只有少数企业能够与国外创新主体展开合作，特别是那些出口企业、出口加工企业或者外向拓展企业更有可能与国际创新主体展开合作。国际创新主体拥有更为丰富、更具竞争力的资源，它与国内企业的资源异质性程度更大，有利于企业获得一些稀缺性资源。不过，在国际范围内开展合作对合作各方的要求更高，同时也需要克服地理距离较大、组织距离较大带来的沟通与交流困难，这些障碍将限制合作创新绩效的提升。

四、方法二：合作伙伴吸引力评价方法

面对多个潜在合作伙伴，企业可以采用"合作吸引力方法"进行评价。合作伙伴的吸引力主要由两个因素决定：一是合作伙伴拥有的有价值资源状况；二是企业与合作伙伴之间的合作成本或距离。前者可以采用V_i表示，V_i主要由合作伙伴的技术资源、人力资源、研发设备资源、生产资源和市场资源等决定。它还取决于企业与合作伙伴之间的异质性程度，不同组织主体（例如，企业与大学、科研机构的差别，大小企业之间的差别）、不同行业或技术领域主体、不同声誉主体、不同发展历史的主体、不同地区的主体之间的资源异质性程度较大，彼此间资源的新颖性、新奇性较大，因此其资源价值也越大，对企业的合作吸引力也越高。再综合考虑企业与合作伙伴之间不同方面的资源异质性以及合作伙伴在拥有的资源绝对数量和质量的基础上，可以建立合伙伙伴i的异质性资源拥有

状况，$V_i = \sum_k w_k v_{i,k}$，其中，$v_{i,k}$ 是合作伙伴 i 拥有的第 k 种资源状况，w_k 是第 k 种资源在合作所需的所有资源中的评价比重，并有 $1 = \sum_k w_k$。$v_{i,k}$ 可以聘请多个专家或企业高层进行打分评价得到。

决定合作吸引力的另一个因素是彼此间的合作成本或距离，采用 S_i 表示，它的大小一般取决于企业与合作伙伴之间的地理距离、知识认知距离以及关系距离等。一般而言，企业与合作伙伴之间的地理距离越远，信息交流障碍、沟通成本和交通成本越高，合作吸引越弱。相反，在同一个地区或产业聚集区域的企业，彼此间的地理距离小，对新知识、新技术的认知距离也小，容易吸收，那么合作吸引力相对较高；最后企业与合作伙伴之间的关系紧密程度、合作经验、沟通距离等也会影响合作成本。这些合作距离或成本因素可以通过多个专家、企业高层进行打分评价得到。基于这些因素，得到同样可以建立一个企业与合作伙伴之间合作距离评价指标，即 $S_i = \sum_m z_m s_{i,m}$，其中 $s_{i,m}$ 是企业与合作伙伴之间关于地理、认知或关系等方面的距离评价，m 是决定合作距离的因素种类。z_m 是第 m 种合作距离因素在所有合作障碍因素中的评价比重，并有 $1 = \sum_m z_m$。

最后，可以采用下列公式计算企业与第 i 个潜在合作伙伴之间的相对合作吸引力大小，即：

$$P_i = \frac{V_i/S_i}{\sum_N (V_i/S_i)} \tag{3-48}$$

其中，总共有 N 个潜在合作伙伴。由此可以评价每一个潜在合作伙伴的相对吸引程度。这一种方法操作简单、便利，但是也能综合考虑各个合作因素，不失合理性。

五、合作对象的选择方法与步骤

在具体选择合作对象时可以采用两种不同方法：一是分范围选择匹配方法，二是分阶段选择匹配方法。范围选择是"由里向外"逐步扩展的：首先，在与合作对象有过交往记录的企业中进行选择；其次，与合作对象没有交往记录但是对其比较熟悉的企业中进行选择；再次，在科研人员、政府机构、中介机构推崇的企业中进行选择；最后，在不熟悉的合作对象中进行选择，它主要是通过中介机构、互联网等媒体寻找合适伙伴。这一选择方法的优点是较为稳妥，它从以前合作的伙伴中进行选择，彼此比较了解，且合作信用度较高，但是其缺点是容易错过有潜力的新合作伙伴。

另外,还有一种方法是分阶段选择,它将合作对象的选择分为两个或三个阶段:第一阶段进行初选,从众多有希望的合作伙伴中进行选择,通过考察企业的特性来完成,初步符合合作标准的企业进入考核的第二个阶段;在第二个阶段主要对企业进行优异评价与排序,根据企业的优势、能力互补情况、合作联系次数、联系程度等确定为拟合作伙伴,并安排和设计不同的合作目标、合作方式和任务。

第四节 提升合作中异质性资源互补匹配的管理策略

在合作创新中,决定异质性资源互补匹配度的有三个关键性因素:一是合作对象及其资源的异质性;二是合作的相关性、针对性;三是合作信息成本、交易成本的高低。相应的管理策略也是紧紧围绕这三个方面展开的,提升合作匹配的合理性、科学性。本书提出了如图3-5所示的促进合作中异质性资源互补匹配的策略,具体分析如下:

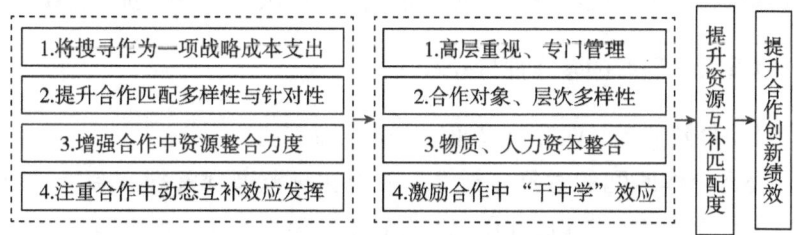

图3-5 提升合作中异质性资源互补匹配的策略

一、将搜寻成本作为一种战略支出考虑

找到与自身资源具有互补性的合作伙伴往往是一件困难的事。因为合作者之间经常存在不对称信息,技术资源需求者不能确定哪些技术供给者能够提供他们所需的资源,而技术供给者也不能确定哪些是这些技术资源的需求者。另外还有一些阻碍因素,像大学这类科研机构的技术成果的信息公开程度远不及企业;然而企业对于那些尚未全面开发与应用的新技术也往往很难做出市场价值评价,因为在市场中可能充斥着大量劣质技术。企业有时很难买到高价值的技术成果。这

种信息不对称状况极有可能导致合作创新市场的萎缩，企业、大学等开展合作创新的动力也非常弱。

解决此问题有三个建议：

（1）企业高层对潜在合作伙伴搜寻工作要高度重视，增强企业的信息筛选能力，建立合作对象的历史信息与信誉档案，构建管理全面、深入的合作网络。

（2）将搜寻成本作为一项战略支出，增加对适宜合作的企业、大学或科研院所等的搜寻力度，克服合作匹配中的信息不对称。一般而言，拥有异质性资源的合作对象可能处于企业的常规接触范围以外，企业必须增加搜寻投入，这种成本开支能够在一定程度上弥补企业因为选择错误合作对象而造成的高额损失。因此，企业在实施合作创新时，有必要将搜寻适宜合作对象的支出作为一种战略成本支出，予以充分重视。

（3）创新主体做出必要的组织结构调整，加强合作对象的搜寻、分析与研究管理。例如，建立专门的合作管理部门与工作制度。大学可以设立技术转让办公室，从事搜集、评估与发展相关技术成果，并搜寻技术需求方。目前我国除了少数综合性大学设立了专门的技术转移办公室外，其他学校都没有设立这一部门。另外，相关工作人员的业务素质也有待提高。这套管理制度与组织机构的建立不仅能降低合作中的交易成本，而且能降低合作风险，提高创新绩效。

二、提升合作匹配的多样性与针对性

提升异质性资源互补匹配可以通过三个方面实现：

（1）提升合作匹配的对象多样性。关键性资源通常掌握在多样性群体中，例如，产品价值链上的供应商和用户掌握着不同类型资源，与供应商合作通常能获得产品设计与制造的关键性技术（例如材料使用、产品质量），而与用户合作则能让企业准确理解市场需求信息，提供更优质服务；与大学、科研院所合作则能获得前沿性技术知识，为领先设计取得优势；与同业中的竞争企业合作能降低部分运营成本和获得互补性技术资源。

不过多样性的增加也有一些缺点：一是边际报酬递减，随着合作伙伴的增加，资源重叠性越大，从合作中获得的收益越少；二是多样性合作带来了较高的协调成本，交流与沟通障碍可能随着文化差异、产业背景的不同而增加。因此必须在考虑收益的基础上对多样性选择做出一些取舍。

（2）选取与自身资源特征相匹配的合作方式和层次。当前，我国大部分企业的合作创新仍停留在技术转让、委托开发等较低层次，这主要是因为企业的研发能力太弱，不能进行先进水平的技术研发。但是随着部分企业的研发能力提升，特别是在一些高技术产品领域，例如家电产品制造、汽车零部件制造、电气机械制造等，我国部分企业的研发能力逐年增强，建立有自己的研发中心和拥有相当的技术人员，这些企业的创新能力较强，它们可以适时调整合作层次，选择联合开发、共建研发机构、实现研产销等较高层次合作。

（3）提高合作匹配的对象针对性和合作方式针对性。首先，企业开展合作创新的动机往往不一样，有的企业对技术转移的需求程度较高。然而不同的合作对象对待技术转移的态度也不一样，一般而言，企业对技术转移相当谨慎，谨防合作伙伴成为未来的竞争对手，而大学、公共研究机构则对技术转移相对开放，这些机构的研发经费来源于公共财政，它们更倾向于向企业转移技术。并且研究人员的特点也会影响知识转移的过程，例如有着较丰富合作经验、较多技术专利、更强技能的研究人员对待合作的积极性更高，有利于技术知识转移。因此，如果企业对待技术资源的需求程度不一样，应该有针对性地选择合作对象和合作方式（例如联合研发、共建实验等）。其次，不同的合作对象的技术资源优势不一样。例如综合性大学、公立科研院所得到的政府补贴较多，它们在基础研究方面投入了大量资金，因此在基础技术开发方面具有优势。如果企业进行长期性、突破性的创新，需要的是基础理论与知识，企业可以与之合作。然而如果企业需要的是应用性、专有性技术知识，企业可以与一些专业学科突出的特色大学合作，例如浙江工业大学在化学工程方面具有相对优势，浙江理工大学在纺织工程方面具有优势，而浙江农林大学则在农业技术开发方面具有优势，与它们合作更加具有应用性和针对性。再次，按照小世界网络理论，关键性技术资源一般由少数企业掌握，与这些企业合作，能够成倍提高创新绩效。因此，企业应有针对性地与这些掌握核心资源的少数企业合作。最后，企业在合作前应加强对合作对象的技术资源、技术人员情况进行评估，判断其可能存在的合作增进性收益，提升合作的针对性。

三、增强合作中资源整合力度

合作伙伴的多样性增强了合作互补性，并提高了不同资源成功匹配概率，但是它同样带来一些问题：合作由不同类型的组织构成，它们拥有不同种类的资源，将这些差异性很大的资源有效地融合在一起需要很大的努力。只有对这些资源进行有效的整合才能形成价值，否则它们并不创造任何额外价值。特别是由于合作各方的目标存在一定冲突，并且不同组织的行为规则、激励与治理结构、文化等存在一定差异,如果不能对各方的资源进行有效整合,就将降低合作绩效。

因此,要对合作中的各方资源进行有效整合:①既重视各方的物质资本的整合,又重视技术资源、人力资本(技术人员等)的整合,适时做出必要的组织调整,设立专门的资源共享和管理平台,减少资源的无谓损耗,剔除冗余资源,增强合作的互补性。②加强沟通与交流,克服地理距离带来的合作障碍。通过各种正式、非正式交流渠道积极地促进互信,减少冲突。例如,高管、技术人员之间通过频繁的联系或面对面的交流可以形成互信,克服知识流动黏性,增加有效知识的吸收与溢出。③通过加强合作契约管理、组织联系和文化交流等拉近组织距离,降低协调成本。当企业与其他企业(例如国有企业、外资企业)、大学或科研院所等展开合作时,企业可能在目标、激励体系和行为规则方面与之有着较大的差异。因此,企业有必要通过合作契约管理、组织联系与调整(例如,创立公共交流与共享平台、建立负责人直接沟通机制、创立技术联络会议制度)等有意识的创造组织邻近性,减少组织间的交流障碍,增强合作的灵活性与适应性。

四、注重合作中的动态互补效应发挥

合作中的互补效应往往并不是静态的,有时它在合作之后的互动中进一步加深。正如本书基于异质性资源的合作创新模型显示的一样,当合作双方进行分工之后,它们通过专业化研究能进一步加大互补效应,另外,"干中学"等报酬递增效应也能提升互补效应,而这又能提高合作收益。

合作中的动态互补效应可能是一种非常普遍的现象。对于合作双方而言,要想获得合作带来的高效益,应注意发挥这种动态互补效应。①加强与合作伙伴在研究、发展、试验、评估、制造与销售等阶段的持续互动,进一步获得创新过程中形成的专业技能("干中学"效应)和知识。②采用适宜合作方式,如采取紧密合作、联合开发和共建实验室等方式,可以通过互动学习能够进一步培养出专业能力和异质性技术知识。然而一般的购买技术方式无法获得这些隐性知识,也无法获得合作中的动态效应。

第五节 本章小结

本章是基于异质性资源互补匹配的合作创新机理研究。首先探讨企业创新资

源的分类、特征以及合作创新中对异质性资源的需求。其次研究基于异质性资源互补匹配的合作创新机理。通过模型论证合作中不同资源组合，能在更大范围内优化资源配置，直接降低创新成本，提高创新绩效。进一步提炼出影响合作资源互补匹配的三大关键性因素，资源异质性、资源相关性以及获取资源的信息成本或交易成本，具体影响因素又与搜寻努力、技术资源多样性、资产多样性和地域多样性、资源整合力度等紧密相关。再次还提出了两个基于异质性资源互补匹配的潜在合作伙伴评价模型，一个是欧几里得合作距离评价方法，另一个是合作伙伴吸引力方法，两种评价方法虽然简单便捷，但是不失合理性。还详细阐述了评价原理、评价指标体系设计、权重选择等关键性问题。最后在机理分析的基础上，提出了促进合作中异质性资源互补匹配管理策略，它紧紧围绕异质性管理、相关性管理和合作成本管理展开，具体包括提升合作匹配对象的多样性与针对性、增强合作中资源整合力度、注重合作中的动态互补效应的发挥等方面。

第四章 基于异质性能力兼容的合作创新机理研究

合作创新不仅仅是一个静态的资源匹配,同时它也是一个动态的能力发挥过程。创新由于其复杂性、不确定性,需要多个领域的技术专长和能力发挥,包括新技术研发能力、新技术学习与吸收能力、新技术与原有技术连接能力、新技术生产应用与转化能力、新技术或产品的市场推广能力等。合作创新正是在各方能力聚合的基础上形成了新的竞争力。参与合作的企业的能力发挥与不同能力之间的有效对接是影响合作创新绩效的重要因素。

但是在实际中,合作各方的能力往往不具有兼容性,无法发挥协同效应。具体表现在两个方面:一是合作各方的能力水平差异太大,合作一方的能力较强另一方的能力较弱,双方无法形成有效的互动。例如,在技术研发、技术学习与吸收过程中,双方能力的差异影响了知识的有效传递,影响了创新环节的推进和经济效益的取得。二是不同性质能力之间的有效对接不足,同质替代性较强而互补性不足。例如合作双方都具有较强且相同的技术研发能力,但是都缺失将新技术转化为市场应用的能力。

合作伙伴之间能力不兼容将导致创新低效与失败。首先,合作过程中的技术吸收往往具有门槛效应,如果合作方没有足够的能力吸收开发新技术,那么就无法形成商业应用和获得相应回报。其次,能力过低也不足以克服创新过程中遇到的各种困难,创新风险将加大。再次,合作方的技术能力过低,还可能诱致合作另一方的机会主义行为。因为合作方过低的学习与信息解读能力将不能对另一方形成有效控制,使得另一方存在"偷懒"现象。最后,合作双方的异质性能力匹配不足,其相互间的能力替代性较强而互补不足,不能形成合作的协同效应。

现有文献对于合作中的能力发挥与管理研究较少涉足。本书正是基于上述问题展开基于异质性能力兼容的合作创新机理研究,深入探讨造成合作各方能力兼容程度较差的原因以及相应的管理策略。本书将特别指出，能力激发机制与能力对接管理的缺失是造成合作中各方能力兼容性弱的重要原因。首先，阐述提升合作创新效率对合作各方多种创新能力的要求，以及能力约束可能导致的合作失败问题；其次，通过模型研究论证技术吸收能力在提升合作创新绩效中的作用机理，找出决定技术吸收能力以及创新绩效的关键性影响因素；再次，对影响合作中企业能力兼容的因素做详细分析；最后，提出促进合作中各方异质性能力兼容的策略建议。

第一节 合作创新中效率与能力约束问题

一、合作中的创新效率

合作创新从本质上而言是一个动态的投入—产出过程，它也是一个探索性过程，其创新产出具有很大的不确定性。因此，在这一过程中，创新效率非常重要。如果创新资源投入过多，而创新产出却很少，那么合作创新也基本归于失败。本书将合作创新效率划分为三个方面：一是技术开发效率；二是技术吸收效率；三是技术应用转换效率。创新成败取决于这三个方面效率的高低，而它又与合作企业在技术开发、技术吸收与技术应用三个方面的能力水平、能力衔接有关。这一节将从理论模型说明合作中的异质性能力对创新绩效的作用机理。

具体而言，合作中的创新效率包括：

（1）新技术的开发效率。它是指合作双方应用已有创新资源（技术、资金、人力等）开发新知识、新技术的效率。技术开发效率与合作双方的发明能力有关，即企业探索、开发新知识的能力。一般而言，企业掌握的技术基础越为坚实，投入的创新资源越多，新开发技术和知识数量一般也越多。技术开发效率通常可以用企业在单位时间内专利申请量、新产品开发数量、新产品价值、新技术开发项目完成数量等加以衡量。

（2）新技术学习吸收效率。它是指在合作创新过程中，合作双方理解、评估、学习、保留外部技术知识的效率。首先，外部技术知识应该容易被企业员工理解，它是消化、吸收的前提。其次，企业应能评估、筛选和挖掘有效知识，即合理地评估合作中相关技术的质量与价值，挑选出那些起关键作用、非冗余性的技术资源，获取对企业最具价值的知识。通常，在合作过程中，外部知识可能过于丰富，且由于竞争关系的缘故，那些关键性知识并没有被明示出来，企业需要了解这些外部知识的地位及其结构，从而更好地筛选出重要技术知识。最后，企业对于关键知识要形成有效保留，通过学习互动、知识存档、人员保留等形式，确保企业能够随时应用、随时获取。学习保留是一个复杂过程，其对知识的记忆、理解与再解析过程较为复杂，耗费的时间也往往很多。

（3）新技术应用转换效率。它是指企业根据内外部生产条件有效地整合新技术知识，使其迅速转变为与企业经营环境相匹配，且能创造价值的技术的能力。在技术应用环节，合作企业必须从丰富的外部知识资源中挑选出最关键部分，将它们与已有技术、内部技术整合起来，形成更为复杂的技术组合，构建出新生产系统和新构架。

二、合作中的能力约束问题

（一）合作中的能力要求

提升合作创新效率，不仅要求实现异质性资源互补匹配，还要求具备足够的能力水平与能力组合。其中的原因有：

合作中存在对新知识的认知、学习与吸收困难等问题。这就是所谓的"认知与吸收距离"。根据一些学者的研究，可以将影响合作中知识转移的因素划分为三个：技术知识自身的特征，包括新颖性、复杂程度等；进行知识共享的企业的动机；企业自身的能力，包括学习、吸收与应用转化能力。特别是包括吸收能力在内的企业技术能力非常关键，因为知识特性与生俱来，不可改变，而动机也无法发挥单独作用，降低合作中的知识"认知与吸收距离"，唯有参与企业的吸收能力发挥。

合作的复杂性要求具备多种性质的能力。合作中的能力包括：技术研发能力、中试能力、大规模制造能力以及市场推广能力等，这些能力的组合能够提高合作整体的竞争力。不过，这些能力往往由不同的创新主体所掌握，例如，大学拥有较多的人才和研发设备、实验室，它们具备较强的技术研发能力，而企业，特别是一些大企业具有较强的产业化能力和市场推广能力。

具备一种或多种较强能力的企业更能从合作中汲取有价值的知识，其合作意愿也更大。国际著名咨询机构普华永道曾对1757家企业进行了调查研究，重点考察了创新排名前20%的企业与排名后20%的企业。结果发现，具有较高技术能力的企业与外部合作伙伴开发新产品或新服务的合作次数是技术能力低的企业的 3 倍以上；并且最具创新力的企业更频繁地利用各种正式形式开展外部协作，其中正式合作与非正式合作比例分别是 67%、39%。然而创新能力低的企业则通常采用非正式的方法进行创新。Lane 等（2001）的研究显示：企业技术吸收能力、信任会影响 RJV 合作模式中的表现，技术吸收能力会影响到合作企业对新知识的理解；然而合作企业的学习过程与结构也会反向影响到企业对新知识的吸收效果。Cohen 和 Nelson（2002）强调接受知识企业的规模和研究能力可能会影响产学研合作效果。他们指出具有不同规模的企业，其技术吸收与拓展能力不一样。大企业在解决核心和非核心技术领域的问题时，它们对产学研合作有着更深入的认识，因而其合作绩效更好（Santoro and Chakrabarti，2002）。Belderbos（2004）认为，不同的合作伙伴由于具有不同的经验、能力和声誉等，它们对企业的创新绩效的影响不一样。Lichtenthaler 和 Lichtenthaler（2009）曾将开放式创新下企业的知识管理能力归结为六种，即企业内部的发明能力、转型能力、创新能力、外部的吸收能力、连接能力、解吸能力。Giuliani 和 Arza（2009）认为企业的知识基础对合作创新的建立有正向影响。他们发现，如果高校在某一技术领域的实力较强，那么合作创新易于开展；如果企业具备较强的获取与转移技术的能力，合作创新也易于开展。汪孟艳（2012）认为企业的技术能力越强，越能减少合作中的依赖性，进而降低关系成本和机会主义行为的发生。王长峰和徐滴石（2018）的研究则表明企业的合作创新行为和合作创新能力对企业创新绩效有较强的正向影响；合作创新能力在企业的合作创新行为与创新绩效之间起一定的调节作用。

本书将合作中对企业能力的要求划分为四个方面：技术研发能力、学习能力、连接能力和应用转换能力。

技术研发能力是指合作企业开发新技术、新知识的能力。这一能力表现为企业能够把各种关联的正式或非正式知识转化为富有针对性的、解决某一问题的最佳方式的知识。企业的技术开发能力主要由企业技术开发团队的以往知识积累和专业化活动等决定。

学习能力是指合作企业理解、吸收同化与拓展对方技术的能力。合作创新是一个双向性过程，它要求合作双方同时、同步地积极活动，通过与不同企业的技术人员的充分交流，识别、吸收和利用他人的专长。因此，学习能力很重要。首先，它能使合作双方在共同语言基础上进行有效交流，掌握彼此的关键性技术。其次，通过学习、交流，还能进一步拓宽正在发展的技术的应用范围与深度，降低合作创新风险。在合作过程中，由于行业或外部经济环境的各种变化，企业可能面临许多新风险，而且合作研发协议往往具有不完备、刚性的特点，这时就要求合作双方具有较高的学习能力，拓展新开发技术的应用范围和深度，降低合作研发中的部分风险。最后，较强的学习能力还能稳定合作关系，使双方合作的适应性更强。

连接能力是指合作企业通过筛选、评估、加工、剔除非冗余性知识，将合作方的知识资源与企业内部技术有效整合起来的能力。连接能力要求合作企业能够将外部知识纳入管理中，拓展企业知识管理的范围。

应用转换能力是指合作企业将所吸收的全部技术知识，迅速转换为与企业经营环境相匹配的新应用系统或架构的能力。应用转换能力要求企业能够迅速实现所吸收知识的应用，比竞争对手先获得高回报。

合作创新中，具备较强创新能力的企业往往能够获得更高的创新绩效。其作用机制有下列途径：

企业较强的技术吸收能力能提升合作中的学习效果。由于创新活动是一种探索性活动，它需要企业涉及一些未知领域，特别是前沿知识领域。它要求企业掌握相应的语言、配套技术与方法，短时间掌握这些非常困难。具有较强技术能力的企业在学习、吸收这些知识时的速度更快、质量更高，学习效果也更好，有利于后续的创新绩效提升。

企业较强的技术应用转换能力能提升合作成功概率与合作收益。成功的合作创新一般由两个阶段构成，一是成功开发出新知识或技术，二是成功将其转变为商业化应用。在这两个阶段都需要利用到相应的专业能力。例如大学或科研机构利用其专业知识和专业能力开发出新知识；同时研发方和企业还要具备专业的应用能力，能够实现新技术与市场的成功对接。较强技术应用与转化能力的合作伙伴能提高新技术的适应性、拓展性与可占有性，进而能够获得更高的成功机遇和收益。

企业较强的技术吸收、应用能力提升合作伙伴的投入努力，降低机会主义行为。具体而言，它表现在三个方面：一是具备较强吸收与应用能力的企业会拥有较高的声誉与信誉，寻求与之合作的伙伴越多，合作努力也更强。Kaufman等(2000)的研究结果证实，具有较高技术水平的企业可能面临的合作机会更多，其合作绩效也更好，他们证实了企业的内部研发能力对提升创新绩效非常重要。上述作用机制是一种声誉效应，较强能力的企业能从合作中获得的收益分配比例也更高。二是较强的知识转换应用能力能够提升合作伙伴的知识共享程度。三是具备较强技术能力的企业具有较强的合作控制能力，它能以较低成本进行合作检查、分析与吸收,对合作伙伴的努力程度能进行较清晰的判断,这也会削弱合作伙伴实施"偷懒"或者"搭便车"等机会主义行为的动机,进而提升合作创新绩效。相反,如果一方的吸收、应用能力较低,它将无法形成对另一方的约束,进而可能诱致另一方的机会主义行为。合作中的企业能力要求及对创新绩效的作用路径见图4-1。

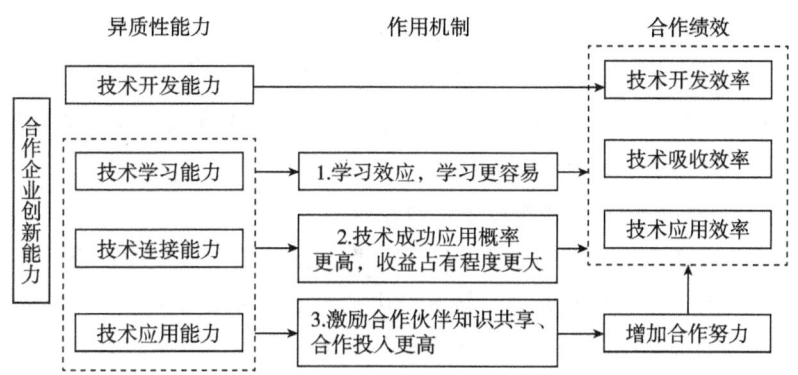

图4-1 合作中的企业能力要求及对创新绩效的作用路径

(二) 合作各方能力水平差异太大导致的合作风险

由于特定的经历和技术能力形成的路径依赖,不同创新主体的技术能力表现出很大差异。企业的技术吸收与应用能力的形成主要取决于企业现期和以往时期的专有技术投资规模、高管的技术背景和重视程度、R&D部门的设立与否、高素质研发人员的拥有量、以往合作研发经验和技术路径选择等。一般而言,高新技术企业相对于传统的制造型企业而言,其技术能力较强;高管人员具有较强技术背景的企业的技术能力更强;设立了R&D部门或技术中心的企业具有较强的技术能力;成立时间更早的企业,通过不断学习积累了更强的技术能力。

企业不同的能力水平和能力演化决定了合作过程中互动效率(技术信息传递、学习吸收与应用效率),最终影响了创新绩效。合作中如果合作一方的开发能力水平不够将导致合作风险,并给另一方造成时间和利益上的巨大损失。具体表现为:合作一方不能按时完成技术开发任务,延误了项目进度;合作方完成的任务在质量上达不到要求,影响了整个合作任务的质量,可能最终导致合作项目失败。或者,合作方开发的新产品或新技术存在很大的质量隐患,不被用户接受。这些都有可能是合作方由于技术开发能力不足导致的合作失败风险。

另外，合作各方的能力差异太大，不能形成有效的互动，影响了学习、知识传递与技术应用转化的效果，最终导致合作失败。合作创新中一般存在一个技术吸收门槛。如果一方提供的技术知识，另一方没有足够的能力吸收与应用，那么该项技术成果的价值将非常低，造成创新绩效低。另外，如果合作方的学习能力过低，不足以形成增值创新，创新绩效也很低。如果企业与大学、科研方的技术落差过大，不仅降低了科技成果的价值，也使得风险过多地转移给大学、科研方，很容易导致合作失败。不少研究也证实，在产学研合作中就有一个吸收的门槛效应。当企业将有限资金投入到引进技术的消化吸收时，其创新绩效较低，但是当其投入的消化、吸收资金达到一个极值之后，企业将获得较高的创新绩效，且企业的创新能力也获得提高。

（三）合作各方能力对接不足导致的合作困境

合作中各方能力的兼容很重要。导致合作失败的一个典型原因就是合作各方的技术开发能力、技术吸收能力、技术应用能力不能有效对接。实际中较多的情形是合作一方的某一种能力较强，而合作另一方的另外一种能力较弱，双方的能力不匹配，不能形成互补效应。许多企业只是具备了识别、获取外部知识的潜在吸收能力，但是将其整合、转化和利用的实际吸收能力却往往不足。

造成这种问题的原因来自多个方面：①来自合作另一方的新技术跨越领域大，且与企业的原先需求和利益相关度较弱，造成吸收与应用困难。合作创新中的一些技术来自不同产业，例如纺织服装制造行业的生产工艺创新技术往往来自计算机与信息产业，依赖于实现自动控制的软硬件结合技术。跨产业间的技术学习非常困难，需要企业较强的内部吸收能力。②一些新技术是前沿知识，非专业领域的企业对这些知识知之甚少，造成吸收困难程度大。③企业本身的技术基础薄弱，储备的知识存量不足。我国很多民营企业近些年才成长起来，它们也大多集中于制造业，以劳动密集型生产为主，当向创新转型时，其自身储备的技术知识存量远远不够。如果新发展的技术与原有知识的联系较为紧密，那么会造成这些企业在吸收、消化与应用这些技术知识方面存在困难。④合作中隐性知识（技能、技巧或经验等）的传递较为困难，需要充分的交流和人员流动才能实现，这也造成了技术吸收和应用的困难。隐性知识的传递还会受到合作方式、合作紧密程度的影响。⑤信息不对称和企业的机会主义行为也会造成技术传递的困难。由于合作企业仍存在一定的竞争关系，部分企业为了自身利益的最大化，可能利用信息加密、研究成果扩散限制等方式阻碍了技术的完全传递，也造成了吸收和应用的困难。

另外，如果合作各方的能力同质性较强，即各方具有相同性质的能力，那么它们之间的竞争替代性较强而互补性较弱，反而增加了内部冲突，最终导致合作失败。

第二节 基于异质性能力兼容的合作创新模型

一、模型基本假定

在这一小节，本书在借鉴 Cohen 和 Levinthal（1989）、Kamien 和 Zang（2000）、Kaiser（2002）的模型基础上分析合作中企业异质性吸收能力强弱对创新绩效的作用机制，并找出决定合作企业能力提升与兼容的关键性因素。

假定存在两个企业 i 和 j。它们在产品市场上展开竞争，但是在生产技术创新上展开合作，它们的合作 R&D 用于降低企业的生产制造成本。假定产品市场的需求函数为：

$$P_i = 1 - b\sigma Q_j - bQ_i \tag{4-1}$$

其中，σ 是两个合作企业的产品之间的市场替代弹性，σ 越大，意味着企业 j 对企业 i 的产品替代程度越大，两者的竞争程度越大，而 $\sigma \to 0$ 则意味着两者之间的竞争程度非常弱。

另外，假定在合作 R&D 中存在知识溢出，知识溢出程度依据企业之间的技术分享协议或合作模式决定。对于企业 i，其创新函数由下列两个方程组成：

$$C_i = c - f(X_i) \tag{4-2}$$

$$X_i = x_i + (1-\alpha)\beta x_i^\delta x_j^{1-\alpha} \tag{4-3}$$

其中，C_i 是企业 i 的单位产品生产成本，它是企业技术水平 X_i 的减函数，$f(X_i) > 0$。企业 i 的技术水平与自身的 R&D 投入 x_i 和企业 j 的 R&D 投入 x_j 有关，其中技术函数的第一项是企业 i 自身开发的技术，第二项是吸收性技术。企业 i 获得的吸收性技术水平或数量与五项因素有关：①合作企业 j 的研发努力，即 R&D 投入 x_j。②α 衡量合作伙伴 j 开发的技术的应用性，当 α 越大时，即 $\alpha \to 1$，合作伙伴 j 的技术应用性越弱，对于企业 i 而言，吸收外部技术的作用也就越低。③β 是技术分享程度或溢出参数，它与企业之间的合作紧密程度有关，当企业之间的合作程度越紧密，技术共享程度越高，β 越大；当合作程度越弱，β 越小，β 的大小与合作方式或模式有关。④企业 i 的自身吸收努力，它又由企业 i 的吸收努力或 R&D 努力 x_i 有关；⑤δ 是合作企业的技术努力的吸收效率参数，它与 x_i 一起衡量了企业的吸收能力大小。当 δ 越大时，表明吸收效率越高，企业投入相同的吸收努力就能实现较高的吸收能力。当 $\delta = 0$ 时，表明企业 i 的吸收效率极低，即使投入较大的吸收努力，实现的吸收能力仍然很低。

基于上述模型假定，本书重点分析两种合作模式下异质性吸收能力对合作创新绩效的影响效应。一种是基于技术合作协议的合作模式，在这一合作模式下，合作双方仍独立从事技术研发，不过部分研发成果将实现分享（分享程度由 β 大小而定）。另一种合作模式是 RJV，即合资模式，此时合作双方追求共同利益最大化，$\beta = 1$。

二、技术分享协议中合作伙伴的技术吸收能力高低的影响效应

依据上述基本假定，可以得到合作企业 i 的利润函数为：

$$\max_{Q_i} \prod_i = (P_i - C_i)Q_i - x_i \tag{4-4}$$

企业 i 在面临产品市场竞争条件下首先进行最优产量选择，均衡时的一阶条件为：

$$Q_i = \frac{1 - b\sigma Q_j - C_i}{2b} \tag{4-5}$$

$$Q_j = \frac{1 - b\sigma Q_i - C_j}{2b} \tag{4-6}$$

进一步交叉求解得到：

$$Q_i^* = \frac{2(1 - C_i) - \sigma(1 - C_j)}{b(4 - \sigma^2)} \tag{4-7}$$

其中，由 $C_i = c - f(X_i)$。在此基础上可以进一步求得均衡时的 R&D 水平。由 $Q_i = \frac{1 - b\sigma Q_j - C_i}{2b}$ 可知：

$$1 - b\sigma Q_j = 2bQ_i + C_i \tag{4-8}$$

因此，$P_i = 1 - b\sigma Q_j - bQ_i$，$P_i - C_i = bQ_i$。进一步有：

$$\max_{x_i} \prod_i = bQ_i^*(x_i, x_j)^2 - x_i$$

当企业 i 的创新函数为下式：

$$X_i = x_i + (1 - \alpha)\beta x_i^\delta x_j^{1-\alpha} \tag{4-9}$$

对上述最优化问题求解，一阶条件为：

第四章 基于异质性能力兼容的合作创新机理研究

$$2Q_i^* f' \frac{2\frac{\partial X_i}{\partial x_i} - \sigma \frac{\partial X_j}{\partial x_i}}{(4-\sigma^2)} - 1 = 0 \qquad (4-10)$$

且有 $\frac{\partial X_i}{\partial x_i} = 1 + (1-\alpha)\delta\beta x_i^{\delta-1} x_j^{1-\alpha}$, $\frac{\partial X_j}{\partial x_i} = (1-\alpha)(1-\alpha)\beta x_j^{\delta} x_i^{-\alpha}$。

进一步可知：

$$2\frac{2(1-C_i) - \sigma(1-C_j)}{b(4-\sigma^2)} f' \frac{2\frac{\partial X_i}{\partial x_i} - \sigma \frac{\partial X_j}{\partial x_i}}{(4-\sigma^2)} = 1 \qquad (4-11)$$

上面式子就是合作企业 i 选择最优 R&D 投入的均衡决定式。进一步假定 $f(X) = X$, 即 $f' = 1$。由前面等式可以看出：$\frac{\partial(-C_i)}{\partial x_i} > 0$, 而 $\frac{\partial(\partial X_i/\partial x_i)}{\partial x_i} < 0$。

$$\frac{\partial(-C_i)}{\partial x_i} = f' \frac{\partial X_i}{\partial x_i} > 0 \qquad (4-12)$$

$$\frac{\partial(\partial X_i/\partial x_i)}{\partial x_i} = (1-\alpha)\beta\delta(\delta-1) x_i^{\delta-2} x_j^{1-\alpha} < 0 \qquad (4-13)$$

由上面分析可知：企业 i 增加 R&D 投入会产生两种调节效应，一是增加其自身收益但是会降低边际技术提升效益，即分别通过"$-C_i$"减少和"$\partial X_i/\partial x_i$"的下降表现出来，因为 $\partial(\partial X_i/\partial x_i)/\partial x_i$ 是递减的；二是对企业 j 也会产生一定竞争效应，即表现为"$-C_j$"减少和"$\partial X_j/\partial x_i$"下降。如果合作企业 j 与企业 i 没有竞争效应，即 $\sigma = 0$, 那么这两项的影响效应就不存在。后面分析都做如此假定。

（一）技术应用性对合作企业吸收能力的要求

本书进一步讨论合作创新中企业异质性技术吸收能力的影响效应：

首先，考虑参数 α（衡量合作伙伴所开发技术的应用性）变动时技术吸收能力的重要性。可以知道 $\frac{\partial(-C_i)}{\partial \alpha} < 0$, 且 $\frac{\partial(\partial X_i/\partial x_i)}{\partial \alpha} < 0$, 因而对于更小的 α, 将有更大的"$-C_i$"和更大的"$\partial X_i/\partial x_i$"。在均衡式中（即一阶求导均衡式），需要通过 x_i 的变动进行调节。可以证明，当 x_i 上升到一定程度时，如果"$-C_i$"增加的幅度低于"$\partial X_i/\partial x_i$"下降的幅度（具体取决于 f'、x_i 和 $\delta-1$ 的大小），就可以起调节作用。而且必定会出现这一情形，因为只有当 x_i 增加而"$-C_i$"增加的幅度低于"$\partial X_i/\partial x_i$"下降的幅度时才出现递减报酬规律。其次，在 X_i 的两项中，也意味着"x_i"与"$(1-\alpha)\beta x_i^{\delta} x_j^{1-\alpha}$"之间形成一定互补，进而激励企业的 R&D 增加和吸收能力提升。由此，形成推论 1。

推论1：当合作中的技术应用性越高时，对合作企业的技术吸收能力的要求越高，合作企业更应该通过增加 R&D 投入提高自身的技术吸收能力，技术吸收能力 x_i^* 是 $1-\alpha$ 的递增函数；反之，当合作中的技术基础性越强时，企业具备较高的技术吸收能力并不能获得较高收益。

（二）吸收效率参数变动对合作企业吸收能力的要求

吸收效率参数反映了技术吸收环境、技术吸收难度的影响。当 $\delta \to 1$ 时，意味着合作企业的技术吸收效率很高；当 $\delta \to 0$ 时，意味着合作企业的技术吸收效率很低。讨论技术吸收效率参数 δ 变动对均衡时的合作企业的吸收努力程度和吸收能力大小的要求时，因为 $\dfrac{\partial(-C_i)}{\partial \delta} > 0$，且 $\dfrac{\partial(\partial X_i/\partial x_i)}{\partial \delta} > 0$，在固定 x_i 条件下，上面式子意味着对应于更大的 δ，$\partial X_i/\partial x_i$ 越大，而且"$-C_i$"也越大。因此也需要通过 x_i（即吸收能力）的变动进行调节。只有 x_i 对应增加才能起到均衡作用（可以由 $-\dfrac{\partial(-C_i)/\partial x_i}{\partial(\partial X_i/\partial x_i)/\partial x_i} = \dfrac{x_i}{1-\delta}$ 看出），此时"$-C_i$"增加的程度低于 $\partial X_i/\partial x_i$ 时，才可以起到调节作用，即要求更高的 x_i。由前面推论，也可以确认这一情形将出现。

对上述推论的经济解释为：当技术吸收效率参数越高，即技术吸收环境越好或吸收难度越低时，合作企业提升技术吸收努力和投入所获得的边际收益将越高，因而合作越应提升吸收能力。因此，进一步得到推论2。

推论2：当外部技术的吸收效率参数越高时，均衡中企业的最优技术吸收能力越高，即 $x_i^*(\delta)$ 是 δ 的递增函数。当外部技术的吸收效率参数越低时，企业应放弃合作创新和技术吸收，更多从事自主创新。

（三）技术分享程度参数变动对合作企业吸收能力的要求

β 是合作企业之间的技术分享程度或溢出程度参数。β 越大，意味着合作关系越紧密，合作中的双方技术交换程度越高，知识传递程度越高。例如，技术分享协议中 β 的取值范围为 $0 < \beta < 1$，但是研发联合企业（Research of Jointed Venture，RJV）中的 β 等于 1。β 越大的作用效应与 α 越小的作用效应相类似，一方面 β 越大越激励企业 i 增加吸收性 R&D 投入，另一方面由于吸收性技术知识对自主性技术知识的替代作用，即 $(1-\alpha)\beta x_i^\delta x_j^{1-\alpha}$ 对 x_i 的替代会减弱 x_i。最终的效应与 α 减小的效应类似，即 x_i 会增加。由此，形成推论3。

推论3：当合作中约定的知识分享程度越高时，对企业的技术吸收能力要求越高，即 $x_i^*(\beta)$ 是 β 的递增函数。此时，具有更高的技术吸收能力的企业能够获得更大的收益。

（四）合作双方技术能力互补对合作绩效的影响

在本书的合作创新模型中，合作双方开发的技术水平由式子 $(1-\alpha)\beta x_i^\delta x_j^{1-\alpha}$ 表达，其中 x_j 是研发方提供的技术密度，它的水平高低由研发方的技术开发能力决定；然而 x_i 衡量企业的技术吸收能力。整个合作开发的技术水平高低由两者的能力高低及互补性决定：①当 x_i 和 x_j 越高时，$(1-\alpha)\beta x_i^\delta x_j^{1-\alpha}$ 越高；②同时，合作双方开发的技术水平高低还由两者能力的互补性决定，它表现为参数 $\delta+(1-\alpha)$ 的大小；当 $\delta+(1-\alpha)>1$ 时，两者能力的互补性较强；当 $\delta+(1-\alpha)<1$ 时，两者能力的替代性较强；当 $\delta+(1-\alpha)=1$ 时，两者能力的替代程度等于1。很显然，当 $\delta+(1-\alpha)$ 越大时，两者能力的结合越能提升合作开发的技术水平和创新绩效，此时 x_j 与 x_i 的提高具有规模报酬递增效应。因此，可以形成推论4。

推论4：当合作双方的技术开发能力与技术吸收能力的互补性越强时，即 $\delta+(1-\alpha)$ 越大时，两者能力结合实现的合作创新绩效越高。

相对于 $X_i = x_i + (1-\alpha)\beta x_i^\delta x_j^{1-\alpha}$，即 $X_i = (1-\alpha)\beta x_i^\delta x_j^{1-\alpha}$，它意味着企业 i 的技术只来自吸收途径。同样有一阶条件：

$$2Q_i^* f' \frac{2\frac{\partial X_i}{\partial x_i} - \sigma \frac{\partial X_j}{\partial x_i}}{(4-\sigma^2)} - 1 = 0 \tag{4-14}$$

同样有 $\frac{\partial Q_i}{\partial x_i}$ 与 $2\frac{\partial(-C_i)}{\partial x_i}$ 成正比，且有：

$$\frac{\partial(-C_i)}{\partial x_i} = f' \frac{\partial X_i}{\partial x_i} = f'(1-\alpha)\beta\delta x_i^{\delta-1} x_j^{1-\alpha} > 0 \tag{4-15}$$

$$\frac{\partial(\partial X_i/\partial x_i)}{\partial x_i} = (1-\alpha)\beta\delta(\delta-1) x_i^{\delta-2} x_j^{1-\alpha} < 0 \tag{4-16}$$

因此，进一步可知，$-\frac{\partial(-C_i)/\partial x_i}{\partial(\partial X_i/\partial x_i)/\partial x_i} = \frac{x_i}{1-\delta}$。在一定范围内，$x_i/(1-\delta)>1$ 或 $x_i/(1-\delta)<1$，特别是 x_i 越大时，递增倾向越大（因为边际收益越大）。

（1）同样考虑参数 α 的影响。因为 $\frac{\partial(-C_i)}{\partial \alpha}<0$ 和 $\frac{\partial(\partial X_i/\partial x_i)}{\partial \alpha}<0$。因此，对应于更小的 α（即知识应用性很强，此时很需要知识吸收能力时），$(-C_i)$ 和 $\partial X_i/\partial x_i$ 会递增。当 x_i 在一定程度上升时，如果" $-C_i$ "增加的幅度低于" $\partial X_i/\partial x_i$ "下降的幅度，就可以起调节作用。因此，得到与此前类似的结论：对应于更小的 α，需要更大的 x_i。

（2）对应于更大的 δ，此时技术吸收环境非常有利。同样有：

$$\frac{\partial(-C_i)}{\partial \delta} = (1-\alpha)\delta\beta x_i^{\delta-1} x_j^{1-\alpha} > 0 \qquad (4-17)$$

$$\frac{\partial(\partial X_i/\partial x_i)}{\partial \delta} > 0 \qquad (4-18)$$

当 δ 越大时，均衡的 x_i 会增加，并使得 $\frac{\partial(-C_i)}{\partial x_i} > 0$ 的增加幅度低于 $\frac{\partial(\partial X_i/\partial x_i)}{\partial x_i} < 0$ 的减少幅度才能起到均衡调节作用，因此提高吸收能力非常有必要。

（3）β 增大的作用效应与 α 减小的作用效应相同。

三、RJV 合作模式中合作伙伴的技术吸收能力高低的影响效应

RJV（Research of Jointed Venture）是一种联合投资的研发模式。在这种合作模式中，合作双方的关系较为紧密，技术知识在合作双方之间的传递也非常充分，此时 $\beta = 1$。除此之外，RJV 合作模式的另一特征是合作双方共同利益的最大化，即

$$\max_{x_i,x_j} \prod = bQ_i^2 - x_i + bQ_j^2 - x_j$$

其一阶条件可得：

$$2Q_i^* f' \frac{2\frac{\partial X_i}{\partial x_i} - \sigma\frac{\partial X_j}{\partial x_i}}{(4-\sigma^2)} - 1 + 2Q_j^* f' \frac{2\frac{\partial X_j}{\partial x_i} - \sigma\frac{\partial X_i}{\partial x_i}}{(4-\sigma^2)} = 0 \qquad (4-19)$$

$$2Q_i^* f' \frac{2\frac{\partial X_i}{\partial x_i} - \sigma\frac{\partial X_j}{\partial x_i}}{(4-\sigma^2)} + 2Q_j^* f' \frac{2\frac{\partial X_j}{\partial x_i} - \sigma\frac{\partial X_i}{\partial x_i}}{(4-\sigma^2)} = 1 \qquad (4-20)$$

从上面均衡公式的基本形式可以看出：在创新投入的边际成本不变的条件下（即为"1"），RJV 合作模式中，合作双方提高 R&D 投入的激励更大，因为合作双方是以共同利益为最大化目标，如果不考虑产品市场上的竞争，x_i 的选择应是 $\partial X_i/\partial x_i$ 和 $\partial X_j/\partial x_i$ 尽量大，不过尽管企业的技术水平不断提高使得产品销量在上升（即 Q_i^* 或 "$-C_i$" 增加），但是由于产品市场的竞争效应，使得产品价格相对下降。

因此，在对称模型中（$Q_i^* = Q_j^*$），最终效应取决于下式：

$$2Q_i^* f' \frac{2\left(\frac{\partial X_i}{\partial x_i} + \frac{\partial X_j}{\partial x_i}\right) - \sigma\left(\frac{\partial X_j}{\partial x_i} + \frac{\partial X_i}{\partial x_i}\right)}{(4-\sigma^2)} = 1 \qquad (4-21)$$

由于相对技术分享协议合作模式，RJV 模式的均衡式中多出一项"$\partial X_j/\partial x_i$"，且它们（$\partial X_i/\partial x_i$ 和 $\partial X_j/\partial x_i$）随 x_i 具有边际递减效应，因此，可以确定 RJV 合作模式比技术分享协议合作模式中的均衡 x_i 更高，即 RJV 合作模式中 R&D 投入更高。当然，如果考虑到彼此之间的相互竞争效应时，相应的 x_i 或 x_j 均衡值会有所降低。

与企业技术吸收能力相关的其他参数 α（技术应用性）和 δ（技术吸收效率参数）对 RJV 合作模式中的企业 R&D 投入以及技术吸收能力要求与前述的技术分享协议合作模式一致，基本结论也相同。因此，可以形成推论 5。

推论 5：与技术分享协议合作模式类似，在 RJV 合作模式中，当合作技术的应用程度越高、技术吸收效率参数越高时，对合作企业的技术吸收能力要求越高。

不过，与技术分享协议不同，RJV 合作模式考虑的是共同利益的最大化，合作双方的创新努力程度更大，因而可以得到推论 6。

推论 6：RJV 合作模式相对于技术分享协议合作模式更多地考虑了共同利益，因而合作双方的 R&D 努力与激励也越大；与之对应，R&D 努力也提高了合作双方的技术吸收能力，因此从绝对水平比较，RJV 合作模式中的均衡 R&D 投入与技术吸收能力更高。

第三节 影响合作中企业能力兼容的因素分析

一、合作企业自身吸收能力积累不足

（一）合作前的能力积累有限

合作企业的知识吸收与利用能力与其前期 R&D 投入以及积累的技术基础（或技术存量）有关。它的形成一般由企业已有的或正在进行的专有技术投资、已经积累的技术水平（即技术实力，如获得的发明专利数量、参与的创新项目数量）、高管人员的技术背景（学历背景、从业经历）、企业与外部的技术联系（周边企业的技术水平等）、高素质的研发人员数量以及企业过去的研发合作经验等因素决定。

我国很多企业由国有制造企业转型而来，过于强调生产制造，不太注重创新与技术发展,因此,许多企业没有建立相应的技术部门或 R&D 部门,技术人员严重不足。然而企业技术能力的形成又往往具有路径依赖特点,与企业内部长期积累紧密联系。因此,对于我国很多企业而言,不是没有合作创新机会(无论是国内还是国际都有大量的技术成果存在),而是企业自身前期积累的能力过低、过于薄弱,不足以有效吸收这些技术成果,使得创新绩效很低,进一步也抑制了双方的合作积极性。

(二)合作时的技术吸收投入不足

正如本书理论模型所强调的,合作企业的技术学习与吸收能力主要由 R&D 投入决定,即模型中的 x_i。在实际中,很多企业忽视了这一点的重要性。很多合作企业对技术学习投入不太重视,它们往往认为合作就是一个单纯的技术转移过程,强调合作另一方负责将所开发的技术直接应用到企业生产制造系统中,而自身不关注也不善于利用内部技术能力推进对外部知识的学习。

实际上,合作开发技术不仅要求各自投入专有性技术资源,还需要双方的学习努力才能实现有效利用。特别是随着一些前沿性技术发展,技术复杂性在增强,企业也需做出努力来理解、吸收这些技术。在大学、科研院所与企业的合作创新中,技术的连接性问题尤为突出。大学或科研院所开发的技术往往具有较多的基础性成分,而企业的生产则具有较强的应用性。从基础技术到应用技术具有一定的转换成本,这一转换成本实际度量的就是合作双方的吸收努力。只有合作双方进行了一定的吸收与连接投入,才能克服转换困难,实现新技术与生产的有效结合。

由于不少企业的学习与吸收能力缺乏,又不注重自身吸收能力的积累与培育,致使大部分合作绩效提升不够显著,也降低了企业合作的积极性。

二、合作双方的能力互补性不够

在本书模型中合作双方所开发的技术水平 $(1-\alpha)\beta x_i^\delta x_j^{1-\alpha}$ 中,两者能力的互补性越高,即 $\delta+(1-\alpha)$ 越大,则合作创新绩效越高。当合作创新的双方具有类似(同质性)能力时,它们的知识与能力趋同,具有较强的替代性,企业之间展开合作主要是通过共同投资减少需承担的研发投入成本,企业主要趋于分摊成本。但是当合作双方具有互补性的能力时,企业通过异质性能力结合能实现更高的创新绩效。这在产学研合作中非常明显,大学、科研机构具有较强的技术开发能力,而企业具有较强的商业化应用能力,能够迅速将技术转化为市场需要的产品,它们的知识能力结构差异较高,两者的能力能形成较强的互补性,因此它们的合作较为普遍且稳定。

由上述分析，可以将合作双方的技术能力匹配分为两个维度：一是技术能力水平的匹配；二是技术能力性质的匹配。如表4-1所示：当合作企业的技术能力水平越高，其技术基础越为坚实，企业就越容易学习、吸收和利用这些技术，因此企业的吸收能力也就越强，也即双方的匹配度越高。另外，如果合作双方来自不同的技术领域，它们的能力互补性越强，即匹配度越高。

表4-1 合作双方技术能力水平与能力性质匹配影响效应

		合作双方技术能力（性质）差异性	
		弱	强
合作双方技术能力水平	低	技术吸收与互补性都较弱	互补性强，但技术吸收困难
	高	技术吸收容易，但互补性弱	技术吸收容易，且互补性强

合作创新低效的一个重要原因就是合作双方的能力匹配不当，合作中的替代性较强而互补性不足。例如，当双方的研发人员均具有优势，但是它们拥有的却是相同研发能力时，这一情况就会出现。此时的合作出现了技术冗余、人员重叠等现象，双方的技术能力具有较大的替代性，并不能带来报酬递增效应。此时的合作还可能增加竞争性和技术泄密风险。如果合作企业在市场中具有一定的竞争性，那么合作伙伴的核心技术或专有技术可能被另一企业吸收，并产生负面影响。不同能力的互补性可以体现在多个方面：①跨度较大的技术领域，例如大学和产业界，它们一般拥有不同的能力，前者具有较强的基础研究能力、试验发展能力，后者则具有较强的应用能力、市场洞察和开发能力、规模生产能力等，两者的结合能实现能力互补。②同一行业领域的企业，例如上下游企业的合作创新，双方的能力互补也较为显著，一方具有较强的研发能力，另一方具有较强的技术制造能力或者销售与服务能力。③即使是在同一行业、同一技术领域中，合作双方的研发人员可能均具有一定优势，但拥有不同的研发能力。例如在新产品开发的某一个环节，A企业具有一定优势，而B在技术开发的另一个环节拥有优势。一个典型案例就是在新型航空发动机开发项目中，美国普惠（P&W）发动机公司与劳斯莱斯（Rolls-Royce）公司开展合作，前者在热处理技术方面具有较强的技术开发能力，后者则在压缩机方面具有较强的技术开发能力，两者结合提高了整体的研发能力。

三、合作方式与能力水平不匹配

不同技术能力的企业如果所选合作方式匹配不当,也会导致创新绩效低下。一般而言,当企业的 R&D 能力较强时,可以选择外包、契约等合作模式,将部分辅助技术外包给其他合作企业开发,因为在这一合作模式中,企业能尽量保留核心技术和市场竞争力。当企业的 R&D 能力较弱时,企业应该选择合资、联合开发等合作模式,因为在这类合作模式中,企业通过共同参与,可以学习经验性知识,转移隐性知识,不仅能推进创新发展也能积累知识和培养自身技术能力,企业获得的创新绩效也更大。

不过,在很多时候,我国不少企业选择了错误的合作方式,与其自身能力不匹配。我国大部分企业的合作采取了契约合作形式(技术许可等),以购买大学、科研机构的技术或者资助新技术研发为主,当企业遇到技术难题时,也是直接以契约方式将难题解决任务转给大学。企业并没有有效利用这些外部知识,造成合作绩效较低。

四、能力提升的激励机制与有效管理缺失

合作中各方的能力发挥障碍也会导致兼容不足。例如,企业对创新能力发挥不够重视、没有相应的激励机制、企业的能力提升投入不足、组织管理工作滞后等。这些因素都可能影响到能力的发挥,并进一步决定合作绩效的高低。

合作中企业技术能力具有动态特性,即随着企业经营环境变化、相应激励与管理措施调整而变动。如果合作中的企业能力提升激励不足,就导致各方能力不能形成有效衔接,影响创新绩效。企业的技术能力提升与激励不足、管理措施不当有关,有效的管理将增加企业在能力提升方面的投入与努力,增进合作中的互动和知识信息的有效流动,加速创新所需能力的提升。如果缺乏有效管理或组织安排,合作中各方企业的参与度将不够,降低创新绩效。例如,企业在产品设计、原材料选择和项目管理中的参与度不够,导致研发与企业的产业化能力脱节。

另外,合作双方存在的一定竞争性限制了企业技术能力的提升,进而影响了合作创新绩效的提高。正如本书模型显示的:当两个企业在产品销售阶段存在一定竞争时,即使在研发阶段开展合作,它们的研发努力仍然会受到很大的抑制。相反,如果合作伙伴来自互补性领域,例如,同一产业链中的上下游企业,那么它们的研发努力会相对较强。例如,日本丰田汽车建立了广泛的纵向合作联盟,

即与产业链上游供应商、产业链下游零售商以及大学、科研院所等建立了纵向的合作学习、技术共享的联盟。丰田公司与不同的创新主体建立了不同方向的合作创新,与上游供应商的合作以汽车零部件技术创新为主,与大学、科研院所的合作以基础技术、应用技术开发为主。丰田公司的这种纵向合作模式就避免了合作中的竞争效应,提高了合作创新绩效。日本丰田公司的案例表明:合作链接要具有多样性和动态性,通过合作主体、合作链接方式的多样、动态变化使企业在合作网络演进中能提升知识创造能力。

第四节　促进合作中异质性能力兼容的策略

由上述推理可以形成如图4-2所示的提升合作中企业异质性能力兼容的策略。它包括两条路径和多项具体措施。两条路径分别是提升企业内生的技术吸收能力和增强企业间外生的异质性能力匹配,具体措施则包括:增加R&D投入、增进组织间学习、增强合作企业的不同能力的互补性等。

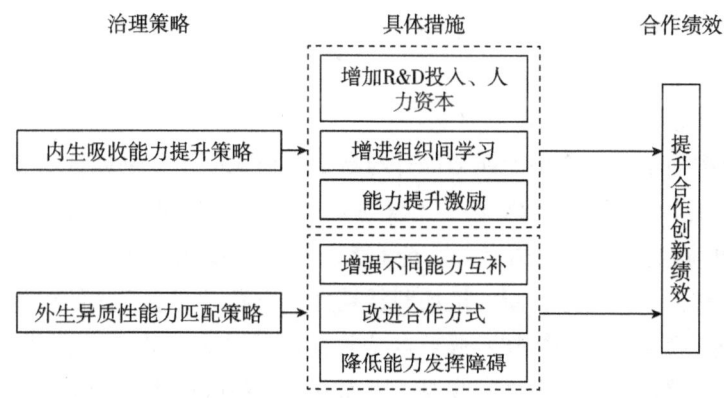

图4-2　企业能力对合作创新效率与合作方式的作用机制

一、合作企业的内生能力提升策略

(一)增加R&D投入与人力资本积累

合作中企业的创新能力是综合运用各种资源实现创新目标的技能,它是企业知识的集合,其主要体现在人力资本方面,人力资本包括企业员工拥有的与创新有关的知识、技能、经验和反应能力。这些能力的建立正如模型所示来自企业的不断 R&D 努力和人力资本积累。因此,这种创新能力是可以内生形成的,具体途径为:①增加 R&D 投入。正如模型显示,提升合作中的技术开发、吸收和应用转化能力的一个主要途径就是投入 R&D。R&D 投入也是合作创新主体提升能力的一条内生途径。Cohen 和 Levinthal (1989, 1990) 的经典研究就强调了 R&D 投入的两面作用:用于技术开发(产生新知识、新技术)以及技术的吸收、应用与转化。因此,不论合作方式如何,合作企业适时增加 R&D 投入能提升自身的技术开发能力、技术学习能力、技术连接能力和技术应用转换能力,进而提高合作绩效。②合作企业注重人力资本积累。合作企业可以通过将自身员工送入大学、科研院所培训的方式进行人力资本积累,也可以输送到同业优秀企业进行工程师训练,并将技术转移到合资企业或合作项目中。我国自主汽车品牌奇瑞公司的创新发展就曾运用这种人力资本积累方式,奇瑞公司先后与意大利、奥地利和德国的设计公司合作创新发展新车型,并明确提出联合开发合作模式。在合作过程中,为了提升自身的创新能力,奇瑞公司派遣数十名技术人员去意大利、奥地利、德国设计公司的实验室参与培训以及开发工作,在联合开发、技术引进的过程中奇瑞公司提高了自身技术人员的创新能力,先后掌握了模具制造、发动机制造等核心技术。奇瑞公司的成功经验表明技术能力是可以在组织内生的,通过 R&D 努力和实践经验获得。

(二) 构建能力提升的激励机制

正如模型显示,合作中的能力提升与激励有很大联系,例如合作创新中的企业 i 所获得的技术 $(1-\alpha)\beta x_i^\delta x_j^{1-\alpha}$ 不仅与 x_j(合作企业 j 的研发努力)有关,而且也与企业 i 自身的吸收努力有关。企业 i 的技术吸收能力或吸收努力的提升又与市场激励有关,当合作创新的市场利益越大,或者对创新产品的市场需求预期越大时,企业会自动提升新技术吸收与应用的转化能力。特别是在联合开发中,吸收能力强的企业获得了更大的收益,因而其提升吸收能力激励更大。另外,当合作技术的可占有性越强时,企业吸收能力提升的激励越大。

因此,提升合作创新中的技术能力可以通过扩大合作收益、改进收益分配方式、增强知识产权保护等措施实现。具体而言,将合作各方的行为表现(提供的技术或服务的数量和质量等)与收益相挂钩,对合作各方任务完成的进度、子目标的实现程度进行相应考核,并及时给予相应的利益鼓励。

二、合作企业的外生能力兼容策略

(一) 增强合作各方能力衔接与互补

一般而言，当合作双方都具有较强创新能力，但是能力性质不同时，例如有的合作方具有较强的技术研发能力，其对前沿知识的掌握较全面、牢固；有的则熟悉市场和用户，具有较强的技术转换与应用能力；还有的则掌握较多的知识管理经验与较强的知识应用连接能力，它们之间的合作才能提升增进效应。但在很多时候，合作各方的能力具有同质性，例如有着相同的研发能力、双方研发人员技术优势相同，它们之间合作就会产生能力的冗余，并且增加协调的难度，不利于合作绩效的提高。

因此，①寻求与自身能力互补的创新主体作为合作对象。这需要加强合作前的调查评估，对潜在合作对象的创新能力深入分析，与自身能力具有互补性的对象可以优先选作合作伙伴。②针对各方能力的差异性（例如，大学具有较强的研发能力，供应商具有较强的制造与应用能力），选择不同能力提升策略。与大学、科研机构展开合作时，要求企业内部必须具备较强的吸收能力，能够将前沿科学知识转换为实际应用。因此企业应加强吸收与应用转换能力的提升，增加培育力度。与同行业企业合作时，则要求双方都具备较强的技术研发能力。

(二) 选择与自身能力水平相匹配的合作方式

合作企业的异质性能力也会对合作方式选择产生影响。这一作用机制主要是通过合作企业的学习能力、竞争效应与合作方式选择三者联系起来的。一般而言，除了与大学、科研院所等身份差异较大的创新主体合作之外，企业之间的合作尽管存在互补效应，但是也仍存在一定程度的竞争效应，特别是同行业的企业之间的竞争效应更大。然而合作企业的较强的学习能力既可能提升合作创新效率——对合作方有利，但是也可能在合作之后对企业造成竞争威胁。如果合作企业的学习能力比较强，那么合作企业极可能在合作中成长壮大，甚至超越另一方，进而转变为未来的竞争对手，企业的利益也会受到极大的影响。

因此，企业在开展合作创新时应权衡利弊，选择不同的合作方式以避免不利情况。①如果合作另一方的学习能力较强，且合作双方今后可能转变为竞争对手，合作企业会选择技术交易（契约研究）、技术许可或交叉许可等合作形式。因为在这一合作方式中，企业的隐性知识或专有技术会得到有效保护，隐性知识的传递（参观、实践、关键员工流动等）将受到极大限制，合作方较强的学习能力也无从发挥。相反，如果企业自身具备较强的学习能力并试图从合作方获取关键性知识，它可以选择合资或联合开发等合作形式，在这类合作方式中，企业能通过双方频繁的互动学习获得较多重要的知识、经验和技能。不过，在当前我国大部分企业选择契约研究方式是因为自身没有足够的能力来吸收相关技术知识，企业遇到技术难题时，直接将技术任务以契约的形式委托给大学、科研院所等解决。②能力较强的企业一般可以选择纵向合作，即与产品价值链上的供应商、用户、大学等合作，展开新技术、新产品开发，这种合作方式可以尽量避免核心技术泄露给竞争对手，保持自身竞争优势。能力较弱的企业一般选择横向合作，与同业企业合作直接获取所需的互补资源。③当合作各方具有同质的技术能力时，选择成本共担型合作更具有效率；当合作各方具有互补性技术能力时，选择技术开发型合作更具效率。④如果企业的技术开发能力较强，企业可以选择产权合作的方式与大学等科研机构开发核心技术，而与其他企业采用非产权合作方式开发辅助性技术，最终形成一个松紧适度的共同研发联盟。

(三) 增进组织间互动学习

创新主体之间的互相学习是提高技术吸收与应用能力的另一条途径。正如Nissen 等（2014）的研究显示，异质性团队之间通过不同形式的互动进行知识分享对于团队学习以及创新绩效提升非常重要。合作主体之间的学习包括知识收集、单向或双向传递、应用以及再创造等一系列学习过程。加强组织间学习有三个方面需要注意：①通过培育信任关系，增进合作中的学习机会。如果合作主体之间的学习建立在较高的信任基础上，那么学习的速度将大大加快。当创新组织之间的关系制度化，建立起多层次、较为频繁的个人和情感联系之后，合作伙伴就具有一致的行动目标，合作有更高的透明度，人员流动、观察、知识信息传递也较为顺畅，这时学习效率将获得提升，且较容易形成双边学习和多边学习。②增强学习的主动性。合作中的企业并不会自动向对方进行知识和技能的扩散，因此技术的转移和能力的提高应通过主动学习实现。学习方不仅要进行投资并付出努力，还要在组织层次上能够独立决策，建立适合学习的技术或产品开发平台，创造良好的学习环境。③改进学习的方式。例如，一些公司通过短期进修、人才交流、团队互动等方式加强企业学习和技术积累。企业通过聘请专家来企业讲课、座谈和派遣员工出去参观和技术交流等方式来增进互动学习。

(四) 降低能力发挥障碍

在一定程度上拥有共同的语言会提高合作成员接近他人并获取信息的能力。然而形成合作各方的共同语言有赖于加强合作管理，即在成员间形成一种良好的合作文化，促进人员、知识的流动，这种有效管理本身也是一种能力的体现。具体而言：①加强合作管理，形成长期、稳定的合作关系。当合作次数越多、合作关系越为稳定时，合作各方的相互了解程度越高，能力互补性也会越高。②增加合作成员间文化层面的交流，包括面对面的会议、建立联合研发团队等，彼此尊重对方，形成良好的互相学习氛围。③增强信息的双向流动，信息不仅要从大学、科研机构向企业流动，还要从企业流向大学和科研机构，信息的相互流动有助于各方的良性互动和长期合作，增强各方能力的兼容，提高创新绩效。

第五节 本章小结

这一章阐述了基于异质性能力兼容的合作创新机理。首先，合作创新不仅是一个静态的资源匹配，同时它也是一个动态的能力发挥过程。在实际的合作过程中，能力约束问题很普遍，合作双方由于能力水平差异过大或者不能形成不同能力之间的有效对接，降低了创新效率。其次，通过两个企业的合作创新模型论证了合作双方的技术吸收能力对创新绩效的作用机理，找出了影响和决定企业技术吸收能力提升的关键因素，包括合作企业的吸收能力积累不足、能力互补性不足、能力水平与合作方式不匹配、能力提升激励机制和能力管理缺失等。在此基础上，提出了促进合作各方异质性能力兼容的策略建议，包括加强企业自身R&D努力与人力资本积累、构建能力提升的激励机制、选择与自身能力水平相匹配的合作方式、加强组织间学习等策略。

第五章 基于异质性行为契合的合作创新机理研究

合作创新是创新主体之间通过有效配合、相互协调共同完成创新目标的过程。但是在许多合作过程中,合作各方可能由于对合作目标的认同不一,或者激励不足、监督不到位以及相应的组织管理无效,导致各方的行为迥异,出现各种机会主义行为,最终使得合作失败。这些创新过程中的机会主义行为就是异质性行为(Heterogeneous Actions),例如,合作中的研发不努力或投入不足、任务完成拖延、刻意隐瞒部分成果、挪用项目资金、知识侵权等。本书将这一类导致协调失灵的行为称为异质性行为,它是不利于合作创新发展的。合作过程中的异质性行为使得合作各方无法形成合力,知识信息传递受到极大阻碍,给创新活动带来极大的风险。总之,如果对这些异质性行为缺乏有效管理将导致合作低效甚至创新失败。

本章第一小节是基于异质性行为契合的合作创新机理研究。首先阐述合作过程中各种机会主义行为表现及其可能导致的后果。第二小节以校企合作创新模型为例,通过两个阶段的合作过程分析,阐述合作中的协调失灵可能导致的合作失败。其次探讨和研究了导致合作各方的创新行为不契合的深层次原因,包括合作观念、目标的不一致,合作信息不透明,分离风险以及所在地区的同业创新活动状况等。在此基础上,最后阐述了促进合作行为契合的控制要点与策略,包括发挥信号机制作用、关系治理作用,完善契约治理和构建有效沟通渠道和监督机制等。这些策略在提升各方之间的嵌入性的同时,也能使它们的行为保持足够的柔性和契合,激发合作创新主体的活性,最终实现合作中的协同效应,促进合作创新稳定发展。

第一节　异质性行为导致合作创新分离与失败

一、合作中的各种机会主义行为

（一）合作中不努力

机会主义行为是指合作一方在寻求自我利益的过程中出现的投机性行为与不公平行为，它利用信息不对称以及合作另一方的脆弱性等做出不利于合作发展和有损另一方利益的选择行为。最典型的机会主义行为就是合作过程中的不努力，表现为研发支出不到位、投入不足或者不提供最好的技术人员。由于在合作过程中，各方的投入以无形资源（知识资产）为主，其在合作中的贡献难以计量，且难以对合作努力进行监控，因而很容易产生"偷懒"行为。合作不努力也是一种道德风险问题，特别是在多家创新主体开展合作过程中，少数企业存在"搭便车"的倾向，寄希望于其他企业努力，而自身不愿意付出相应的成本。合作不努力很容易导致创新失败，各方应有的创新投入与努力不到位，导致研发活动（研发支出、人员投入）不协调，创新目标往往很难实现。

（二）刻意隐瞒成果

合作过程往往涉及一些技术诀窍、个人经验或敏感性知识，而合作企业之间又存在一定竞争的关系（目前的合作伙伴极有可能在未来时期转变为竞争对手）。为了防止在合作中丧失竞争优势，一些合作企业存在明显的机会主义倾向，即刻意隐瞒一些重要的技术信息，或者没有将最先进的技术知识与合作伙伴共享，试图独占研发成果。很显然，这种机会主义行为使得技术信息无法在合作伙伴之间得到共享，并影响到合作预期目标的达成。

（三）欺骗行为

部分合作企业为了最大化自身利益，也可能采用虚假、空洞的承诺来引诱对方投入，窃取合作方的关键知识，损害他方利益。有些企业开展合作的真正目的并不是为了一个共同目标，而只是把合作作为一个平台，借助合作方的优势获取自身的利益，它们将合作引向最大化自身利益的发展方向。另外，在合作过程中，还存在一方挪用研发资金、变相把先进技术转卖给其他企业，侵犯合作方知识产权的情况。这些欺骗行为完全违背了合作的目标，使得某些企业遭受很大的损失。

（四）挪用合作项目资金

合作创新中可能发生的一种机会主义行为就是技术研发方弄虚作假、挪用委托方提供的专项资金。特别是在研发受托方同时开展多项技术开发项目时，基于自身利益的考虑，研发方可能将委托方的资金用于自己的项目或作为他用。这种机会主义行为将造成合作项目的开发滞后，延误新技术或产品的市场推出时间，给委托方造成损失。

（五）知识产权侵权

合作创新中，存在窃取、盗用或者滥用其他合作方的核心知识和技术的行为。这些行为包括：①合作一方可能利用频繁接触的机会，实施知识窃取行为，仿制或者直接、间接获取对方的技术。②在合作成果尚未明确界定、归属模糊之时，抢先为自身注册相应的知识产权。③将正在开发的技术有意、无意地泄密给合作以外的第三方，造成技术不当扩散、泄露，使得企业面临投资难以收回和得不到合理回报的风险。如果企业对合作过程不实施适当控制或者控制不力，极易造成上述机会主义行为的发生。

二、异质性行为导致合作失败

合作创新中的机会主义行为危害非常大，它无法形成合作伙伴之间的默契，进而会降低创新绩效，直接导致合作纷争和分离，只有适度的行为默契程度才最有利于组织创新能力的提升和合作创新绩效的实现。其影响效应如图5-1所示。

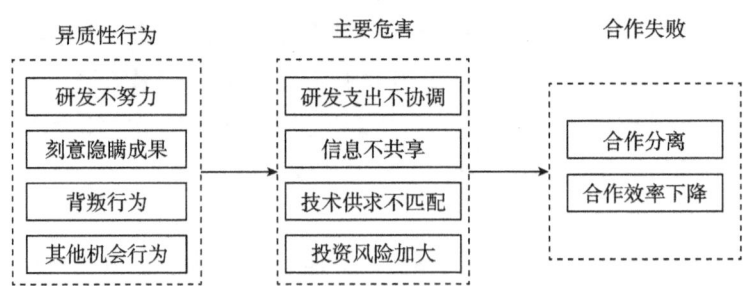

图5-1 合作创新中各种机会主义行为对创新绩效的影响

（一）协调失灵致使合作分离

合作创新效益的实现需要各个合作方协同创新，包括研发支出的协调、相关专业人才的激励等，但是由于各方利益冲突、目标不一致以及企业文化、管理方式的差异使得行为协调的难度加大。例如，部分小企业参与合作的目标是进入市场，借助于大企业的技术优势，突破关键性技术的进入门槛。然而大企业参与合作的目标是寄希望于多方研发投入，降低自身创新风险，同时不愿向合作企业透露过多重要技术信息。也有的大企业参与合作是增强对其他企业的控制力，通过多方合作扩大自身声誉，并试图控制整个产业链与地区市场。各方企业都尽可能从对方身上获取利益，而不愿给予对方应有协助。合作企业的目标不兼容，导致行为契合性低，合作建立在勉强基础上，最终导致冲突、资源浪费与创新机会丧失。同时，合作企业的各种机会主义行为也导致协调的维度、深度和广度加大，协调成本过高，最终出现协调失灵和合作分离。

（二）信息传递困难

信息共享是企业研发合作的一个重要方面。信息共享包括两个方面：一方面是合作所开发的技术知识信息。如果合作方出现刻意隐瞒、扭曲或者独占重要技术信息的投机行为，那么将造成合作中的知识传递困难，技术知识的传递质量与速率将大打折扣，而这将进一步影响到合作双方的感知差异和最终的创新绩效。许多创新成果都是建立在合作方提供的重要技术知识的基础上，如果技术知识信息被隐瞒会造成另一方的创新速率下降，还可能造成重复性的研发投入。很多的合作创新失败都源于此。另一方面是关于合作项目的进展、取得的成果、项目推进的难点等。这些信息是合作各方做出正确决策的前提，它们有助于合作项目决策，有利于各方决策如何向前推进项目，决定投入的资源数量以及何时终止项目等，减少决策冲突和项目损失。

（三）技术供求不匹配

在一些产学研合作中，大学研究人员一般重视论文发表，追求学术成果，而对技术转移及其应用性重视不够，导致研究技术供求不匹配。主要表现在两个方面：一是研究周期较长，忽略了相关产业的近期发展情况和企业的需要。例如，我国不少高校和科研机构在科研方面取得了众多成果，但是它们较关注国家级或省部级的中长期研究项目，即使是为企业做应用研究项目，也往往是直接购买国外的核心零部件，没有针对企业特定的生产环境进行二次开发和集成，企业很难获得和掌握最新成果。二是研究成果很难实现产业化，研发结果达不到企业的生产技术要求，或者与企业的生产无法匹配融合。高校科研人员可能倾向于技术成果的先进性，而先进技术不一定能转化为实际生产力。

（四）投资风险加大

合作创新中的风险来自两个方面：一是技术风险，即所开发技术的不确定性。一般而言，当合作创新所开发技术的前沿性越强时，技术的不确定性越高，研发成功难度越大，风险也越高。二是合作中异质性行为所导致的投资风险，这一方面的风险是由合作者的主观行为所致，处于可控范围。投机性行为，例如研发不努力、投入不足会增加合作失败的可能性，也造成了合作关系的不稳定和不确定，进一步弱化创新者的合作意愿。机会主义行为往往引起合作伙伴对创新前景的担心，不信任程度增加，进一步降低了合作关系的稳定性与持续性，研发投入和合作关系有可能提前终止。

第二节　异质性行为契合的合作创新模型

这一节考虑异质性行为的契合与否对高校与企业的合作创新绩效的影响。借鉴了有关技术培训投资与劳动市场就业匹配的模型，构建了一个两阶段的校企合作创新模型，重点分析高校的技术研发投资行为和企业的设备更新改造投资行为的协调性，以及分离风险对投资决策和创新绩效的影响。探讨了导致协调失灵的原因，分析了影响合作创新分离的因素以及减少分离的相关建议。

一、模型基本假定

假定企业与高校的合作创新分为两个阶段：$T=1$，$T=2$。企业采用下标 j 表示，高校采用下标 i 表示。企业和高校在第一阶段进行创新投入选择，企业的决策考虑是否引入新的生产设备，高校决策考虑是否进行高水平的软件技术开发。需要强调的是，我们以企业是否进行新设备投资来泛指企业在开展合作创新过程中是否愿意进行配套的生产改革。很多案例研究表明，成功的合作创新需要企业和高校双方的努力和改变。它们的合作创新具有互补性，并非仅依赖于高校进行高水平的技术开发。只有双方做出最大努力，即企业进行新设备投资，同时高校选择高水平的技术开发，并且它们在第二阶段的生产中没有分离，那么它们就成功实施了合作创新；否则，合作创新不成功。企业和高校各自的收益根据第二阶段的产出情况支付。

企业进行新设备改造投资，需要承担成本 δ。假定 $\gamma_j=0$，表示企业没有进行新技术的生产投资；$\gamma_j=1$，表示企业进行了新技术的生产投资。高校进行软件技术开发需要承担开发成本 $c(\tau)$，τ 是软件技术水平，τ 越高表示软件技术水平越高、技术越完善，在企业的生产应用中带来的产出也越多。$c(\tau)$ 是 τ 的凸函数，且 $c(0)=0$，$\lim\limits_{\tau\to\bar{\tau}} c(\tau)=\infty$。

企业和高校开展合作创新的最优问题如下：

$$\max_{\gamma,\tau} y + a(\gamma,\tau) - (1+r)(c(\tau)+\gamma\delta) \tag{5-1}$$

其中，y 是企业的固定产出，不论是否进行了创新活动，都可以得到该产出。$a(\gamma_j,\tau_i)$ 是合作创新的产出增量。r 是市场利率。如果 $a(0,\tau)=a_0\tau$，意味着企业未进行新设备改造投资，而高校的软件技术开发水平选择为 τ，此时的产出增量仅为 $a_0\tau$。如果 $a(1,\tau)=a_1\tau$，意味着企业进行新设备改造投资，而高校的软件技术开发水平选择为 τ 时，此时产出增量为 $a_1\tau$。对于任意 τ，都有 $a_0\tau<a_1\tau$。它意味着企业的设备投资与高校的软件技术开发具有互补性。

由合作创新的最优问题可知：

当 $\gamma=0$ 时，高校的最优技术开发水平为 τ^l，它由 $a_0=(1+r)c'(\tau^l)$ 得出。

当 $\gamma=1$ 时，高校的最优技术开发水平为 τ^h，它由 $a_1=(1+r)c'(\tau^h)$ 得出。

给定 $c(\tau)$ 函数的凸性要求，最优的 τ^l 和 τ^h 是唯一决定。

企业和高校有可能存在创新投入"不足"的倾向，致使合作创新失败。由于高校的技术开发成本 $c(\tau)$ 随 τ 提高而递增，如果企业不进行配套的技术设备改造投资，那么在第二阶段带来的产出增量将为 $a_0\tau^h$，高校进行高水平技术开发所形成的投入成本 $c(\tau^h)$ 将有可能无法收回。然而企业一方面希望高校进行高水平的软件技术开发，另一方面它必须权衡合作创新后在第二阶段带来的产出收益大小，如果产出增量不足以弥补配套的技术设备投资，那么它有可能选择不进行新技术的设备投资。另外，企业不能控制高校的软件技术开发活动及其水平，如果企业进行了新技术的设备投资，而高校由于"机会主义"行为选择低水平的技术开发，那么企业有可能面临亏损。因此，合作创新的开展与否既要考虑合作创新后带来的收益增量情况，又要考虑企业和高校的创新投入行为的"匹配"状况。

假定在合作创新的第二个阶段，企业对高校的技术开发活动的报酬支付按下列式子进行：

$w(\tau)=y+a_1\tau-\alpha$，如果 $\tau\geq\tau^*$

$w(\tau)=y+a_0\tau-\beta$，如果 $\tau<\tau^*$

其中，$\alpha-(a_1-a_0)\tau^*=\beta$，$\alpha$ 和 β 是常数。τ^* 是企业依据本地区进行了新设

备投资的企业比例而估计的高校期望技术开发水平,它与本地区进行新设备投资的企业比例相匹配。很显然,对于 $\tau \geq \tau^*$ 的高校,将选择与进行了新设备投资的企业合作;然而对于 $\tau < \tau^*$ 的高校,将选择与没有进行新设备投资的企业合作。企业对高校的这种报酬支付方式将有效地分离不同类别的高校(进行了不同技术开发水平的高校),但是仍不能决定企业和高校的最终创新投入选择。

二、无协调失灵时的企业与高校创新投入选择分析

我们首先考虑在两个阶段都没有合作分离时的企业与高校创新行为。在第一个阶段,企业与高校做出创新投入选择;在第二个阶段,也即生产阶段,高校开发的技术将应用于企业本阶段的生产活动中,因此第二阶段的产出水平与第一阶段的企业与高校的创新投入选择紧密相关。我们可以证明在没有合作分离时,企业与高校的合作创新激励较大,只要满足一定的条件,企业将进行新设备投资,同时高校进行高水平的技术开发,两者都能从中获益,合作创新将呈良性循环发展。

假定具有下列条件:

条件(a)　$a_1 \tau^h - (1+r)(c(\tau^h) + \delta) > a_0 \tau^l - (1+r)c(\tau^l)$ 　　(5-2)

条件(b)　$a_1 \tau^l - (1+r)(c(\tau^l) + \delta) < a_0 \tau^l - (1+r)c(\tau^l)$ 　　(5-3)

条件(a)意味着,合作创新的联合收益高于非合作创新的收益。条件(b)意味着,当高校选择低水平技术开发时,即 $\tau = \tau^l$,企业进行新设备投资获得的收益低于不投资时的收益。可以得到推论1。

推论1:当满足条件(a)和条件(b)时,且没有合作分离时,企业的最优选择为 $\gamma = 1$,即企业进行新设备投资,高校的最优选择为 $\tau = \tau^h$,即高校选择高水平的技术开发。

证明:

(1)首先,证明可能存在两种均衡,其中第一种均衡是企业选择 $\gamma = 1$ 且高校选择 τ^h,第二种均衡是企业选择 $\gamma = 0$ 且高校选择 τ^l。其次,再证明第二种均衡不稳定,唯一的均衡为第一种均衡,即企业与高校进行高水平的合作创新。

(2)可以证明,当高校进行了高水平的技术开发时(即 τ^h),企业的最优选择是进行新设备投资(即 $\gamma = 1$),此时企业的净利润 $\pi_1 = \alpha - (1+r)\delta$。企业如果不进行新设备投资,此时企业的净利润 $\pi_0 = \alpha - (a_1 - a_0)\tau^h$。

可以证明 $\pi_1 > \pi_0$,即 $(a_1 - a_0)\tau^h > (1+r)\delta$。由条件(a)可以得到:

$a_1 \tau^h - a_0 \tau^l > (1+r)\delta + (1+r)[c(\tau^h) - c(\tau^l)]$ 　　(5-4)

又由于 $c(\tau)$ 为凸函数，可以得到：

$$(1+r)[c(\tau^h)-c(\tau^l)] > a_0(\tau^h-\tau^l) \tag{5-5}$$

上面两式相结合，即可证明在高校进行高水平的技术开发时，企业必然进行新设备投资。

（3）条件（b）说明，如果高校只是进行了低水平的技术开发，则企业的最优选择是不进行新设备投资，即选择 $\gamma=0$。因此，由（2）和（3）可以论证可能存在两个均衡结果。

（4）我们进一步证明第二种均衡，即企业选择 $\gamma=0$ 且高校选择 τ^l 是不稳定结果。按照上述企业与高校开展合作创新的报酬支付条件，高校显然有激励动机进行较高水平的技术开发。

令 $\pi_1=\alpha$，$\pi_0=\beta$。首先，当 $\pi_1-\pi_0=\alpha-\beta>(1+r)\delta$ 时，企业的最优选择是进行新设备投资。在企业肯定进行新设备投资的条件下，高校的最优选择是进行高水平的技术开发合作。其次，当 $\pi_1-\pi_0=\alpha-\beta<(1+r)\delta$ 时，企业肯定不会进行新设备投资，此时高校也不会进行高水平的技术开发，合作创新肯定不会发生。最后，当 $\pi_1-\pi_0=\alpha-\beta=(1+r)\delta$ 时，只要有少部分高校选择高水平的技术开发，第二种均衡就不可能是稳定的。因为对于任一高校而言，它选择高水平技术开发与低水平技术开发之间的报酬差异 $w(\tau^h)-w(\tau^l)=a_1\tau^h-a_1\tau^l$。利用条件 $a_1\tau^l-\alpha=a_0\tau^l-\beta$，可以得到 $w(\tau^h)-w(\tau^l)=a_1\tau^h-a_0\tau^l-(\alpha-\beta)$。因而，高校选择高水平技术开发与低水平技术开发之间的净报酬（扣除开发成本）差异为：

$$w(\tau^h)-w(\tau^l)-(1+r)[c(\tau^h)-c(\tau^l)]=a_1\tau^h-a_0\tau^l-(1+r)\delta-(1+r)[c(\tau^h)-c(\tau^l)]$$

且 $a_1\tau^h-a_0\tau^l-(1+r)\delta-(1+r)[c(\tau^h)-c(\tau^l)]>0$

由此可知，一个高校选择高水平的技术开发获得的净报酬大于低水平的技术开发获得的净报酬。高校必然选择高水平的技术开发，而企业也由此必然进行新设备投资，两者的合作创新收益提高。

三、有协调失灵时的企业与高校创新投入选择分析

企业和高校在合作创新的第二阶段有可能分离。双方发现合作的交易成本太大或者在合作过程中存在一些摩擦性因素（例如合作经验不足或组织文化差异造成障碍），那么企业与高校的合作创新匹配会受到一种逆向冲击，以概率 $s\in(0,1)$ 解释。概率 s 的大小衡量了这些交易成本和摩擦性因素。在出现合作分离的情况下，企业必须在第二阶段寻找一个新的高校作为合作伙伴。然而能

否找到一个与自身技术开发水平相匹配的企业又将影响到高校的技术开发水平决策。如果匹配相对困难，那么高校进行高水平技术开发的激励动机将减弱。

如果在第二阶段出现了合作分离，那么企业与高校在新的合作组合中以分成的形式获得各自报酬，分成比例分别为 $(1-\beta)$ 和 β，即企业取得在新合作组合中的收益的 $(1-\beta)$ 部分，高校取得在新合作组合中的收益的 β 部分。假定 ϕ 是进行了高水平技术开发的高校寻找到进行了新设备投资的企业的概率，它由本地区进行了新设备投资的企业比例决定。企业则在密度函数为 $q(\tilde{\tau})$ 的所有高校分布中寻找到一个高校进行第二阶段的合作。

有合作分离时企业与高校的联合最优均衡问题为：

$$\max_{\gamma,\tau} TS = \frac{(1-s)[y + a_0\tau + \gamma(a_1 - a_0)\tau]}{1+r} +$$

$$\frac{s(\beta[y + (1-\phi)a_0\tau + \phi a_1\tau] + (1-\beta)[y + ((1-\gamma)a_0 + \gamma a_1)\int \tilde{\tau} dq(\tilde{\tau})])}{1+r} -$$

$$[c(\tau) + \gamma\delta]$$

假定存在下列条件（a'）和条件（b'）：

条件（a'） $a_1\hat{\tau}^h - (1+r)(\delta + c(\hat{\tau}^h)) > (1-s)a_0\bar{\tau}^l + s\beta a_1\bar{\tau}^l + s(1-\beta)a_0\hat{\tau}^h - (1+r)c(\bar{\tau}^l)$

条件（b'） $a_0\hat{\tau}^l - (1+r)c(\hat{\tau}^l) > (1-s)a_1\bar{\tau}^h + s\beta a_0\bar{\tau}^h + s(1-\beta)a_1\hat{\tau}^l - (1+r)(\delta + c(\bar{\tau}^h))$

其中，$\hat{\tau}^h$ 是当 $\phi=1$ 且合作企业也进行新设备投资时，高校的最优技术开发水平。$\bar{\tau}^h$ 是当 $\phi=0$ 但合作企业进行新设备投资时，高校的最优技术开发水平。$\hat{\tau}^l$ 是当 $\phi=0$ 且合作企业不进行新设备投资时，高校的最优技术开发水平。$\bar{\tau}^l$ 是当 $\phi=1$ 但合作企业进行新设备投资时，高校的最优技术开发水平。

企业与高校之间的合作创新可能存在两种均衡结果，第一种均衡是所有的企业都进行新设备投资，即 $\phi=1$，且高校的技术开发水平选择 $\tau=\hat{\tau}^h$。第二种均衡是没有企业进行新设备投资，即 $\phi=0$，且高校的技术开发水平选择 $\tau=\hat{\tau}^l$。

我们可以得到推论2。

推论2：当同时满足条件（a'）和条件（b'）时，两种均衡结果都可能出现。如果仅满足条件（a'），则将只出现第一种均衡结果。如果仅满足条件（b'），则将只出现第二种均衡结果。

证明：

(1) 首先，考虑当 $\phi=1$ 且合作企业进行新设备投资时的情形。由上述最优化问题的一阶条件可得：$(1-s)a_1+s\beta a_1=(1+r)c'(\tau)$，结合条件(a')和条件(b')，此时高校的最优选择为 $\tau=\hat{\tau}^h$。如果该地区的所有其他企业也预计 $\phi=1$ 并且进行新设备投资，那么 $\phi=1$ 将成为真实情形。此时其他高校的最优选择也为 $\tau=\hat{\tau}^h$。因此，τ 将以概率 1 等于 $\hat{\tau}^h$。

(2) 当 $\phi=1$ 但合作企业不进行新设备投资时，上述最优化问题的一阶条件可得：$(1-s)a_0+s\beta a_1=(1+r)c'(\tau)$，由此式可得高校的技术开发水平 $\tau=\bar{\tau}^l$。但是这一结果很不稳定，因为高校如果在第二阶段与原有合作企业分离，很容易在 $\phi=1$ 条件下寻找到一家进行了新设备投资的企业，而由条件(a')可知，此时高校的最优选择为 $\tau=\hat{\tau}^h$。因此，只要满足条件(a')，$\tau=\bar{\tau}^l$ 出现的概率将很低。当企业预计到高校将选择 $\tau=\hat{\tau}^h$ 时，大多数企业将进行新设备投资，因而 $\phi=1$ 将成为真实情形。

(3) 当 $\phi=0$ 但合作企业进行了新设备投资时，由上述最优化问题的一阶条件可以得到：$(1-s)a_1+s\beta a_0=(1+r)c'(\tau)$，此时高校的技术开发水平为 $\tau=\bar{\tau}^h$。如果仅满足条件(b')，则上述结果不稳定。如果存在合作分离，那么由条件(b')高校将发现它选择 $\tau=\hat{\tau}^l$ 能获得更高的收益。

(4) 当 $\phi=0$ 且合作企业不进行新设备投资时，由上述最优化问题的一阶条件得到：$(1-s)a_0+s\beta a_0=(1+r)c'(\tau)$，此时高校选择的技术开发水平为 $\tau=\hat{\tau}^l$。如果仅满足条件(b')，那么高校的最优选择 $\tau=\hat{\tau}^l$ 和企业选择 $\gamma=0$ 将是唯一的均衡。当大多数企业预期到这个唯一均衡时，$\phi=0$ 将成为真实情形。$\tau=\hat{\tau}^l$ 和 $\gamma=0$ 将是稳定均衡。

四、合作创新绩效的影响因素讨论

基于上述模型，可以形成推论 3、推论 4、推论 5、推论 6、推论 7。

推论 3：合作分离风险（其形成原因后面将详细讨论）将降低高校的均衡技术开发水平，即抑制高校进行高水平技术开发的动力；如果合作分离的概率越低，合作创新的水平将越高。比较 $a_1=(1+r)c'(\tau^h)$ 和 $(1-s)a_1+s\beta a_1=(1+r)c'(\tau)$ 两式，可知 $\tau^h>\hat{\tau}^h$。类似可以推导得出：$\tau^h>\hat{\tau}^h>\bar{\tau}^h$，$\tau^l>\hat{\tau}^l$，$\bar{\tau}^l>\hat{\tau}^l$。它意味着有合作分离时的高校均衡技术开发水平普遍低于无合作分离时的均衡水平。然而又反馈影响到企业的新设备投资决策，进一步降低合作创新水平。当 $s\to0$ 时，企业与高校合作创新中的协调失灵将消失。条件(a')、条件(b')分别和条件(a)、条件(b)等同。即合作创新过程中如果没有分离，将不会出现非效率和多重均衡状态。

　　由此，本书发现：尽管合作创新能够带来协同效应和互补性，提高整体收益，但是这种协同效应的实现又是极其脆弱的，因为合作一方极有可能利用协同效应产生的高收益回报威胁合作另一方，攫取准租金。除了合作中的客观分离风险外，这种机会主义行为产生的分离风险危害性更大。投资"套牢"风险使得合作方非常谨慎，担心合作中的"搭便车"行为、"敲竹杠"行为、"退出威胁"行为等机会主义行为的发生，结果各方的创新投入严重不足，合作协调失灵，整个合作失败。

　　因此，提高企业与高校的合作创新水平就应降低分离概率 s，而降低分离概率的关键在于提高两者合作目标的一致性、提高合作信息的透明度、增强彼此信任感、提升合作契约的完备性等，这些措施将有效减少合作过程中的协调成本和交易成本，减少摩擦。后面将详细阐述这些问题和建议。

　　推论4：如果某一地区从事某项技术创新投资的企业比例越高，那么高校进行高水平技术开发的动力越大，该地区的合作创新水平将提高。高校进行技术开发的期望收益取决于 $\beta[y+(1-\phi)\alpha_0\tau+\phi\alpha_1\tau]$，可知它是 ϕ 的增函数。因而，如果一个地区有了更多从事某项新技术投资的企业，即该项技术应用的"市场厚度"较宽，那么高校很容易匹配到进行新设备投资的企业，也愿意进行高水平的技术开发。高校的技术开发所带来联合收益将更有可能是 $\alpha_1\tau$ 而不是 $\alpha_0\tau$，此时高校选择 τ^h 的激励也更大，因为 $\alpha_1\tau^h$ 高于其他选择时的联合收益。

　　推论5：如果某一地区从事高水平的技术开发的高校比例越高，那么企业越愿意进行新技术的创新投资，该地区的合作创新水平将提高。当存在企业与高校合作分离时，企业的期望利润 $(1-\beta)\{y+[(1+\gamma)a_0+\gamma a_1]\int\tilde{\tau}dq(\tilde{\tau})\}$，取决于企业找到从事较高水平技术开发的高校的概率大小，即 $\int\tilde{\tau}dq(\tilde{\tau})$。如果该地区的所有高校进行某项技术开发的水平整体相对较高，那么企业不进行新设备投资的机会成本较大，或者是企业更愿意进行创新投资，即 $\gamma=1$ 的可能性更大。

　　推论6：一个地区的合作创新发展依赖于企业与高校之间的互动匹配，完美的互动匹配将提高双方的创新激励和收益，不完美的匹配将导致该地区陷入低水平的合作创新发展均衡。结合推论2和推论3就可以得到上述推论。如果预期的 ϕ 越高，高校进行高水平的技术开发活动的动力就越大，同时它将提高整个地区的高校的平均技术开发水平，即 $\int\tilde{\tau}dq(\tilde{\tau})$ 将越高，那么这又将影响企业的创新投资决策,将会有更多的企业进行新设备投资,最终形成该地区的合作创新的良性循环发展。在这一互动机制中,ϕ将是内生的,它表明地区的合作创新发展是一个动态过程。政策含义是政府的适当干预可能具有重要意义,例如政府对企业或者高校的创新活动的资助与补贴可能影响双方的创新决策,进而起到推动该地区的合作创新良性循环发展的作用。

推论 7:企业与高校合作创新中的收益分成制度会影响到双方的创新激励。由合作分离状态中的四个一阶条件可知,无论是在 $\phi=1$ 还是 $\phi=0$ 时,当高校在合作创新中获得的收益比例 β 越高时,高校进行高水平技术开发的激励越大,即当 β 越大时,$\hat{\tau}^h$,$\overline{\tau}^h$,$\hat{\tau}^l$,$\overline{\tau}^l$ 都将提高。β 有可能也是内生的,例如,当某一地区出现较多的企业从事某项新技术投资而较少的高校从事该项技术开发时,为了吸引高校与本企业的合作,企业会提高支付给高校的收益比例。

第三节 合作主体的创新行为不契合的根源分析

一、合作观念、思维与目标的不一致

不同创新主体之间合作观念、思维与目标的不一致将导致合作方行为的异质性。每个创新主体有着不同的优势、不同的知识积累和对问题的独特见解,而这可能强化其自身思维意识。

企业、大学和科研机构等分属不同类型的组织,它们在任务和目标上有很大的差异,这导致它们在项目选择、任务执行方面有分歧,高校的研究人员一般偏向于学术、有利于职称评定的课题研究,而企业选择与市场需求紧密联系的项目开发,目标差异会影响合作效率。同时,企业与高校在项目完成认定方面存在差异,企业要求能够实现批量生产,而高校、研究机构等没有考虑到成本、工艺以及能否实现批量生产等问题。另外,高校、科研机构的研究人员倾向于追求完美,缺乏对研究的期限、收益率的关注,忽视创新速度的重要性,缺乏对知识、技术保密性的重视,并引起冲突。不同创新主体的技术偏差、规模不一样,较大规模的创新主体试图寻求不对称的地位和利益,而这也容易引起纷争。另外,创新主体之间合作的目的往往具有差异性,一些企业试图尽可能从对方获取紧缺型知识和技术,但同时将过多的风险转移给对方,也容易引起冲突。在产学研合作

中，高校的合作目的往往是通过与企业的合作获得更多的科研资金资助，高校研究人员注重自身的学术成果取得，对于技术转移、应用的积极性不高；但是企业的合作目的并不完全是获取新知识，企业更多的是通过 R&D 项目增加企业的新产品开发能力以及增强企业自身获取新知识的能力（即企业通过合作能够发展自身的技术开发能力）。高校与企业两者的合作目的有一定差异，这种差异会降低合作的积极性和绩效。

不同的合作伙伴，其学习动机及其强烈程度不同，而这引起机会主义行为的风险也不一样。有些企业开展合作的动机是为了获得对方的隐性知识，那么企业挪用、窃取合作方知识的可能性比较大，从而引起的知识产权风险也较大。例如，在 20 世纪六七十年代，日本企业与美国企业在电子产业领域的合作就经常发生这样的问题。日本企业在与美国企业的合作中获得了大量的隐性知识，致使美国企业遭受很大的损失，在后续的竞争中逐渐失去了竞争力。因此，合作动机、机会主义行为与知识产权风险等存在一定的正相关关系。

二、合作中的不完全信息

导致异质性行为的另一个主要原因是合作中的不完全信息，即关于合作方研发努力程度、重要技术信息成果、技术应用范围及其程度等信息分享不完全。原因有两个方面：一是信息传递不完全，例如，承担主要研发任务的一方可能对技术开发投入资源状况、研发过程、重要参数及其相关问题很了解；但是另一方却无法完全掌握这些信息，其原因可能是研发的高度专业性，也可能是合作一方对另一方的行为无法观察、监督和验证，或者实施这些措施的成本太高，不具现实性。例如，在委托技术开发中，企业可能不清楚合作方的创新能力，企业可能无法判断合作的大学或科研机构是拥有较高素质的研究人员还是创新资源不足且能力较弱而急需外部资助。另外，企业将开发资金注入大学或研究机构之后，企业对研究的难度、资金的具体应用、创新风险等无法进行观察和验证。二是不同创新主体所拥有信息的差异。例如，大学和科研机构在专业知识基础、人才质量、研究开发等方面具有信息优势，而企业在生产、营销等方面占有信息优势，创新经过技术开发和商业化应用两个阶段，不同主体拥有不同信息。信息不完全还有可能是部分技术创新人员刻意隐藏他们的创新资源投入数量和低质量发明，而合作企业又无法轻易识别技术创新的质量，只能给出一般评价。不完全信息的其中一个表现就是信息掌握较为充分的一方利用信息优势，在自身利益的激励下，它可能对合作另一方采取损害利益的机会主义行为。

三、研发投资的专用性

新技术和新产品的开发投资具有很强的专业性和专用性，一旦开发成功，其价值很大；然而一旦失败，则其价值几乎为零，投资形成的资产很难转为他用。这种研发投资的专用性进一步加大了合作者之间的相互依赖性，使得任何合作主体的行为都不再是孤立的，合作收益存在于合作主体之间的有利互动，但是它也为合作一方的机会主义行为提供了便利，使另一方的投资暴露在极大的损失风险中。专用性投资的特性不仅使得合作一方可能利用机会主义行为攫取准租金的概率大大增加，而且会进一步抑制合作研发投资的激励。因为"套牢"风险使得合作方投资的积极性大大受挫，合作方彼此担心研发投入中的"搭便车"行为、"敲竹杠"行为、"退出威胁"行为等机会主义行为的发生，投资不足问题将变得严重。从专业化角度来看，这一种低效率状态，将引起合作成本的增加，最终可能导致整个合作失败。

四、合作契约不完备

合作中经常出现的一个问题是合作双方关于技术开发速度、期限、资金投入、使用、技术保密、风险担负、利益共享等方面的条款规定的不完备，有些方面缺乏相应的条款，有些方面的规定不完全。合作契约的不完备给予了缔约人利用漏洞实施机会主义行为的便利。例如，合作契约没有对合作过程中形成的技术知识产权、保密性做出详细规定，合作方有收益独占而忽略他方收益的激励。在产学研合作中，大学合作者希望通过尽快公开发表论文获得学术成果，但是这一行为可能损害了合作企业的利益，合作企业希望延缓大学公开发表论文的时间来减少或延缓核心技术知识外溢，增加创新收益。当合作双方没有在契约中对知识产权做出详细规定时，纷争就容易发生。

合作契约不完备有两个原因：第一个原因是合作企业往往忽视了契约完备的重要性。部分合作是建立在人情关系的基础上，例如企业之间经常有业务往来，企业高管之间较为熟悉，特别是在初次订立合作契约时，双方对合作事宜的考虑较为仓促和随意。然而一旦合作遇到困难时，争议就很容易发生，双方对合作中责任和义务的理解差异很大。这一问题的出现属于典型的合作管理不规范。第二个是客观原因，合作创新是动态发展的，具有很大的不确定性，包括技术开发失败、生产应用失败、创新产品不被用户接受、宏观经济政策发生变化、创新收益较小等可能性都存在，合作主体的有限理性也无法预见所有可能的意外情况，也不能详细规定出所有属于投机行为的情形，或者在合作契约中预先写明所有可能情形的处理办法。对于这一问题，合作双方应尽可能订立一个相对完备的契约或借助交流沟通机制来解决。

第四节 合作中异质性行为的治理策略

基于上述对合作创新中各种异质性行为表现以及问题产生根源的分析，提出下列治理机制与协同机制，即利用信号机制、关系治理、契约治理和沟通管理四种方式来解决合作中信息不完全造成的投机行为、道德风险问题等，以法律为基础完善合作契约，建立激励与惩罚机制，控制风险；通过健全沟通机制，提高合作中的柔性与稳定性（见图5-2）。

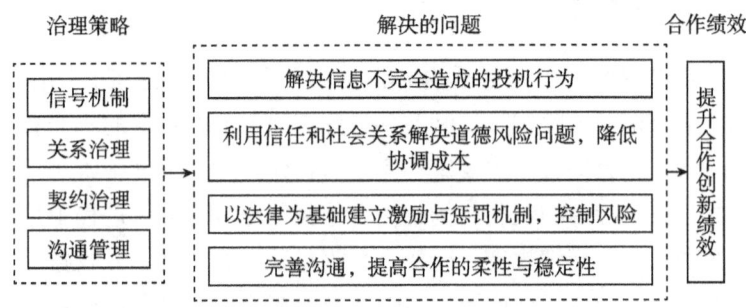

图5-2 合作创新中异质性行为的治理机制

一、注重信号机制的治理作用

企业要从大量的潜在合作对象中选择合作伙伴，这些对象对企业而言是陌生的，不可能掌握全面的真实信息。信誉、声誉等都是很好的信号机制，有助于解决信息不完全问题。企业声誉具有积累性、综合性，它能反映企业价值等能力，经过长期努力形成。将合作伙伴的信誉与声誉作为一种信号，来区别"好"的合作伙伴和"坏"的合作伙伴，以此减少合作中机会主义行为发生的可能性。一般而言，信誉越高的合作伙伴，其选择机会主义行为的概率越小。因为企业选择机会主义行为会使自身的信誉和声誉受损并导致很大的成本，对企业而言是非常不利的。同时，信誉和声誉越好的合作伙伴，更具合作创新所需的各种互补性资源（互补性知识）、能力，所能实现的合作收益回报也越高，也会越发限制自身行为。很显然，在信誉的激励下，合作创新的效率会相对较高。

发挥信号机制的作用有三个策略：

（1）为合作方建立信誉记录。通过政府、第三方信息中介或者自身信息收集，为潜在的合作方建立合作信誉记录。信誉记录可以起到约束合作方机会主义行为的作用，因为一旦实施机会主义行为，将被逐出合作创新的市场，并招致损失。这种信誉记录传播越为广泛，对合作者的行为约束作用越强。这种信誉记录也是合作方选择、判断合作伙伴好坏的一个重要信息。合作伙伴的信誉记录可以来自第三方机构（科技中介机构）。科技中介机构，例如大学技术转移管理协会等，它们在弥补合作双方的信息不完全方面起到重要作用，并能促进企业与大学建立长久关系。Friedman 和 Silberman（2003）利用美国大学技术转移管理协会的调研数据做分析，研究显示：与技术转移协会有着更多合作经历的大学更有可能与企业开展成功合作，它们发生合作纠纷的可能性较小。

（2）通过形成制度化、长期的合作关系来发挥信号机制的作用，约束合作方的机会主义行为。与一次性、短期的合作不同，在长期、重复性合作中，信誉和声誉更为重要，合作方弱化机会主义行为的激励更强。因为在重复合作中，互惠行为带来的整体收益更高，合作方也更有激励为自身确立一个好的声誉，提高合作创新的总产出。因此，信号机制作用的发挥在长期的重复性合作中更为有效。

（3）根据合作方的前期研发投入信息（例如，购入用于研发的设备、聘请相关领域的技术人员或专家作为顾问等）来决定后续合作或合作模式。正如前文所述，研发投入是一种专用性投资，具有沉没成本性质。前期的研发投入信息是表明企业信誉和声誉的一种良好信号，首先，它表明合作伙伴在未来时期选择机会主义行为的可能性要小得多，因为机会主义行为招致的合作失败将越发降低已经进行的投资的收益回报。其次，前期的研发投入还是一种表明合作伙伴的创新能力的信号，合作伙伴只有在充分评估自身创新实力以及合作创新成功概率的基础上才有可能进行前期的研发投入。因此，利用前期的研发投入作为一种合作伙伴信誉或声誉的依据并做出相应的合作创新决策非常重要。

二、注重关系治理的作用

发挥关系治理的作用就是让合作建立在信任和社会关系网的基础上，降低机会主义行为的可能性。

(一) 发挥信任作为非正式治理机制的作用

合作伙伴之间的信任是一种非正式的治理机制。第一，信任能减少合作中的不确定性（例如，降低核心技术泄密风险、减少技术设计变更风险、降低合作双方因处理问题的方式不同造成的影响），提高合作成员共同遵守规则的自觉性，提高合作关系的稳定性。第二，它能增强创新主体之间行为的有效性，一个相互信任的合作团队通常比缺乏信任的团队完成更多的任务。第三，相互信任的合作团队成员之间的知识传递更容易、更便捷，它能显著降低合作中的交易成本，进而促进合作创新发展。

建立合作中的信任关系有两个途径：

第一个途径是在具有组织邻近性（即具有共同的关系网络或相似的组织结构，如民营企业等）、地理邻近性（即地理的集聚，考虑空间距离、运输时间和成本等）的企业、大学或科研院所中寻找合作伙伴，例如地区性产业集群中的企业既具有组织邻近性又具有空间邻近性，它们以共同的地区文化为背景，在行为规则、信念和理解等方面往往具有同向性，对技术变化和新技术的认知上具有一致性，同时知识交流、沟通的成本也非常低，地理邻近性能增加交流的渠道和频率，有利于培育信任关系。地理邻近性在减少搜索和监控成本方面起着很重要的作用，能够显著提升大学—企业的合作创新成功概率。不过，过度的组织邻近性（使得相互学习的空间较小）和地理邻近性（特别是在交通与信息技术日益发达的社会，地理邻近性的作用并不突出）也会使得合作伙伴之间的技术知识趋同，容易导致区域性的自我封闭和锁定，不利于异质性的互补知识流入。一些研究显示：地理邻近性在不同类型组织的合作创新中发挥着重要作用。因为不同组织之间的知识、资源互补性较强，但是信任程度低，目标与文化差异较大，增加了潜在机会主义行为的可能性，而地理邻近性恰好可以弥补这种不足。因此，在选择合作伙伴时需要在异质性资源互补和信任关系建立的便捷性之间做出权衡。

第二个途径通过交流与沟通逐渐建立紧密合作，培育出信任关系。特别是在合作创新前期与合作伙伴或候选合作伙伴的高层管理者进行充分交流，熟悉项目情况，解决合作中不确定性所带来的困难。合作伙伴之间的信任程度越高，对合作创新前期、中期和后期可能遇到的风险的控制就越好。同时还应避免一些不当控制方式对信任的削弱。例如，在合作项目中，出资伙伴的技术能力较弱，但是如果出资方对开发方的研究过程进行过多的监督与检查（尽管是出于对项目成果、进展情况的关切以及防范风险的本能），可能出现适得其反的作用，削弱了彼此的信任和研发努力，降低了一些关键性的技术投入（比如关键性的隐性知识投入等，在监督与检查过密的情形下，开发方避免技术泄密，会减少这些知识的投入），但是对最终的创新绩效将产生不利影响。

（二）发挥社会关系网络的治理作用

目前合作创新的网络越来越宽泛，可以选择的合作对象也越来越多，已经突破了地理范围限制。社会关系网络不仅能够提供优质资源，而且能够有效解决合作中的一些机会主义行为。刘群慧和李丽（2013）通过对广东省197家开展合作创新的中小企业样本进行研究后发现，当企业能够很好地嵌入外部环境，并与合作创新伙伴企业之间构建良好的网络关系时，合作各方都会明显减少自身机会主义行为。

社会网络关系治理至少有三个方面的作用：①能够减少信息不对称，通过网络的信息传递，企业能够较为准确、迅速了解到潜在合作方的有关信息，包括潜在合作方的规模、技术资源拥有状况、开发与吸收能力、以往合作经验、合作成功项目情况等。因为在社会关系网络中，企业与企业、其他合作伙伴的交流和了解更为充分。②社会网络中的各方一般具有较为相近的战略意图、价值观、文化或产业背景，它们之间容易形成匹配和信任，提高合作创新行为的一致性与协调性，能有效降低合作中的摩擦和交易成本。③社会网络中的合作方的声誉等能起到自动抑制机会主义行为的作用。当社会网络关系的"嵌入性"越强时，这种自动抑制作用越强。在合作中，企业不仅要考虑当期利益，而且也考虑未来继续合作所带来的期望利益，这种长期利益考虑决策会激励企业与合作伙伴保持行为的一致性，而自动抑制自身异质性行为。

发挥社会关系网络的治理作用可以通过：①增强合作企业的网络"嵌入性"，增强企业与现有的、过去的或潜在合作伙伴的连接，增加合作主体相互间的交流和信任等。②引入信誉监督机制，借助于合作第三方或中介机构，建立合作各方的档案，评定合作伙伴的信誉等级，并将信誉信息定期公布。

三、注重契约治理的作用

契约治理是以法律条款为基础，形成控制、协调和激励机制来抑制合作伙伴的机会主义行为，控制合作风险，促进合作发展，是一种正式治理机制。

（一）完善激励机制

激励机制主要是在合作契约中规定具体的经济利益分配方案来激励合作方的努力，减少机会主义行为。具体而言，它可以包括两个方面的激励条款：①调整研发成果收益的分配比例。一般而言，平均分配创新收益容易导致投机行为，因此应该避免使用这种利益分配形式。相反，可以采用按合作方研发努力或研发投入比例进行收益分配，这种收益分配有助于避免"搭便车"投机行为。对于合作较为努力的一方，可以采用增大收益比例或额外奖励的方式进行鼓励。当然这一方法也有弊病，就是较难计算研发投入。一般以投入资金、人员比例、技术资源数量等加以衡量。②采用股权或产权激励。任海云（2011）曾指出给予合作一方股权作为激励机制能有效解决 R&D 活动中的代理问题。股权和产权激励之所以较为有效，首先是因为合作研发的知识产权收益在未来时期具有不确定性，且主要取决于合作各方的自身努力程度。如果合作各方的努力较大，那么合作成果的收益也相应更大，因此让合作各方拥有合作成果的股权或产权能形成更大的激励。其次是股权或产权激励能提高合作各方的参与度，解决合作中的信息不完全问题，也有助于消除机会主义行为。

（二）完善惩罚机制

为了形成有效的约束，一定的事后惩罚条款是非常必要的。惩罚机制主要是针对机会主义者的知识泄密、知识侵权、挪用项目资金等行为实施的惩罚，它能提高违约者的实际代价成本，具体的惩罚条款包括：罚款或赔偿、减少技术成果的分配收益、解除与其合作等。惩罚机制可以通过法院、政府以及相关协会来实施。①提高违约金或赔偿金额。由于机会主义行为决策主要依据违约收益和惩罚成本而定，因此惩罚金额依据违约行为造成的收益变动来计算比较合理，而不宜采用固定罚款或赔偿标准。②在一定程度上，合作创新的成本是固定的，因而惩罚可以通过对利润分配的调整实施。③解除合作并拥有被终止的研发项目的成果在某些情形下可能是最优方案，它能果断地解决某些激励冲突问题，维护合作方的正当利益。Lerner 和 Malmendier（2010）研究了美国生物制药行业的研发外包合同设计，发现经常出现委托企业单方面终止研发项目且无条件拥有合作成果的知识产权的情况。这一惩罚条款有时是针对研发单位把委托方的项目资金挪用到其他项目的情况。他们证明终止权和成果知识产权条款能很好地解决资金挪用问题。

四、建立有效的沟通、协调与监督管理机制

合作创新有时会在不熟悉的异质性伙伴之间展开，而这时需要建立一个有效的沟通、协调与监督管理机制。Gerwin 和 Ferris（2004）强调，合作伙伴之间的沟通与交流在合作治理中非常重要，它能减少不完全信息、促进信任的形成，降低机会主义行为对合作创新造成的负面影响。首先，管理人员对于异质性的合作伙伴往往缺乏了解，需要通过沟通来增进了解。其次，合作创新是一个复杂的互动过程，信息流动不是单向的，它是一个双向流动过程，需要开发者与使用者之间不断进行信息反馈（合作研究方向和主题的确定、合作进度的安排、定期的会议制度、知识产权的约定等），寻找问题解决方案。再次，异质性伙伴之间往往存在一定的冲突和不信任，它们会导致合作中大量的时间成本和经济成本，需要通过有效的沟通来降低这些成本。最后，合作中的有效协调，例如流程、惯例与系统都需要通过不断的沟通来实现。

因此，有必要建立有效的沟通与监督管理机制：①建立基于工作团队（研究人员、管理人员、生产技术人员、市场推广人员等）的小组，小组负责合作过程中联系、组织、进度协调、工作检查与应急处理等工作。②更多建立直接的接触与网络连接，例如通过现场走访、联席会议、定期的交流汇报等方式，提高信息传递的质量，克服沟通中的障碍。③采取适宜的交流与监督方式。当合作双方具有较高信任度时，应尽量弱化过程控制和监督式控制，可以促使合作成员的自我控制，以定期或不定期检查为主，检查研究进度、研究实验记录等。当新技术开发的难度较大时，应加强沟通，通过频繁互动、会面来共同应对开发压力。如果双方是初次合作，进行定期或不定期的监督与建立检查机制很有必要，它能在一定程度上确保合约得到有效遵守，明确保密技术的边界，保障合作方的正当利益，防止技术开发延误时机、技术泄密等不利情况的发生。④尽量利用现代信息技术进行交流与沟通，它们能实现快速交流。

第五节 本章小结

本章是基于异质性行为契合的合作创新机理研究。首先阐述合作过程中各种机会主义行为表现及其可能导致的后果。合作中的异质性行为非常普遍，因为合作主体的差异性、合作双方目标的差异性以及合作过程的长期性和复杂性等，可能导致双方的不信任以及各种机会主义行为的出现。这些异质性行为对合作创新非常有害，它会使得合作双方的投资行为不协调，创新投入不足、投资不足，或者出现"搭便车"现象。

第二节以校企合作创新模型为例，通过两阶段的合作过程分析，论证了合作双方的研发投入与技术应用投入行为不协调或者投入不足可能导致的合作低效和合作失败。进一步论述了造成合作主体的创新行为不契合的深层次原因，包括合作观念、目标的不一致、合作信息不透明、不完全等。最后阐述了促进合作行为契合的控制要点与策略，包括发挥信号机制作用、关系治理作用，完善契约治理与构建有效沟通渠道和监督机制等。这些策略在提升各方之间的嵌入性的同时，也能使得它们的行为保持足够的柔性和契合，激发合作创新主体的活力，最终实现合作中的协同效应，促进合作创新稳定发展。

第六章 我国工业企业合作创新问题及其互补效应实证研究

本章将以前述三章的机理分析为理论指导,并利用文献资料、网上公开报道资料和历年《中国工业经济统计年鉴》《中国科技统计年鉴》《高等学校科技统计资料汇编》中的数据资料,研究我国工业企业开展合作创新的现状、特点及其存在的主要问题与障碍。在此基础上,进一步检验我国工业企业开展合作创新的互补效应大小及其影响或约束因素。合作创新主要以企业的外部R&D投入(企业向其他企业、高校和科研院所等的研发支付)和国内外技术引进表示。本章的分析既是利用宏观统计数据对前述理论的一个检验,又是为下一章浙江省温州、台州地区的企业在开展合作创新过程中的异质性要素匹配状况,及其影响效应的调研分析做铺垫,起到承上启下的作用。

改革开放之后,我国企业的经营自主权逐渐增强,企业对技术创新、技术改进活动的重视程度也越来越高。在政府的推动下,我国先后实施了863计划、火炬计划、产学研联合开发工程、星火计划等,这些计划和工程推动我国企业合作创新的发展。特别是1992年我国实施了"产学研联合开发工程",该工程由国家经济贸易委员会、国家教育委员会和中国科学院共同组织,目的是希望建立大中型企业与各大高校、科研机构的合作制度,探索出一条有中国特色的产学研合作创新之路。在此之后,我国的合作创新环境得到很大改善,企业开展合作创新的积极性加强,科技成果转化率明显提升,有关数据也都表明我国已经有越来越多的企业开始重视并参与了合作创新活动。

不过,我国企业开展合作创新的绩效如何?特别是合作创新是否真的提高了企业创新绩效,或者它仅仅是替代了企业原本应进行的自主创新投入?合作创新绩效的提升受到哪些因素的约束?异质性要素匹配状况是否影响了互补效应的发挥?这些问题值得进一步研究。Chesbrough(2003)提出了著名的开放式创新原则,它的核心思想是世界充满了各种知识,企业不必依赖内部的研发,可以借助合作研发、专利授权、技术招标等形式在外部进行创新活动。不少管理顾问也建议,企业可以采取合作创新或者外包(Outsourcing)的形式进行创新。但是,封闭式创新或开放式创新哪一种创新模式会占主导还没有定论。对于企业的内部研发投入(Internal R&D)与外部技术获取(External Technology Acquisition)之间的关系性质及其决定因素也知之甚少。Cassiman 和 Veugelers(2006)对比利时制造企业的数据研究显示,内部 R&D 与外部技术来源之间具有互补性,能提高企业的创新绩效;并且他们还发现,创新绩效的提高程度依赖于企业对基础 R&D(来自大学或研究机构的 R&D)的依赖程度,如果企业对基础 R&D 依赖程度较高,那么内部 R&D 与外部技术来源之间的互补性更强。Lokshin 等(2008)检验了内外部 R&D 对荷兰制造业企业的劳动者生产率的影响效应,不过他们发现,只有当企业投入足够的内部 R&D 时,外部 R&D 对生产率才具有正的影响效应,即内外部 R&D 具有互补效应。Vega - Jurado 等(2009)研究了外源知识战略(External Knowledge Sourcing Strategies)在西班牙企业开展产品创新和工艺创新过程中所起的作用。外源知识战略通过两种方式加以实施,一是购买外部技术(Buying),二是合作开发(Cooperating);外源知识可以来自两种渠道,其他企业和大学科研机构。他们的研究结果显示:企业技术能力提高主要来自内部的 R&D 活动,而外部技术来源对创新绩效的影响非常弱。Hagedoorn(2012)利用 83 家制药企业在 1986~2000 年的数据作为分析样本,发现外部 R&D 战略对企业创新绩效的影响并不明朗,在内部 R&D 水平比较高时,内外部 R&D 具有互补性,但是在内部 R&D 水平比较低时,它们呈现出替代性。

相比而言,国内关于这一主题的研究较少。樊霞等(2011)认为,产学研合作须与企业的内部研发相互配合才能发挥作用,并且这一互补性作用的发挥具有"门槛效应"。他们研究了 2009 年广东省"省部产学研合作计划"的调研数据,发现企业的研发投入密度是影响互补性作用发挥的重要因素。企业的内部研发投入越多,企业从产学研合作中获得的收益越大,也越愿意进行产学研合作活动。

本章首先从不同区域、不同行业视角,比较分析我国工业企业开展合作创新现状与特点;其次归纳总结出当前我国企业在开展合作创新时面临的一些主要问题和障碍;最后采用计量经济学模型分析我国大中型工业企业开展合作创新的效果。在实证分析中,将重点检验企业的合作创新(例如委托研发、联合研发、技术引进等)是否与企业内部的 R&D 投入形成了互补效应。同时,结合前文的理论分析，研究工业企业在开展合作创新过程中的异质性资源匹配状况、能力兼容状况、行为契合状况对互补效应的影响。限于宏观数据的可获得性，分别采用一些工具变量来间接衡量创新中异质性要素匹配程度，并分析其对合作创新绩效的影响，例如企业的规模、技术吸收能力和企业获取外部技术来源的经验等。为了实现上述检验目标，本书借鉴了 Ceccagnoli 等（2014）研究成果，构建了一个超越对数（Translog）创新产出函数，利用这一函数可以研究合作创新对企业创新发展所表现出的互补效应。

第一节 我国工业企业开展合作创新现状与特点

一、不同省份工业企业开展合作创新现状

表 6-1 显示了我国东部、中部、西部和东北地区的大中型工业企业开展 R&D 活动以及合作创新、外部技术引进状况。可以发现，东部地区的企业开展 R&D 活动比例要高于中部、西部地区。例如，在 2010 年东部地区的企业开展 R&D 活动的比例为 30.95%，高于西部地区近 10 个百分点。从外部 R&D 支出（企业用于合作创新的对外支出，例如向其他企业、高校等的 R&D 支出）的绝对规模来看，东部地区远高于中、西部地区；不过从内、外部 R&D 支出的比例来看，2004 年东部地区的外部 R&D 支出比例高于中、西部地区，最近一些年份西部地区企业的外部 R&D 支出比例有所上升，部分年份高于东部地区和中部地区。这也说明在技术开发方面，西部地区的企业更依赖于外部 R&D 投入。从直接的外部技术引进比例来看，西部地区同样较依赖于外部技术，它们投入到技术引进和购买国内技术的支出比例相对较高。另外，还可以发现一个特征：即企业的外部 R&D 支出比例和外部技术引进比例在下降，这说明我国企业的自主创新能力在不断提升，而且有 R&D 活动的企业比例也在增加。这反映出我国工业企业越来越重视自主技术开发。

如图 6-1 至图 6-4 所示，新疆、青海、甘肃、陕西等西部省份的单个企业的外部 R&D 支出较高。同时，在经济相对发达的省份，如北京、上海和黑龙江等，其单个企业的外部 R&D 支出也较高，不过它们的内部 R&D 支出也较高。单个企业的外部技术引进支出也呈现上述特征，即在经济不发达的西部省份和经济

表6-1 不同地区企业R&D活动、外部R&D支出以及外部技术引进比例状况

单位:%

	年份	全国	东部地区	中部地区	西部地区	东北地区
有R&D活动的企业比例	2004	23.71	22.74	25.15	26.48	21.88
	2008	24.87	25.63	23.9	17.60	
	2009	30.48	32.38	28.05	24.79	
	2010	28.31	30.95	26.17	19.35	
外部R&D支出占总R&D支出比例	2004	8.89	9.58	6.72	8.27	92.55
	2008	7.83	7.66	8.96	7.30	
	2009	7.22	7.11	6.45	9.43	
	2010	6.42	6.16	6.23	8.59	
	2011	5.61	5.41	5.54	7.23	
外部技术引进占总创新投入(技术购买+R&D支出之和)比例	2004	34.01	31.22	40.41	42.41	30.69
	2008	21.01	21.05	18.38	24.97	22.42
	2009	18.59	18.55	16.61	22.27	
	2010	16.14	14.88	12.94	28.76	
	2011	12.69	11.86	9.30	23.98	

注：外部技术引进包括技术引进经费支出、消化吸收经费支出和购买国内技术经费支出三项。2011年数据的统计口径为规模以上工业企业。

资料来源：原始数据来自历年《中国科技统计年鉴》。

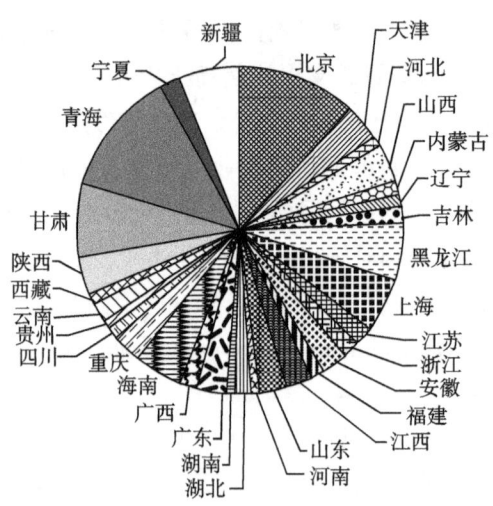

图6-1 2011年各省份单个企业外部R&D支出

资料来源：历年《中国科技统计年鉴》。

第六章 我国工业企业合作创新问题及其互补效应实证研究

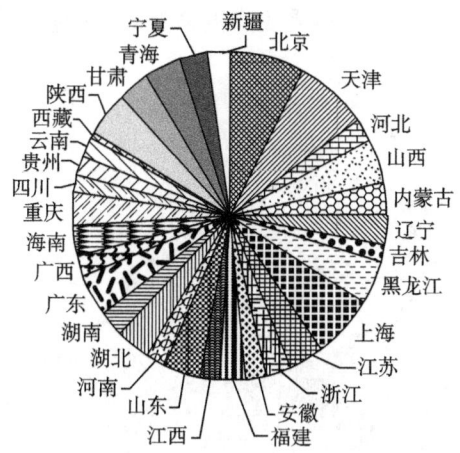

图6-2　2011年各省份单个企业内部R&D支出

资料来源：历年《中国科技统计年鉴》。

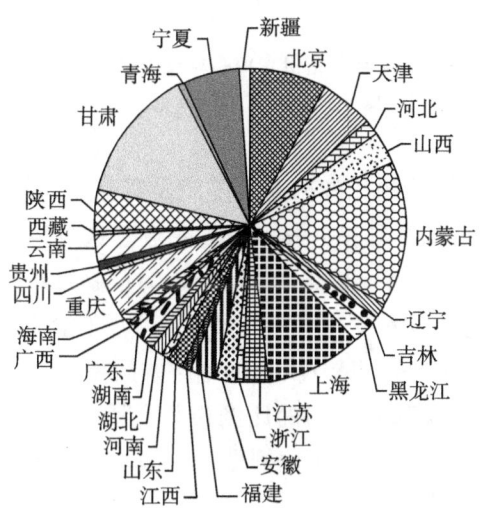

图6-3　2011年各省份企业平均外部技术引进

资料来源：历年《中国科技统计年鉴》。

发达的东部省份都出现了单个企业具有较高的外部技术引进支出的特征。但是，其中的原因可能完全不一样，对于西部省份的企业而言，它们可能缺乏必要的直接生产技术知识，需要补充来自同一领域的技术知识；但是对于东部省份的企业而言，其更多的是在技术开发阶段，需要补充来自不同领域的交叉技术知识。图6-4还显示了各省份企业平均接受高校的技术转让数量。上海、北京、江苏、

· 117 ·

天津等发达经济省份的企业平均接受更多的来自高校的技术转让数,这些技术知识多来自跨专业技术领域。

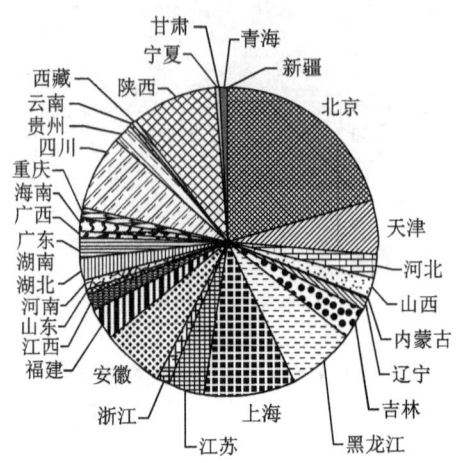

图 6-4　2011 年各省份企业平均接受高校技术转让数

资料来源:历年《中国科技统计年鉴》。

从不同所有制类型企业的比较来看,外商投资企业的外部 R&D 支出比例和外部技术引进比例基本高于国有企业和民营企业,这也体现了外商投资企业的"外向"经济特征。另一个特征是几乎所有类型的企业的外部 R&D 支出比例都在下降,特别是外资企业,这种变化可能与最近几年所有企业都大幅度提升了内部技术开发支出有关,尽管外部 R&D 支出的绝对数额在增加,但是内部 R&D 支出比例增长更快,使得外部 R&D 支出的比例相对下降。不同所有制类型的企业的外部 R&D 支出比例和外部技术引进比例见表 6-2。

表 6-2　不同所有制类型的企业的外部 R&D 支出比例和外部技术引进比例

单位:%

	年份	国有企业	民营企业	港澳台企业	外资企业
外部 R&D 支出占总 R&D 支出比例	2004	8.91	4.27	7.07	14.34
	2008	9.08	5.83	3.73	9.29
	2010	7.29	4.32	3.22	7.46
	2011	7.03	3.43	3.04	5.86

续表

	年份	国有企业	民营企业	港澳台企业	外资企业
外部技术引进占（技术购买+R&D 支出）之和比例	2004	38.14	18.15	23.71	47.90
	2008	25.09	13.45	14.42	28.38
	2010	12.95	12.03	13.21	24.31
	2011	12.08	6.95	9.80	19.78

注：外部技术引进包括技术引进经费支出、消化吸收经费支出和购买国内技术经费支出三项。2011年数据的统计口径为规模以上工业企业。

资料来源：历年《中国科技统计年鉴》。

二、部分经济省份的企业开展合作创新特点

（一）广东省的企业合作创新现状与特点

广东省的合作创新发展在"三部两院一省"（科学技术部、教育部、工业和信息化部、中国科学院、中国工程院）合作机制推动下，获得较大发展。到2011年初，广东省投入70多亿元专项资金用于引导、资助企业合作创新，引导企业投入达800多亿元。广东省的万余家企业先后与全国300多家高校（包括90多所国家重点建设高校）、近万余名专家学者开展了产学研合作（肖丁丁、朱桂龙，2013）。从2006年开始，广东省和教育部联合启动省部产学研合作。2008年省部企业科技特派员政策开始启动，先后从国内外高等学校、科研院所中选拔出科技特派员近8000名，分别派驻到省内部分企业、高新区、科技园区中，促进产学研各方合作，加快创新资源在高校、企业之间双向流动。广东省的企业开展合作创新有以下特点：

（1）产学研合作是广东省企业开展合作创新的主要形式。企业拥有较雄厚的资金和市场资源，并且企业面对的市场多变且竞争激烈，因而企业对市场需求的把握更全面，能够提出创新方向，而高校和科研院所具有专业优势，在技术资源、人才、信息等方面有优势，拥有项目研发所需的人员、实验场所、设备和材料等。两者合作的互补性较强，因而产学研合作成为企业首选。例如，2009年中国科学院与广东省佛山市共建的产业技术创新与育成中心。截至2011年，该中心已经育成企业二十多家，十多个项目实现产业化，拉动产值91亿元（《南方日报》，2011）。2015年广东省风华高新科技公司与澳大利亚国立大学合作成立联合研发中心，其中风华公司投入850万元人民币、澳大利亚国立大学投入项目研发所需的人员和设备（《中国证券报》，2015）。产学研的合作形式也呈现多样化，包括委托研发、联合研发、共建实验室、研究中心、人才培训、技术咨询

等。在广东一些地区，与高校保持稳定的合作关系已被当地大企业广泛认同。

（2）以企业为主体，实现合作各方优势资源互补和配置。例如，广东志成冠军集团有限公司积极主动、全方位整合合作各方的创新资源，尤其是充分利用高校的创新资源优势。它们特别重视利用高校的技术人才和研发设备。2001年起，就与华中科技大学电气与电子工程学院、武汉大学网络多媒体软件所开展合作，充分利用高校的技术人才和研发设备。先后有5名博导、多名博士研究生参与了合作项目，项目前期研发都在两所高校的实验室进行。

（3）重视不同资源的对接、利用。企业的资源优势在于资金、生产和市场资源，而高校的资源优势在于人才、技术和研发设备。为了提高合作绩效和企业未来的创新能力，广东志成冠军集团从项目研发阶段就抽选公司人员到高校参与研发，为项目中试和工程化应用培养技术对接人才（中试、产业化阶段放在公司研究所和工厂）。同时，企业发挥其在市场推广方面的资源优势，通过展览演示、试装试用、赞助公益活动等形式推广项目产品，实现了合作全过程中不同资源的有机对接。

（4）以地区产业特色为导向，建立多方合作联盟，在更大范围内共享创新资源。例如，在政府推动下，佛山顺德区家电龙头企业，美的集团、科龙集团、格兰仕集团等联合中国科学技术大学、上海交通大学、同济大学和清华大学组建了白色家电产学研合作联盟；同时华为公司、中兴通讯、TCL集团等骨干企业联合中山大学、华中科技大学、华南理工大学共同组建数字家庭产学研合作联盟。在广东省一些地区形成了具有特色的产业集群，集群中的企业利用自身资源优势与全国研发实力雄厚的大学组成合作联盟，联合推进共性技术、关键技术开发。

（5）具有较强技术研发能力的企业更愿意开展合作创新。这也印证了前文所述的技术能力匹配对企业合作创新决策以及创新绩效产生影响。不少大中型企业更倾向于与全国名牌高校开展合作，它们纷纷采取了"强企联合强校"的发展思路。例如，广东省的TCL公司、华阳公司、德赛公司通过与清华大学、华中科技大学等共建企业研究院、联合研发等形式突破了一些前沿技术和共性关键技术开发。2014年8月广东东阳光科技控股股份有限公司与清华大学研究院合作开发"大容量动力型超级电容器"。清华研究院先进储能材料与器件实验室具有较多技术资源，获14项专利，是国内超级电容标准制定者。东阳光科技控股股份有限公司也具有较强的研发实力，拥有独立的新材料研究院，建有完整的中试生产线（证券时报网，2014）。之所以选择"强企联合强校"模式，一些企业管理层认为，企业只有具备一定的科研人才和科研能力，才有实力介入合作项目，而介入合作项目程度越深，项目的风险性越小，收益越大。

（6）政府在推动合作创新发展中起了重要作用。广东省政府通过举办科技成果与产业对接会，推进了重点领域的企业、高校、科研院所的技术创新合作匹配。例如，2014年12月广东省政府就举办了由170多家企业、13所高校参与的合作对接会（庞彩霞，2014）。政府之所以能够在合作创新发展中发挥重要作用，原因在于：一是政府发挥了信息中介的作用。许多企业愿意开展合作创新，但是苦于不能获知相互合作信息。政府通过举办各种合作推介会、对接会，为企业提供了各种重要的合作信息，让企业更能把握潜在合作对象的一些资源状况。二是部分企业合作积极性、主动性不高，需要政府助力。

（7）从不同合作形式比较来看，选择合作研发的企业相对较少，而采用技术购买或引进的企业比例较多。相当部分企业更愿意购买或引进现有技术，以获取短期利益，避免风险。部分企业也较少选择联合建立技术开发中心（企业在高校建立面向市场的技术开发中心或高校技术开发机构进入企业）、联合中试基地、合资企业等。主要原因还是企业担心技术泄密和知识产权风险。

（8）与国内同业企业间的合作相对较少，但与国际知名企业的合作在逐步增加。我国企业间的合作创新一般是在国内企业与国际知名企业之间进行，呈现所谓的"强强联合"趋势。不同的企业在不同领域具有技术优势，拥有各自的核心技术，它们之间的合作可以整合各自的独特技术，提高研发效率。国内的企业之间合作较少，一个原因就是国内企业的技术优势大多同质，具有替代性，或者技术专长并不突出，合作效益不高。但是，与国际知名企业合作有所不同，国际知名企业大多具备一些独特或先进技术，而这些技术是国内企业所不具备的。因此一些大企业纷纷与国际知名企业合作，希望获得更多的优势资源。这也说明，企业在选择合作伙伴时非常重视拥有的异质性、互补资源状况，合作也基于此。

（二）江苏省的企业合作创新现状与特点

江苏省是我国经济活动与科技活动大省。全省拥有的国家级高新区数量为11家，在全国排名首位，拥有23家省级以上高新技术区。江苏省的企业先后与美国麻省理工学院、中国科学院、清华大学等进行技术合作，举办了多次"产学研合作成果展示洽谈会"和"跨国技术转移大会"。全省每年校企联盟新增1000个以上，产学研合作项目超过10000项。江苏省企业开展合作创新特点有：

（1）企业开展合作创新的意识逐渐增强，合作投入增大。在一批企业的带动下，江苏省越来越多的企业参与到合作创新中，先后与多所高校、科研机构合作，推动重点技术项目开发。例如，江苏金湖瑞时特钢制品公司与两院院士带领的研发团队合作，建立了企业院士工作站，加快了该企业产品的产业化运营。江苏红光仪表厂与东南大学合作多个项目，实现年增产15000万元。一些企业从合作中获得了较高的收益，开展新合作项目的积极性大大提高。

（2）企业依据自身技术能力、经营特点与发展需要选择多样化合作形式。例如，江苏省井神盐业公司，花费40万元收购英国一家环保机构的"废水回注"项目技术成果，经中试和产业化试行已获成功。收购合作方式简单、快捷，便于企业抢占市场高地。江苏省天士力帝益药业公司通过人才培训、合作研发的方式提升自身创新能力，加快新产品开发。它们派遣公司博士团队去国外知名大学的实验室培训、联合开发，为企业的技术创新能力成长打下了坚实基础。江苏惠民汽配公司与浙江大学等高校签订委托合作协议，由企业出资、高校研发"液力混合器""门泵电子控制"项目。江苏康达饲料公司则不定期从中国海洋大学获得技术咨询服务，帮助企业解决新产品开发难题，并拥有多项自主知识产权。江苏玖川科技公司与中国科学院兰州化学物理所合建实验室，联合开发产品项目，企业回购合作成果，并按协议分享市场收益。

（3）注重与特色企业、知名高校、科研院所合作。尤其是大企业注重与不同类型、不同层次具有优势资源的创新主体合作。例如，企业与政府所属科研机构、高校合作，与国际知名企业合作。例如，江苏成龙服饰公司与武汉纺织大学开展合作研发项目。武汉纺织大学是国内唯一一家以纺织命名的大学，其纺织服装专业特色鲜明，技术优势突出。江苏南通大学在汽车产品研发、人才培养方面具有特色和优势，尼欧凯汽车公司与南通大学实施了订单式人才培养、共建企业工作站合作方式。江苏德峰药业公司与南京大学、东南大学、南京工业大学、中国药科大学等开展合作，积极借助知名高校技术人才和实验室完成一批领先技术项目的研发工作（皋市科技局，2013）。该公司还借助南京工业大学技术力量建立了国内最先进的杂环化合物工程技术研究中心。比如江苏圣奥化学科技公司与美国阿克伦大学开展橡胶助剂相关产品的绿色新工艺开发项目。阿克伦大学在绿色生物工程研究领域具有国际先进研发水准。一些省属企业也基本呈现出与省内知名高校的"强强联合"合作发展态势。

（4）部分大企业较为重视合作契约管理，在合作契约中明晰各方权利、义务和责任，特别是知识产权归属及使用权划分。大企业，尤其是上市公司对合作管理较为规范，管理水平也高于其他企业，因而合作中的利益纠纷相对较少、合作关系较为稳定。例如，2015年3月江苏中超利永紫砂陶公司与上海优尼客物联网公司签订《关于紫砂壶全息数字防伪认证系统的合作开发协议》，合作协议对项目开发总预算（300万元）、经费支付主体（中超利永公司）、支付方式（按照合作开发项目的完工进度及验收结果分期支付）、双方权利与义务（技术相关资料提供、市场推广责任、开发任务、资金使用管理）、知识产权归属及使用权（相关技术与软件、系统共同拥有，项目成果联合申报、奖金共同享有）、合作期限届满的技术成果处置（合理价转让给中超利永公司）等方面做了详细的规定，避免了合作中的利益纠纷、卸责等问题的出现（《证券日报》，2015）。

（三）浙江省的企业合作创新现状与特点

浙江省的制造业发达，目前建立有上百个制造产业集群，在纺织服装、鞋类、皮革制造、五金、汽配、模具、新能源、电子商务等领域形成了一批知名品牌，在全国具有较高的市场占有率。不过随着行业竞争日益激烈，这些行业的企业也面临创新不足、高水平人才短缺、研发能力不足等情况。一些企业通过合作创新的方式实现发展转型，突破技术开发障碍。杭州、宁波、绍兴、嘉兴和温州等市已经发展成为浙江省的重要创新区域。例如，2005～2015年，浙江省温州市与浙江大学开展产学研合作10年，在这一期间，产学研合作为温州企业直接或者间接创造了100多亿元价值。浙江省的企业开展合作创新的主要特点有七个：

（1）合作对象选择呈现出一定层次性，大企业倾向于与全国知名院校合作，或者与国内、省内具有特色的高校合作，而中小企业倾向于与地方院校合作。这一情况表明，企业非常重视合作资源的匹配性，大企业希望获得更大价值、具有长期战略意义的优势资源、专有技术；然而中小企业注重获取能解决当前问题、现实需要的技术资源。笔者收集与整理了1996～2012年浙江省11所高校、17家省内制造业前40强企业的合作创新专利统计情况，如表6-3所示。由表中合作专利分布情况，可以看出浙江省企业合作创新特点：一是尽管近年来省内各个高校的专利授权数增长很快，但是大部分省内高校与企业的合作创新专利数仍相当少。浙江省共有本科院校32所、独立学院2所、专科院校40所。大部分校企合作专利数仅集中于浙江大学、浙江工业大学和宁波大学等少数学校，其他许多高校几乎与企业没有合作专利，即省属企业与省内高校开展的战略合作基本是强强联合。二是省内高校与企业的合作专利占整个学校的总专利数的比例非常低，例如浙江理工大学与企业的合作专利数占其总专利数比例仅为4.48%，中国计量学院则更少，仅为1.5%。这一情况说明省内高校的技术成果转化率相对较低。三是理工类或特色高校与企业获得的合作专利数相对较多，例如浙江理工大学（纺织工程特色专业）、浙江科技学院（服装设计特色专业）、宁波工程学院（汽车工程特色专业）、嘉兴学院（冶金材料特色专业）与企业获得的合作专利数相对较多。

表6-3 1996~2012年浙江省各个高校与企业获得共同专利权情况

浙江大学	浙江工业大学	浙江工商大学	浙江理工大学	中国计量学院	杭州电子科技大学	温州大学	宁波工程学院	宁波大学	浙江科技学院	嘉兴学院
2012 (407)	2012 (89)	2012 (8)	2012 (55)	2012 (17)	2012 (1)	2012 (5)	2012 (9)	2012 (59)	2012 (37)	2012 (18)
2011 (284)	2011 (54)	2011 (11)	2011 (46)	2011 (9)	2011 (5)	2011 (3)	2011 (6)	2011 (41)	2011 (23)	2011 (7)
2010 (321)	2010 (66)	2010 (6)	2010 (41)	2010 (11)	2010 (7)	2010 (7)	2010 (8)	2010 (23)	2010 (33)	2010 (15)
2009 (286)	2009 (46)	2009 (4)	2009 (33)	2009 (7)	2009 (6)	2009 (4)	2009 (8)	2009 (30)	2009 (18)	2009 (7)
2008 (333)	2008 (79)	2007 (1)	2008 (27)	2008 (4)	2008 (3)	2008 (10)	2008 (2)	2008 (27)	2008 (18)	2008 (3)
2007 (231)	2007 (33)	1995 (2)	2007 (25)	2007 (3)	2006 (4)	2007 (6)	2006 (2)	2007 (36)	2007 (31)	2007 (7)
2006 (185)	2006 (26)	1994 (1)	2006 (9)	—	2002 (1)	2006 (1)	2005 (1)	2006 (13)	2006 (7)	2006 (9)
2005 (100)	2005 (10)	—	2005 (5)	—	—	2003 (1)	2001 (1)	2005 (18)	2005 (8)	2005 (1)
2004 (78)	2004 (12)	—	2004 (1)	—	—	—	—	2004 (9)	2004 (1)	2004 (2)
2003 (84)	2003 (7)	—	—	—	—	—	—	2003 (1)	2003 (5)	—
2002 (54)	2002 (5)	—	—	—	—	—	—	2002 (7)	2002 (1)	—
2001 (27)	2001 (5)	—	—	—	—	—	—	2001 (14)	1997 (1)	—
2000 (12)	2000 (2)	—	—	—	—	—	—	2000 (2)	—	—
1999 (15)	1999 (3)	—	—	—	—	—	—	1997 (2)	—	—
1998 (18)	1998 (3)	—	—	—	—	—	—	—	—	—
1997 (7)	1997 (2)	—	—	—	—	—	—	—	—	—
1996 (10)	1996 (1)	—	—	—	—	—	—	—	—	—
22187	9292	849	5404	3394	3819	810	244	2629	1975	420

注：括号中数字为各个高校与企业作为共同专利权人获得的专利数；最后一行数字为各个高校在1996~2013年获得的专利总数。

资料来源：万方数据库。

第六章 我国工业企业合作创新问题及其互补效应实证研究

表 6-4 是 2013 年浙江省制造业前 40 强中的 17 家企业与高校获得共同专利数的统计情况。从中可以发现两个特点：一是尽管各个企业获得的专利数较多，例如浙江吉利控股集团专利数为 9764，但是它们与高校的合作专利数仍相对较少。相当部分企业（40 强中的 23 家企业）几乎没有和高校获得共同专利的情况。出现这一情况的原因有多个：企业在合作结束后收购了专利成果；企业为了避免知识产权纠纷，不愿与高校联合申请专利；企业本身与高校的合作创新活动较少。二是浙江省制造业大企业倾向于跨区域和国内、国际知名综合性大学展开合作，除了浙江大学外，与省内其他高校的合作创新非常少。部分企业会与省内特色高校，如浙江理工大学、宁波大学、浙江工业大学开展合作。

（2）合作创新呈现"集群"特征，即在一些产业集群内选择合作创新的企业较多，而集群外的企业则较少选择合作创新。例如，浙江省嘉兴市王店镇集成吊顶产业集群中的许多企业与浙江大学、浙江理工大学、浙江工业大学、东华大学、上海交通大学等开展多种形式的产学研合作（包括联合研发、共建研究中心、合作交流中心等），合作创新方式已经成为当地集成吊顶企业的共识，并且取得了很好的效益。

合作创新呈现"集群"现象，原因有两个：一是在集群内，合作信息传递较为迅速、广泛。集群内的企业在地理上较为接近，当一个企业成功与合作伙伴（高校或者其他企业）开展了合作创新后，其他企业纷纷效仿，与合作相关的信息（潜在的合作对象、合作对象掌握的核心技术状况、其他企业合作绩效、合作成功概率等）传递也较为迅速，合作关系较容易搭建起来。二是集群内的企业之间的竞争效应也迫使其他企业逐步重视创新、重视合作，希望通过合作实现产业集群内的产品差异化发展，避免同质竞争。从这一发展情况，也可以看出相关的合作信息非常重要，对于不同创新主体实现创新资源匹配非常重要。

（3）合作创新具有明显的行业特征，其中电子电气制造、化工产品制造与纺织服装制造的企业开展合作创新的频繁度较高。这些行业恰恰是浙江省的优势产业，在部分区域形成了产业集群。例如浙江省升华集团和浙江省巨化集团都是浙江省化工行业的大企业，它们与省内、国内高校的合作专利数相对较高。嘉兴市雀屏化工公司与东华大学合作；嘉兴同心服装公司与平湖市职业中专合作等。浙江青田县意尔康公司与温州职业技术学院、温州概日策轻工技术研究院等开展合作，先后建立企业研究院、研发中心、技术中心等，合作开发 20 多项新技术、新工艺和新产品。该公司还通过双向人才流动提升技术水平和创新能力。浙江省台州市临海立发电子有限公司等 100 多家企业与台州学院开展了近百项合作创

表6-4 2013年浙江省制造业前40强中17家企业与高校获得共同专利权情况

	浙江吉利控股集团	万向集团公司	杭州钢铁公司	浙江恒逸集团	浙江中烟工业公司	盾安控股集团	正泰集团股份	人民电器集团	巨化集团公司
	2013（2）	2013（3）	2012（1）	2010（1）	2011（5）	2013（2）	2011（1）	2013（1）	2013（4）
	2007（4）	2006（4）		2004（1）	2009（1）				2012（3）
	2006（1）				2008（1）				2011（2）
	清华大学、吉林大学、天津大学、同济大学	浙江大学、武汉理工大学、上海交通大学	中南大学、北京科技大学	浙江理工大学、东华大学	浙江大学、浙江工业大学、云南农业大学	上海交通大学、天津大学	华中科技大学	宁波大学	
	9764	2024	89	85	469	650	733	251	
	德力西集团	天正集团有限公司	传化集团	西子联合控股	杭州华东医药集团	升华集团控股	宁波金田控股	卧龙控股集团	
	2005（1）	2010（6）	2010（1）	2012（2）	2012（1）	2011（1）	2007（5）	2010（1）	2007（2）
					2010（1）	2010（1）			2005（1）
					2009（1）	2009（4）			2004（1）
						2008（3）			2003（1）
						2006（2）			2002（7）
						2004（1）			2001（2）
	西安交通大学	湖南大学	江南大学、浙江大学	浙江大学	浙江大学	浙江大学、华东理工大学、浙江工业大学	宁波大学	浙江大学	上海交通大学、清华大学、浙江师范大学、浙江工业大学
	708	55	85	564	76	152	137	593	167

注：括号中数字为各个高校与企业作为共同专利权人获得的专利数；每家企业对应的最后两行分别列示合作高校名称和该企业获得的历年专利总数。
资料来源：万方数据库。

新。通过合作,这些企业就近从本地高校获得科研成果,建立起企业创新的资源库。

(4)企业更偏向于纵向合作,而较少选择横向合作。笔者对浙江省温州、台州地区的企业进行合作创新调研,发现大部分企业很重视与高校、科研院所之间的纵向合作创新,例如与浙江大学、浙江工业大学、浙江理工大学等。然而企业之间的合作创新却较少。其中的重要原因是企业之间的资源互补性较弱,大多数企业拥有同质的资源,比如生产工艺、产品样式等。它们之间的合作产生的互补效应较小,但是竞争效应却可能很大。并且,企业之间的利益纷争、技术泄密与知识产权纠纷问题更为严重,也很难获得差异性产品技术。因此,许多企业都不间断地开展纵向合作创新,但是较少选择横向合作创新。

(5)越来越多的企业开始开展国际合作创新。当浙江省的企业经济发展到一定阶段后,对国际性技术资源产生了更强烈的需要,企业也必然寻求与国际知名企业合作,获得异质性程度较大、具有国际领先水平的前沿技术。例如,2007年温州市德力西集团与德国施耐德电气公司开展合资项目。施耐德公司具有技术专长、管理经验和海外网络,而德力西集团具有较好的品牌形象、本地零售网络和供应链。它们的合作既发挥了本土优势(低制造成本、市场优势),又利用了国际技术研发资源,实现了异质性创新资源的完美合作。浙江医药股份有限公司新昌制药厂与美国企业 AMBRX 公司开展合作创新(潘丽萍,2013)。新昌制药厂与 AMBRX 公司开展合作研发新药,并从后者获得最新技术许可。AMBRX 公司在蛋白质药物研发方面具有优势,拥有一些核心技术资源。浙江晶日照明科技有限公司与意大利企业合作 LED 投光灯的研发,借助国际技术力量,公司解决了一些重要技术难题,也及时掌握了国际先进技术。浙江中立集团与美国杜邦公司合作开发高性能的 EVA 封装胶膜。产品性能达到了国际先进水平,可以替代进口 EVA 胶膜。浙江省巨化集团与俄罗斯国家合成橡胶研究院合作;浙大网新集团与丹麦工业技术研究院在节能环保领域合作;温州服装发展有限公司与意大利高等培训及研发中心合作。根据浙江省科技厅的统计资料,截至 2013 年,浙江省开展了近 600 多项合作科技项目,其中企业的合作创新项目数量占 50%以上。

(6)中小企业的合作创新频繁度明显较弱。表现在两个方面:一是企业的创新意愿较低,创新观念淡漠,有时等着技术上门;二是中小企业拥有的合作信息较少、合作渠道也不多。从对浙江省温州、台州地区的企业调研情况来看,中小企业的技术来源主要靠自主研发,或以乡情、亲情为纽带对本地技术进行引进、改进。地域制约了合作发展。它们开展合作的渠道、范围和领域受到很大的制约，获得的产学研合作机会也不多。部分企业掌握的合作信息较少，对行业发展现状和趋势的掌握情况较差，找不到与高校、科研机构的创新结合点。

（7）政府积极搭建合作平台，推进产学研合作发展。典型案例有浙江清华长三角研究院（总部设在嘉兴市科技城，在杭州市、宁波市设有研究中心）、中关村长三角创新园、中科院嘉兴中心，这些产学研合作基地的发展推动了浙江省企业在新能源、高科技农业等领域的创新发展。包括清华大学、长江三角研究院等在内的机构与企业联合建设了上百个研发中心，合作项目达到数百个，实现产值200多亿元。

三、不同行业的企业开展合作创新特点

图6-5显示了1998~2010年我国大中型工业企业拥有技术开发机构的情况。1998~2003年，国有企业改革使得部分技术开发机构从原有国有企业中脱离，致使这一时期企业拥有的技术开发机构比重在下降。不过，2003~2010年大部分行业的工业企业拥有的技术开发机构比重略微上升。从不同行业比较来看，医药制造业的企业拥有技术开发机构的比重最高（56.4%），其次分别是石

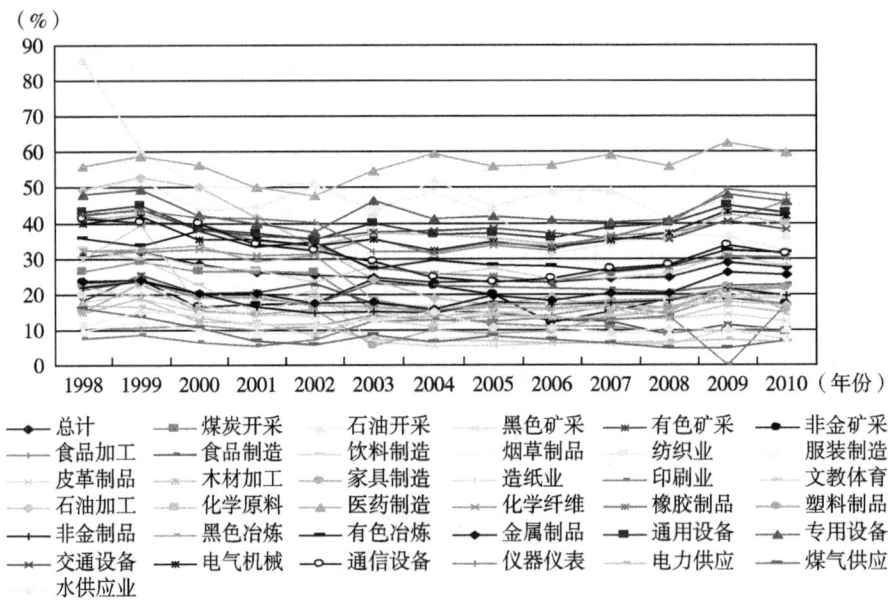

图6-5 1998~2010年拥有技术开发机构的大中型工业企业比重

油开采业（50.7%）、烟草制造业（41.9%）、专用设备制造（43.3%）等。大部分轻工行业的企业拥有的技术开发机构比重较低，有的甚至低于10%。这一结果说明，我国相当部分企业的技术来自外部。

图6-6显示了2000~2010年大中型工业企业开展技术开发活动的情况。第一个特征是：在宏观经济放缓时期，例如在2008~2010年，开展技术开发活动的企业比重有所下降。它反映出宏观经济形势波动对企业的技术开发活动的影响。比较两个图，可以发现第二个特征：即开展技术开发活动的企业比重（平均比重为39.5%）要高于拥有技术开发机构的企业比重（平均比重为26.4%）。这一情况说明部分没有技术开发机构的企业可能借助外部技术力量（例如大学、研究机构等）进行技术开发活动，它们属于企业的外部R&D活动。

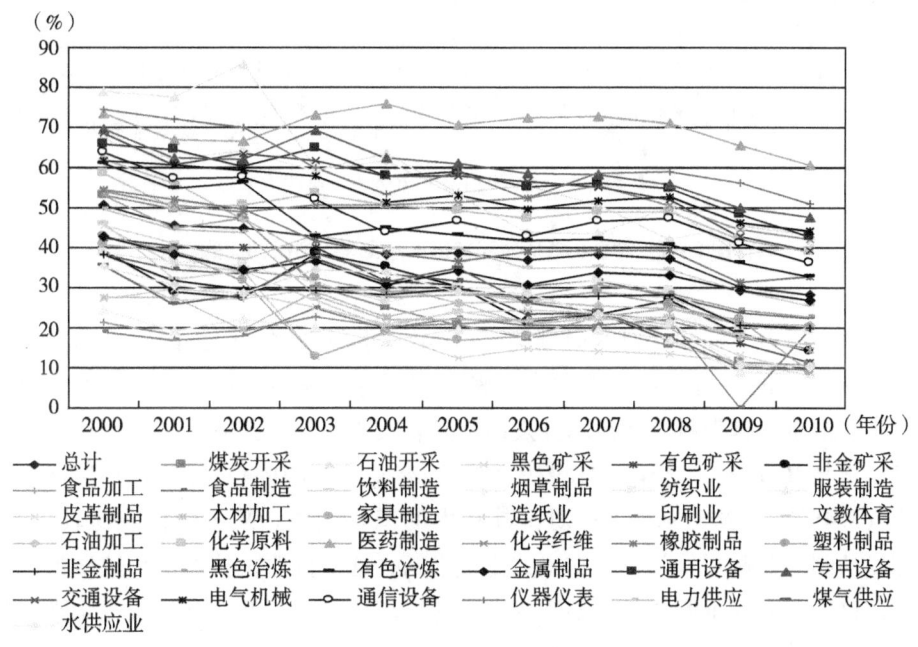

图6-6 2000~2010年开展技术开发活动的大中型工业企业比重

图6-7显示了2004年、2008年、2009年和2010年这四年大中型企业的R&D外部支出占总的R&D支出的比重。第一，从不同行业比较来看，石油开采业、有色金属矿采、烟草制造业、医药制造业、交通设备制造业、电力热力供应业、燃气供应业、水供应业的R&D外部支出比重较高。特别是电力供应等企业，

它们采用的技术较为复杂且系统性强,因此对外部技术资源的依赖程度大。医药制造业和交通设备制造业属于高新技术产业,它们的市场竞争激烈,很多企业也依赖外部技术资源加快创新速度。第二,从时间维度来看,大部分行业的R&D外部支出比重有所下降,36个行业的平均R&D外部支出比重由2004年的9.15%下降到2010年的6.43%。它显示出企业的自主创新能力在逐步提高。

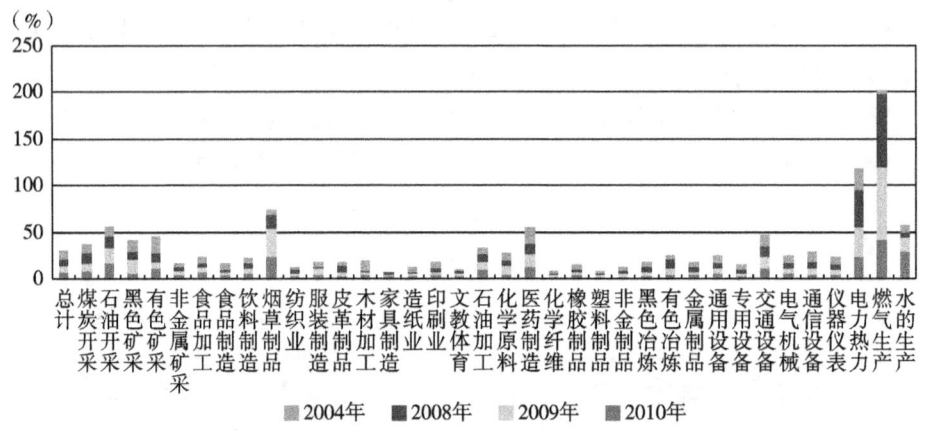

图6-7 中国R&D外部支出占总R&D支出的比重

从大中型企业的国外技术引进支出与R&D支出之比、购买国内技术支出与R&D支出之比的变化来看,这两个比例都在逐年下降(见图6-8、图6-9)。它说明我国企业越来越重视技术开发而不是直接购买外部技术。另外,引进国外技术支出与R&D投入之比(21.93%)要远高于购买国内技术支出与R&D投入之比(5.48%),这显示出企业对国外技术的偏好较强。从不同行业比较来看,通信设备制造业购买外部技术支出的比重最高,这一行业是技术进步速度最快的行业,该行业中的企业往往需要购买大量的外部技术来提升自身的技术水平。其次是电气机械制造、仪器仪表制造等行业。

图6-10、图6-11分别是企业内部R&D支出、外部R&D支出与工业企业新产品产值比重(占工业总产值的比重)的散点图。由图中可以清晰地看到,内、外部R&D支出与企业新产品产值比重之间呈现出正向相关关系。如果以企业的新产品产值比重衡量创新绩效,那么这两种R&D支出都能提高企业的创新绩效。

第六章 我国工业企业合作创新问题及其互补效应实证研究

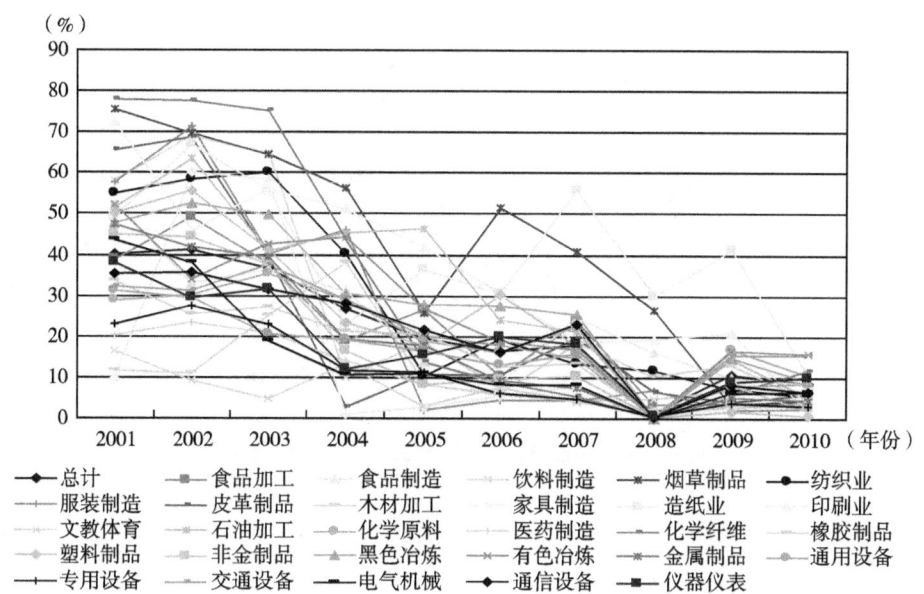

图6-8 大中型企业的国外技术引进支出占 R&D 支出之比

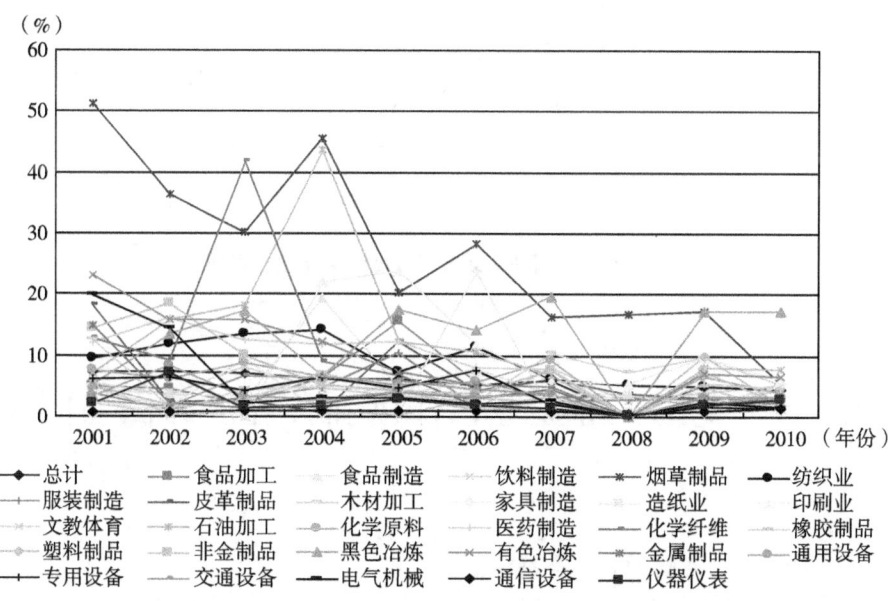

图6-9 大中型企业的购买国内技术支出与 R&D 支出之比

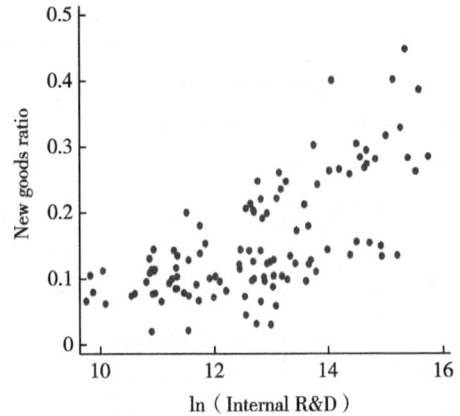

图6-10 内部R&D与新产品产值比重散点图

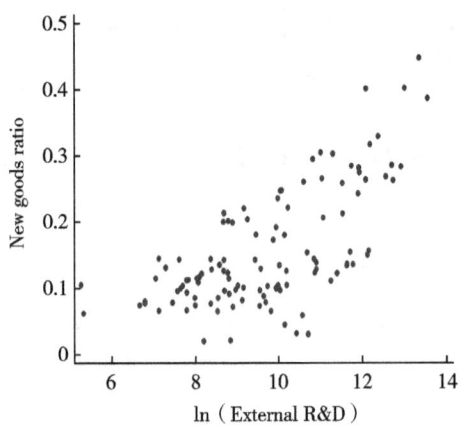

图6-11 外部R&D与新产品产值比重散点图

第二节 我国工业企业合作创新存在的障碍与问题

一、创新资源匹配困难、存在错配

通过企业调研和众多资料分析发现，我国工业企业在开展合作创新过程中存在创新资源匹配困难或匹配不当的问题，成为合作创新的明显障碍之一。具体表现有：

(1) 产业集群内异质性资源寻求困难，企业间合作创新难以展开。包括浙江省温州地区在内的一些民营企业通常聚集在一起，形成产业集群。但是集群内企业的资源同质程度较高，产品结构单一，价值链资源整合不够，导致同质竞争现象严重。企业间难以形成以各自核心技术、关键资源为纽带的分工合作，致使企业间的合作创新机制很难建立起来。相反，企业要开展合作创新，通常会寻求高校或其他地区的知名企业，这些企业或机构通常具有互补性较强的资源。因此，产业内资源关联度不高、互补性不足成为企业合作创新的障碍之一。

（2）合作信息来源不足，同时忽视了信息搜寻、研究工作，导致资源对接不畅。企业开展合作创新，需要选择与之资源互补的合作对象。但是由于不同创新主体之间存在严重的信息不对称，具有潜力的合作伙伴需要通过一番努力才能寻找出来。在我国广东省、浙江省和江苏省，众多企业的技术来源主要依靠乡情、亲情获得，受极大的地理范围限制，再加上部分企业忽视了信息搜寻与研究工作，对行业发展趋势、潜在合作对象、前沿技术、国内外专利情况、合作结合点都缺乏了解。一些企业对于高校的研究项目无从了解，不知如何建立合作关系，信息交流也不充分。这些问题使得企业可以选择的合作对象单一、合作渠道少，资源对接困难，限制了合作发展。即使是那些开展了合作的企业，也最终发现合作中存在资源不匹配，导致承担额外成本的情况出现。

（3）技术供需不匹配。合作中经常出现的一种情况就是合作一方提供的技术成果不成熟，达不到预期的目标，或者合作一方提供的技术不是另一方所需的。例如，新产品在小规模试生产时效果良好，但是当企业进行大规模制造时，出现了诸多问题，按照高校实验室标准生产，将导致成本高昂。造成这一问题的原因有多个方面：一方面是合作一方的技术人员对市场、企业不是很了解，使得开发的技术成果的市场适应性不好；或者技术不成熟、技术成果难以商品化。一些科研成果可能具有学术、技术价值，但是无市场推广前景。另一方面是企业对合作方的资源、技术了解程度不深，对资源匹配程度缺乏认识，最终导致需求与供给脱节。

（4）缺乏有效的合作匹配管理机制。当前，许多企业的合作以自发、零散为主，没有统一、专业、有效的合作管理决策机制和合作发展规划。在合作对象选择、合作项目确立方面没有设立专门的管理与组织机构，缺乏有效的信息收集、筛选工作，对象和项目审查与评估机制缺失，致使决策混乱。另外，企业也缺乏有效、科学的合作发展规划，没有确立重点合作领域、对口单位与技术开发结合点。这些问题致使合作中的资源匹配程度差、合作创新效率低，合作不稳定性大。

二、合作中的能力衔接混乱、能力水平不足

合作创新中,除了在资源方面实现匹配外,还要实现合作中的各方能力兼容,因为合作是一个动态过程,它要求将目前的资源转化为市场化的产品、技术,在转换与应用过程中有赖于各方的技术吸收能力、学习能力以及商业化能力。但是通过一些资料分析发现,我国工业企业在开展合作创新中存在以下问题:

(1) 合作各方的能力衔接混乱,增大了合作风险。合作创新既是各方资源的组合,又是能力的组合。合作创新一般分为两个阶段:技术研发阶段和商业化阶段。如果高校成功开发了某项技术,但是企业没有足够的能力将其商业化,那么高校就会被迫重新选择合作对象。如果企业具备足够的商业化能力,但是高校的技术开发能力不强,或者开发的技术水平不高、产品质量一般,企业也将中断合作。合作终止将造成双方额外的损失,并进一步抑制双方的合作积极性。合作中经常出现彼此定位不清的状况,企业往往希望合作一方在提供了技术的同时也实现商业化过程。但是实际中,这有赖于企业自身的商业化能力,而合作一方可能是高校、科研院所,根本不具备相应的商业化能力。例如,浙江省某一企业在合作中一味要求学研方将科技成果直接转化为生产应用,企业自身的吸收投入也不足,技术力量薄弱,将全部开发风险转移给学研方。一些企业不能及时吸收、转化技术成果,致使合作低效,合作风险显著增加。

(2) 部分合作伙伴的技术能力水平不足,也不重视合作中自身创新能力的提升和人才培养,降低了合作绩效。特别是在我国一些中小企业的合作创新过程中,这一问题较为普遍。例如,江苏省一家企业与某研究所合作开发一种新型石墨材料,结果合作失败。失败的直接原因是产品性能指标不能达到使用要求,且工艺复杂,产品质量不稳定。但是失败的间接原因则是公司对研究所提供的技术吸收能力不足,企业只有个别研究人员参与技术的学习、应用与转化工作,吸收分析与应用能力不够。合作一方的能力水平不足会导致几个严重后果:削弱了自身对知识的再创造、再编码,合作效果不明显;技术成果与市场结合不强,市场应用不足,合作绩效低下;合作中的知识传递受到阻碍、学习效率偏低,影响了合作创新的进度和收益的取得。企业的技术能力形成具有路径依赖性,取决于企业对人才培训(科研人员)、技术积累的投入。然而我国一些地区的企业由制造型企业发展而来,企业高层不太重视在技术知识积累和人才培养方面的投资,致使企业的知识存量有限、知识规模小、知识多样性差,不能准确评估、认识、学习和应用合作中的外部知识,降低了合作绩效。

三、合作中行为协调性差、合作交易成本高

通过相关资料分析和企业调研，笔者进一步发现，部分企业在合作创新过程中还面临创新行为协调性差，导致合作交易成本过高等问题。

（1）合作各方的目标需求、思维方式存在较大差异，导致合作交易成本过高。利益取向不同是合作中存在的普遍问题，它导致合作的稳定性较差。具体表现在：一些企业将合作视为"一锤子买卖"，常常是在有需要的时候寻找合作伙伴，保持较长合作关系的企业不多。这既降低了合作质量，又降低了双方预期的合作收益，进一步阻碍了合作发展。合作各方在项目需求、利益分配方面存在不协调。例如，企业一味希望技术开发方提供投入低、技术含量高的成果，但是技术开发方选择了有利于自身利益的开发方向。双方对技术开发的难度、资源投入的认识也存在一定差异，企业对技术开发方的部分付出，例如技术、知识投入不予承认；双方对技术开发难度的评估也存在偏差；双方对项目完成的标准存在不同认识。例如，在产学研合作中，企业认为实现大规模生产才算学研方的任务完成，但是学研方认为样机、样品试制成功即任务完成，没有考虑到技术成果转化为批量生产时的成本高低和风险大小。这些差异导致各方的相互融合较为困难，合作关系不稳定性、合作交易成本增加。

（2）中试阶段的合作行为协调性差。中试阶段是合作创新过程中极为关键的一个环节，它是技术成果产业化必然经历的一个阶段。但是在合作过程中，经常出现资金不足、无法实施的尴尬局面。一方面，部分企业惧怕风险，认为技术成果不够成熟，对技术成果能否实现产业化及效益产生怀疑，不愿投入中试资金。一些企业还认为，与其将大量资金投入到新技术的中试阶段，不如投入到扩大再生产中。另一方面，技术开发方（例如高校）在项目开发过程中，往往对技术成果的前景预期过高，或者技术开发投入有所保留，不够尽力，导致技术转化应用不成熟、耗时长，延误了市场好时机，最终导致合作失败。笔者在浙江省温州地区的一所院校调研中了解到，某科研团队耗时一年多时间开发出一个技术成果，但是后续的技术服务不到位，将该技术应用到企业的设备和生产工艺中又耗去了一年时间，耽误了最佳产品上市时间，给企业造成了较大损失，最后合作失败。上述问题出现的原因是合作中各方考虑自身利益偏多，缺乏互信，对项目认识存在一定偏差，影响了后续合作的积极性。

（3）合作中的利益纷争接踵而来，特别是关于知识产权的归属问题。对于有较大市场前景的合作项目，合作双发在项目前期阶段较为努力，但是随着项目

进行，利益纷争接踵而来。企业非常注重技术知识的私有性、保密性，尽可能将技术知识归为私有财产；但是技术开发的另一方，例如学研方并不这样认为，他们认为自身、政府和企业都进行了开发投入，技术成果应该为大家共同所有，例如专利为共同所有权人。这种利益争端影响了技术成果的商业化应用进程和最终利益的取得。笔者在调研中发现，当一些专利为共同所有时，商业化应用的比例很低，也即实现的市场收益较少。

在合作中，企业会遇到一系列的知识产权保护问题。例如，在合作项目洽谈过程中，如何避免技术研发方在了解技术价值的同时又不产生技术泄密情况？如果技术开发另一方掌握了相关技术秘密之后不合作，企业该如何办？合作中存在人才流失、机密泄露、技术流失，企业如何应对？如果合作另一方在技术开发完成之后，不按时、不按质、不完整地转交技术，不信守承诺，那么企业如何办？这些问题都是企业必须应对的。但是在实际过程中，一些企业没有意识到这些问题的重要性，疏于管理和防范，最后导致合作风险和利益纷争增加。例如，浙江省温州市一家生化监测试剂公司与一所高校联合开发了一种新型试剂，但是在新产品投入市场不久之后，该公司发现市场中有不少仿冒产品。在查明原因之后，发现是合作过程中，合作一方的技术人员跳槽去另一单位，利用掌握的相关知识开发出仿冒产品。这一问题也归因于该公司疏于管理，造成正在开发的技术泄密。

（4）合作中的信用缺失，合作风险较大。笔者在对部分企业和高校技术人员进行访谈后得知，合作中信用缺失是一个较为普遍且严重的问题。例如会存在下列一些情况：企业在获得相关重要技术信息后，会采用一些不正当理由解除合作，独占市场利益；企业在没有约定的前提下，强行要求学研方将技术独家转让给自己；学研方在技术研发快成功之时，违背合同规定，不愿企业的技术人员参与到实验室的共同研发中，拖延、不按质将技术成果转交企业；学研方在获得技术开发资金资助之后，研发工作不努力、积极性不高，懈怠研发工作，导致技术开发任务不能按时完成；合作一方违背合作协议，将技术成果转交给多家单位，套取更大收益，导致另一方的正当利益得不到保护。这些失信行为极大地增加了合作的风险性，很容易导致合作分离。

（5）企业没有构建有效的合作管理机制。具体表现在以下方面：首先，专业、规范的契约管理缺失。部分企业（尤其是中小企业）对于合作前期的知识产权契约管理的缺失也是导致合作中矛盾较多的一个重要原因。相反，一些大企业，例如上市公司较为注重知识产权等问题的契约管理，从而保证了合作的顺畅进行和稳定性。其次，缺乏有效的沟通机制、信息共享平台。合作中的信息不对称问题非常普遍，且影响深远。当合作双方沟通有障碍时，其行为协调性较差，利益取向差异问题无法解决，机会主义行为比较多，合作效率和收益都会大打折扣。再次，对合作方式选择、合作成本控制缺乏专业性管理。一些企业的合作管理水平不高，只偏好与知名大学、知名企业合作，合作对象选择单一，限制了自身的合作范围。另外，对合作中的信息搜寻成本、谈判成本等缺乏有效控制，造成交易成本过大，最终放弃合作。最后，许多高校或企业几乎没有设立专门的合作创新管理与组织制度，对合作目标、权责利没有明确界定，不能对合作中产生的摩擦与纠纷进行有效管理。

第三节　我国大中型工业企业合作创新的互补效应计量分析

前面对我国不同地区、不同行业的工业企业开展合作创新的现状、特点和存在问题做了大量分析，通过这些新闻报道的材料分析和调研分析，笔者更为清晰地了解了当前我国企业开展合作创新面临的问题和障碍，总结出了一定的合作创新发展影响因素和发展规律。这些研究为后续研究打下基础，本书这一小节利用历年《中国工业经济统计年鉴》《中国科技统计年鉴》《高等学校科技统计资料汇编》中的数据资料来检验我国大中型工业企业开展合作创新的效果，分析合作创新是否与企业的自主性 R&D 投入形成了互补效应，是否共同促进和提升了企业的合作创新发展。为了达到检验互补效应的目的，本书在借鉴前人理论成果的基础上，设计了包括合作创新和自主 R&D 投入的创新投入产出函数，并利用全国数据做了计量分析检验。

一、企业的创新产出函数

研究企业的合作创新绩效需要建立一个创新生产函数，它反映创新资源投入与产出之间的关系。一些学者采用 Cobb - Dauglass 生产函数形式，例如刘宏滨、黄建欢、严成樑、周铭山和龚六堂；但是这一类创新生产函数具有较强的限制条件，例如投入要素之间替代弹性为 1 的限制假设。有些学者采用超越对数生产函数形式，例如，Ceccagnoli 等（2014），该方法具有一般性，既能反映不同创新投入的替代性，又能反映其互补性，最终取决于参数估计结果。借鉴 Ceccagnoli

等（2014）的方法，假定企业的创新产出函数如下所示：

$$N_i = f(R_{I,i}, R_{E,i}) \tag{6-1}$$

其中，N_i 表示第 i 个企业的创新产出，它可以是全要素生产率 TFP_i 或者是企业的新产品产值；$R_{I,i}$ 和 $R_{E,i}$ 分别是企业的内部 R&D 投入和外部 R&D 投入。

按照 Milgrom 和 Roberts（1990）关于生产要素的互补性思路，我们定义内部 R&D 投入与外部 R&D 投入（即合作过程中合作另一方的投入）之间具有替代性，即一种 R&D 活动的实施将降低另一种 R&D 活动的边际回报，此时有 $\frac{d^2 N_i}{dR_{I,i} dR_{E,i}} < 0$；定义 R&D 投入与外部 R&D 投入之间具有互补性，即一种 R&D 活动的实施将提高另一种 R&D 活动的边际回报，此时有 $\frac{d^2 N_i}{dR_{I,i} dR_{E,i}} \geq 0$。

通过建立超越对数（Translog）创新产出函数，之所以使用这一函数，是因为它比 CES 生产函数和 Cobb-Douglass 生产函数更灵活，并且能兼容它们，包含更广泛的替代可能性。CES 生产函数和 Cobb-Douglass 生产函数是受限的生产模型，采用它们来估计内、外部 R&D 之间的互补关系可能会产生模型错误或估计偏误。定义创新产出函数为：

$$\ln N_i = A + \alpha_I \ln R_{I,i} + \alpha_E \ln R_{E,i} + \beta_I (\ln R_{I,i})^2 + \beta_E (\ln R_{E,i})^2 + \gamma (\ln R_{I,i} \ln R_{E,i}) + \varepsilon$$

在超越对数创新函数形式下，内、外部 R&D 投入的边际产出分别为：

$$\frac{dN_i}{dR_{I,i}} = \frac{N_i}{R_{I,i}}(\alpha_I + 2\beta_I \ln R_{I,i} + \gamma \ln R_{E,i}) \tag{6-2}$$

$$\frac{dN_i}{dR_{E,i}} = \frac{N_i}{R_{E,i}}(\alpha_E + 2\beta_E \ln R_{E,i} + \gamma \ln R_{I,i}) \tag{6-3}$$

创新产出对内、外部 R&D 投入的交叉偏导数为：

$$\frac{d^2 N_i}{dR_{I,i} dR_{E,i}} = \frac{N_i}{R_{I,i} R_{E,i}}[(\alpha_E + 2\beta_E \ln R_{E,i} + \gamma \ln R_{I,i})(\alpha_I + 2\beta_I \ln R_{I,i} + \gamma \ln R_{E,i}) + \gamma]$$

其中，$\frac{dN_i}{dR_{I,i}} > 0$，$\frac{dN_i}{dR_{E,i}} > 0$，但是 $\frac{d^2 N_i}{dR_{I,i} dR_{E,i}}$ 的正负号不确定，它由上式中括号的变量的组合运算决定。

二、企业内、外部 R&D 投入之间的互补性的决定因素

为了保持市场竞争力，企业必须持续地开发新产品。企业的新知识不仅源自内部的 R&D 投资，还包括许多外部知识源泉，例如与其他企业、高校的合作开发、专利授权、直接的技术购买等。不少企业既与外部进行合作 R&D 或技术购

买，又进行大量的内部 R&D 投资。

内部 R&D 和外部技术获取之间可能存在一种替代关系。当获取外部技术的交易成本降低或外部 R&D 更有效率时，企业可以选择更多的外部技术或外部 R&D，它将替代内部 R&D。随着外部 R&D 投入的增加，如果它不能改变 R&D 投入领域存在的边际报酬递减规律，此时，内、外部 R&D 在本质上仍属于一种简单的替代关系。不过，与替代关系不同，互补关系意味当内、外部 R&D 配合使用时，一种 R&D 投入可以提高另一种 R&D 投入的边际报酬率，两种 R&D 具有相互依赖关系，它们共存时可以实现更高的 R&D 投入回报率。

本书进一步提出决定内、外部 R&D 投入之间的互补关系的三个因素。

第一个因素是检验合作中的能力衔接程度（或兼容程度）、能力水平高低对合作互补效应的影响。它主要通过企业的技术吸收能力高低表现出来。企业的技术吸收能力反映了企业鉴别、吸收和利用来自外部环境知识的能力。合作双方的技术吸收能力高低将影响到合作中技术吸收的效果、合作中的技术学习、商业化应用和转化的效果。一方面，随着企业内部 R&D 投入的增加，企业的技术能力和知识基础增强，也提高了它选择外部技术项目的能力，进而提升了合作效果。另一方面，更高水平的内部 R&D 投入能与外部技术有效地整合，提高外部技术投资的回报。因此，形成假设1。

假设1：企业的技术吸收能力越强，开展合作创新的能力兼容程度越高，内、外部 R&D 投入之间的互补效应越大。

第二个因素是检验合作中资源匹配程度对互补效应的影响，它通过是否存在规模经济表现出来。一方面，企业的规模越大，它所拥有的资源种类越多、范围越广，也越有可能寻找到与自身资源相匹配的合作对象，合作创新绩效越高。另一方面，规模经济的好处来自于不同项目之间分享技术知识带来的协同效应。一个特定技术领域产生的技术知识，可能对其他领域的产品开发有潜在的好处。规模越大的企业越能实现对外部技术知识的有效利用，其异质性资源互补匹配程度越高。因此，形成假设2。

假设2：企业的规模越大，所拥有的资源种类越多、范围越广，企业越有可能获得与之相匹配的合作对象，也越有可能将不同领域产生的知识应用于新产品开发。内、外部 R&D 投入之间的协同效应与互补效应越大。

第三个因素是检验合作中各方行为契合程度对合作互补效应的影响。合作各方的行为契合度以企业获取外部技术来源的经验加以衡量和表现。一般而言，企业开展合作创新的经验、获取专利许可或技术转让的经验越丰富，企业对合作管理的水平越高,越能减少合作伙伴的机会主义行为。另外,企业获取外部技术来源的经验越丰富,越有可能制定有效的技术信息交流机制、更加灵活的组织安排和结构来推进企业内、外部技术知识和人才的融合。另外,有着更广泛获取外部技术来源经验的企业更有能力识别内部技术与外部技术的价值,从而提高这两种活动之间的协同效应。因此,形成假设3。

假设3:企业获取外部技术来源的经验越丰富或广泛,例如以往技术许可或专利授权经验越多,合作中的信任程度越高,企业对合作管理的水平越高,合作双方行为的契合程度越高。因而,企业的内、外部R&D投入之间的互补效应越大。

三、计量模型设计与数据说明

计量模型设计与数据说明将分为两步:第一步是通过计量模型估计中国省际大中型工业企业的内部R&D投入与外部技术获取之间的替代性或互补性程度。第二步是分析内、外部R&D投入的互补性或替代性与企业的技术吸收能力、规模经济以及以往获取外部技术的经验之间的关系。我们依据企业的技术活动阶段,将企业的创新投入划分为三类:内部R&D、外部R&D和直接购买外部技术。其中前两者构成了技术开发,直接购买外部技术则是技术利用。外部R&D是企业与其他企业、大学或科研机构开展合作创新时,企业向它们支付的外部R&D投入成本。内、外部R&D都属于技术开发(Make R&D),但是引进国外技术和购买国内技术都属于直接购买外部技术(Buy Technology)。上述技术来源之间的关系如图6-12所示。

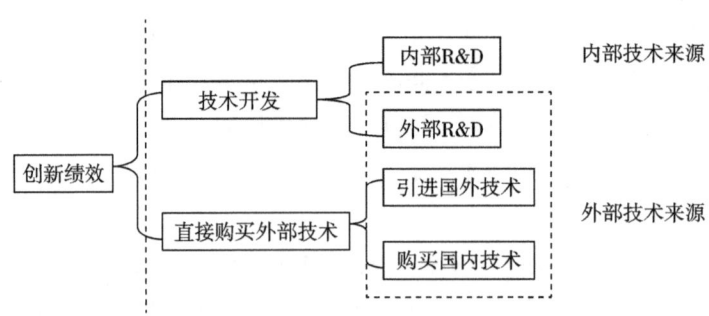

图6-12 企业的不同技术来源与创新绩效之间的脉络图

建立的计量模型如下:

$$\ln Nn_i = A + \alpha_I \ln R_{I,i} + \alpha_E \ln R_{E,i} + \beta_I (\ln R_{I,i})^2 + \beta_E (\ln R_{E,i})^2 + \gamma (\ln R_{I,i} \ln R_{E,i}) + \varepsilon$$

$$\ln N_i = A + \alpha_I \ln R_{I,i} + \alpha_E \ln R_{E,i} + \beta_I (\ln R_{I,i})^2 + \beta_E (\ln R_{E,i})^2 + \gamma (\ln R_{I,i} \ln R_{E,i}) + \varepsilon$$

$$\ln P_i = A + \alpha_I \ln R_{I,i} + \alpha_E \ln R_{E,i} + \beta_I (\ln R_{I,i})^2 + \beta_E (\ln R_{E,i})^2 + \gamma (\ln R_{I,i} \ln R_{E,i}) + \varepsilon$$

$$\ln TFP_i = A + \alpha_I \ln R_{I,i} + \alpha_E \ln R_{E,i} + \beta_I (\ln R_{I,i})^2 + \beta_E (\ln R_{E,i})^2 + \gamma (\ln R_{I,i} \ln R_{E,i}) + \varepsilon$$

上述模型中，我们分别采用企业的新产品项目开发数（Nn_i）、新产品产值（N_i）、专利申请量（P_i）和企业的 TFP（全要素生产率）增长来衡量企业的创新产出绩效。模型中的各个自变量包括企业的内部 R&D 投入（$R_{I,i}$）、外部 R&D 投入（$R_{E,i}$）、内外部 R&D 交叉项、总的 R&D 投入（R_i）和企业直接外部技术引进支出（$FTech_i$）以及后两者交叉项。我们首先估计内、外部 R&D 投入之间的互补性；再次估计总 R&D 投入与购买外部技术之间的互补性。各个变量说明如表 6-5 所示。

表 6-5 变量说明

变量名称	类型	变量含义
$\ln Nn_i$	因变量	新产品开发项目数的对数，衡量企业的创新绩效
$\ln N_i$	因变量	新产品产值的对数，衡量企业创新绩效
$\ln P_i$	因变量	专利申请量、发明专利拥有量，衡量创新绩效
$\ln TFP_i$	因变量	企业 TFP（全要素生产率）的对数，衡量企业创新绩效
$\ln R_{I,i}$	自变量	企业 R&D 内部支出的对数，衡量企业开展自主创新状况
$\ln N_{E,i}$	自变量	企业 R&D 外部支出的对数，衡量企业利用外部技术力量开展创新状况
$\ln R_i$	自变量	企业 R&D 总支出的对数，衡量企业的技术开发投入状况
$\ln FT_i$	自变量	企业引进国外技术和购买国内技术总支出的对数，衡量企业直接利用外部技术状况
$\ln Jsxs_i$	互补性影响因素	技术吸收能力，分别采用企业平均拥有科研机构数、科技人员数、博士和硕士人员数衡量
$\ln Gmjj_i$	互补性影响因素	规模经济，采用企业平均拥有员工数、科研机构设备原价衡量
$\ln Jszrjy_i$	互补性影响因素	以往技术转让经验，采用每个省份的高等学校向企业转让技术合同数、技术转让金额数衡量

计量模型分析所需的所有数据来自 2004 年的《经济普查资料》、2008 年的《经济普查资料》和 2010~2013 年的《中国科技统计年鉴》，这些资料公布了所有大中型工业企业的内部和外部 R&D 支出、新产品产值、工业总产值、企业的技术开发机构数量、企业的技术开发活动状况、企业的新产品开发项目数量、企

业引进国外技术的费用、企业购买国内技术的费用、企业的技术改造支出等指标数据。

四、企业合作创新的互补效应计量分析与结果讨论

利用超越对数创新产出函数直接对模型的各个参数进行估计，结果如表6-6所示。估计方程分为两部分，其中计量模型（1）、模型（2）、模型（3）、模型（4）分别是针对企业的不同创新表现估计内、外部R&D投入之间的互补性；计量模型（5）、计量模型（6）、计量模型（7）、计量模型（8）则是针对企业的不同创新表现估计总的R&D投入与直接外部技术引进之间的互补性。模型中的大部分参数表现出显著性。

表6-6 创新产出函数估计结果

自变量	（1）$\ln Nn_i$	（2）$\ln N_i$	（3）$\ln P_i$	（4）$\ln TFP_i$	（5）$\ln Nn_i$	（6）$\ln N_i$	（7）$\ln P_i$	（8）$\ln TFP_i$
常数项	1.352	6.00*	0.604*	-0.53*	1.992	5.146**	0.794**	-11.18
$\ln R_I$	0.517*	0.82*	0.691*	0.280*				
$(\ln R_I)^2$	-0.054*	-0.043	0.037**	0.075**				
$\ln R_E$	-0.465*	-0.318**	-0.837**	-0.136**				
$(\ln R_E)^2$	-0.075*	-0.033	0.843**	0.167*				
$\ln R_I \ln R_E$	0.160*	0.098*	-0.066*	0.241*				
$\ln R$					-0.167	-0.086**	-0.751	1.251**
$(\ln R)^2$					0.031*	0.058	0.116*	0.009
$\ln FT$					0.187*	0.946**	0.883**	0.538**
$(\ln FT)^2$					-0.015	-0.017*	0.022**	0.051*
$\ln R \ln FT$					0.016*	-0.044*	-0.109	-0.135**
R^2	0.79	0.73	0.78	0.106	0.78	0.752	0.798	0.205
F 或 Wald 量	613.5	567.3	671.6	38.02	664.9	51.57	67.4	4.38

注：*表示在10%水平下显著，**表示在5%水平下显著。

在对超越对数创新产出函数进行估计之后，我们可以计算两种类型的创新投入互补性程度，即内、外部R&D投入之间的互补性程度以及总的R&D投入与外部技术引进之间的互补性程度。依据前面理论中的计算公式，我们通过估计参数 γ、$(\alpha_I + 2\beta_I \ln R_{I,i} + \gamma \ln R_{E,i})$ 和 $(\alpha_E + 2\beta_I \ln R_{E,i} + \gamma \ln R_{I,i})$ 来计算交叉偏

导数 $\dfrac{d^2 N_i}{dR_{I,i} dR_{E,i}}$ 和 $\dfrac{d^2 N_i}{dR_i dFT_i}$，这两个偏导数的正负号反映了互补性水平。由表 6-7 中结果可知，针对企业的不同创新表现，总体而言，内、外部 R&D 之间具有互补性；然而总的 R&D 投入与外部技术引进之间具有替代性。例如，在新产品项目开发和新产品产值增长方面，内、外部 R&D 之间的交叉偏导数的平均值为 0.1736 和 0.2744，两者都大于零，这说明它们在促进企业的新产品开发方面具有互补性。然而企业总的 R&D 投入与外部技术引进在促进新产品开发、专利申请以及企业的 TFP 增长方面具有替代性，例如，对于企业的 TFP 增长而言，交叉偏导数为 -0.1310。对上述实证结果的解释是，企业在进行技术开发时，企业的内部 R&D 投入不足以提供全部所需的技术知识，需要外部 R&D 投入的补充，通过与企业外的研究与开发机构、高等学校合作，企业能获得来自不同专业领域或技术领域的知识，填补了企业内部研究能力的不足和缺漏，提高了新产品开发的绩效。

表 6-7 内、外部 R&D 以及外部技术引进之间的互补性与替代性估计

		$\ln Nn_i$		$\ln N_i$		$\ln P_i$		$\ln TFP_i$
内、外部 R&D 互补性	平均	0.1736	平均	0.2744	平均	14.7574	平均	0.1409
	标准差	0.0076	标准差	0.0067	标准差	0.2921	标准差	0.0091
	方差	0.0072	方差	0.0056	方差	10.5778	方差	0.0103
	最小值	-0.0804	最小值	-0.1628	最小值	-0.6444	最小值	-0.7685
	最大值	0.3279	最大值	0.3732	最大值	19.5404	最大值	0.2337
替代性或互补性		互补性		互补性		互补性		互补性
		$\ln Nn_i$		$\ln N_i$		$\ln P_i$		$\ln TFP_i$
总的 R&D 和外部技术引进之间互补性	平均	0.0537	平均	-0.0637	平均	-0.1661	平均	-0.1310
	标准差	0.0020	标准差	0.0104	标准差	0.0117	标准差	0.0112
	方差	0.0005	方差	0.0134	方差	0.0171	方差	0.0155
	最小值	-0.0152	最小值	-0.2757	最小值	-0.7721	最小值	-0.8601
	最大值	0.1219	最大值	0.4512	最大值	0.0115	最大值	0.5380
替代性或互补性		互补性		替代性		替代性		替代性

但是对于技术开发（即总的 R&D）与直接购买外部技术的关系而言，它们的交叉偏导数大多为负，这表明它们之间是一种替代关系。其原因可能来自两个

方面：一方面是直接购买外部技术替代了企业的技术开发活动，前者是直接利用技术，后者是先开发再利用。由于技术开发本身具有的不确定性和风险性，以及我国作为发展中国家在技术开发方面的能力不足，使得大多企业选择直接购买外部技术替代内部技术开发。另一方面可能是同一地区的一些企业的互补效应被其他企业的替代效应抵消了。因为我们是以省际数据为面板分析样本，因此在同一省份，如果有相当部分的企业的技术开发活动与直接购买外部技术之间具有替代性，那么部分企业具有的互补效应就会被抵消。

在上述分析的基础上，我们研究不同创新投入之间互补性的影响因素。由表6－8可知，结果证实了假设1、假设2和假设3，即我们发现有更高技术吸收能力、更大规模经济和具备以往技术转让经验的企业，平均来说具有更高的交叉偏导数的特征，实证结果证实了拥有科研机构数、科研人员数、博士和硕士人数更多的企业，在新产品项目开发时所进行的内、外部R&D活动具有更强的互补性。例如，企业拥有的科研机构数、科研人员数或博士硕士人数每提高1%，那么内、外部R&D在新产品项目开发方面的互补性程度将提高0.033%、0.043%和0.012%。同时，实证结果表明，平均具有较大就业人员规模和企业科研设备资产价值的企业，内、外部R&D的互补性特征更强。最后，企业具有更高水平的技术转让经验，也将推动对内、外部R&D的管理和整合。

表6－8　内、外部R&D以及外部技术引进之间互补性的影响因素及作用程度

$\dfrac{d^2 N_i}{dR_i dR_{E,i}}$	技术吸收能力			规模经济		以往技术转让经验	
	科研机构数	科研人员数	拥有博士硕士数	企业从业人员数	企业科研设备原价	技术转让数	技术转让金额
新产品项目（内、外部R&D）	0.033	0.043	0.012	0.036	0.015	0.013	0.011
新产品产值（内、外部R&D）	0.0419	0.084	0.033	0.065	0.0385	0.017	0.015
专利申请量（内、外部R&D）	2.059	3.814	2.158	2.121	2.283	0.936	0.844
TFP（内、外部R&D）	0.008	0.026	0.044	0.023	0.034	0.014	0.011
新产品项目（总的R&D与外部技术引进）	0.005	0.008	－0.0007	0.011	－0.002	－0.002	－0.003

不过，正如前面的实证结果，总的 R&D 投入与外部技术引进在推动新产品项目开发时所具有的互补性特征很微弱。表 6-8 中最后一行对互补性影响因素的分析表明，有的因素，例如企业拥有较多科研机构或者科研人员能在一定程度上提高总的 R&D 投入与外部技术引进之间的互补性，而其他因素的影响不明确。

在图 6-13 至图 6-16 中，内、外部 R&D 的协调作用的符号和数量随着影响因素水平的变化而变化。其中图 6-13、图 6-14、图 6-15 表明 $\dfrac{d^2 N_i}{dR_i dR_{E,i}}$ 表现出一种正向趋势，由此确认更高水平的内、外部 R&D 投入互补性与更高水平的驱动因素相关联。不过，总的 R&D 投入与直接购买外部技术之间具有替代性，对于规模越大的企业而言，直接购买外部技术对企业的技术研发的替代性更强。由上述差异性结果，我们还可以形成以下结论：在不同的创新阶段，企业可能采取不同的创新策略。例如，在技术开发阶段，企业将更加注重内、外部 R&D 的互补性，通过发挥内、外部 R&D 的协调作用，来提升创新绩效；在技术利用阶段，企业将更多关注外部技术对内部研发的替代性，发挥外部技术的直接效应。

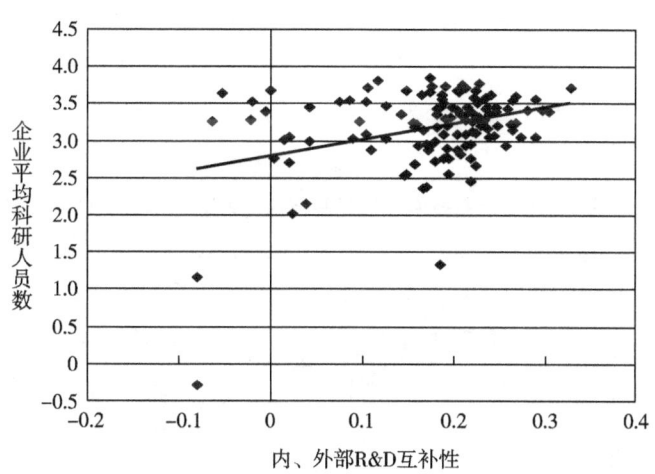

图 6-13　企业平均科研人员数与内、外部 R&D 互补性

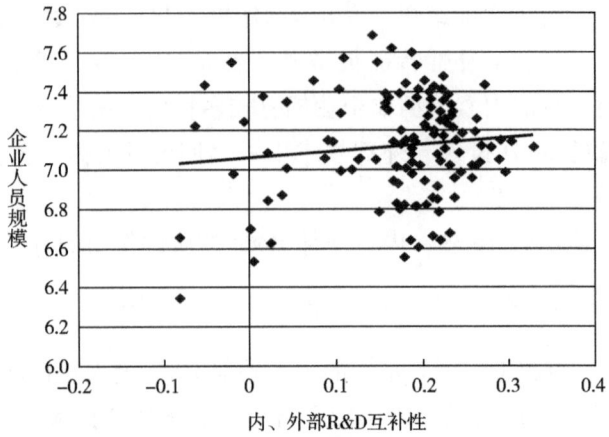

图 6-14　企业规模与内、外部 R&D 互补性

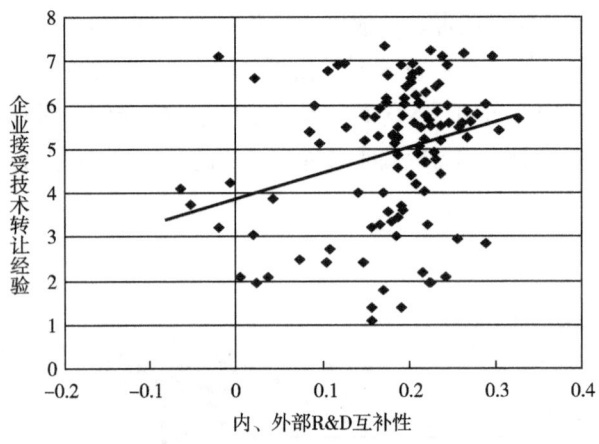

图 6-15　企业技术转让经验与内、外部 R&D 互补性

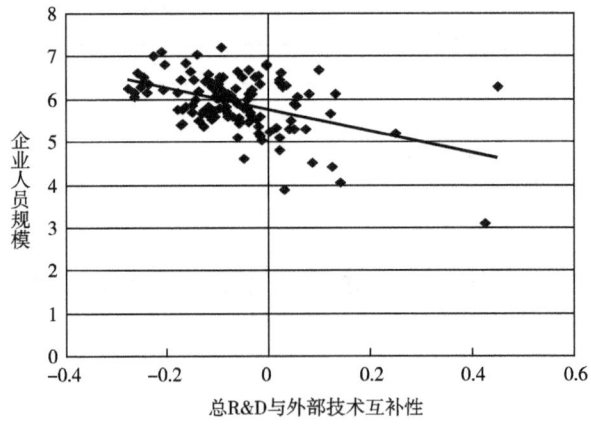

图 6-16　企业规模与 R&D、外部技术引进互补性

第六章 我国工业企业合作创新问题及其互补效应实证研究

第四节 本章小结

在本章中,笔者利用中国工业企业的宏观统计数据、文献、网络以及调研获得的企业数据分析了当前我国企业开展合作创新的现状、特点以及存在的主要问题和障碍。①从不同地区比较来看,我国东部地区的企业在合作 R&D 支出(即外部 R&D 支出)的绝对规模方面要远高于中、西部地区。不过,从单个企业的外部 R&D 支出比例(占内、外 R&D 支出之和的比例)比较来看,最近几年中、西部地区企业的外部 R&D 支出比例有所上升,说明中、西部地区的企业对外技术依赖性大。②上海、北京、江苏、天津等发达经济省市的企业平均接受的来自高校的技术转让数量较多。③外商投资企业的外部 R&D 支出比例和外部技术引进比例明显高于国有企业和民营企业,这也体现了前者的"外向"经济特征。④从不同行业比较来看,我国石油开采业、有色金属矿采、烟草制造业、医药制造业、交通设备制造业、电力热力供应业、燃气供应业、水供应业的 R&D 外部支出比重较高,它表明这些行业的技术研发(联合研发)对外依赖程度较高;然而通信设备制造业、电气机械制造、仪器仪表制造等的国外、国内技术引进或直接购买比重较高。不同行业的合作方式有所不同,它与各个行业的技术特点有很大关系。

从广东省、江苏省、浙江省的企业开展合作创新现状和特点来看,①产学研合作是各省企业首选的合作形式,而企业间的横向合作相对较少。主要原因是产学研中合作各方的资源互补性较强,相互间的竞争效应较弱。而同业企业间的资源同质程度较高,合作互补性较弱。②合作往往呈现出"集群特征",即在一个集群内的企业开展合作创新的比例较高,例如广东顺德家电产业集群、温州电气制造产业集群等。原因在于集群内的合作信息传递较为广泛、充分,合作具有示范效应,同时政府对产学研联盟的推动作用也很重要。③合作创新呈现较强的层次性,规模较大、具有较强技术能力的企业开展合作创新的次数更为频繁,小企业由于受到合作信息、合作渠道等的限制,其合作频繁度较弱;企业除了与省内、国内知名院校开展合作外,也倾向于与特色学校、科研机构开展合作。④企业越来越倾向于与开展国际合作、寻求国际性资源支持。

对搜集来的众多资料进行整理和分析,也发现我国工业企业在开展合作创新过程中存在一些问题和障碍，创新资源匹配困难、匹配不当；合作中的能力衔接混乱、部分合作伙伴的能力水平不够；合作中行为协调性差、合作交易成本高，这些问题导致合作绩效非常低。问题的产生与合作管理机制不健全、创新能力激发不足、行为约束和控制缺失等有大关系。

最后，本书在借鉴 Ceccagnoli 等方法的基础上，构建了包含自主创新和合作创新两种方式在内的创新产出函数，检验了我国大中型工业企业开展合作创新的互补效应及其影响因素。结果表明，当企业具有更强的技术吸收能力（衡量合作中各方能力兼容程度）、较大经营规模（衡量合作中可寻资源互补程度）和具备以往技术转让经验（衡量合作中各方行为管理与控制水平）时，内、外部 R&D 的互补性较强。它也在一定程度上论证了本书关于异质性资源互补匹配、异质性能力兼容和异质性行为契合对合作创新绩效的正向影响效应。

第七章 典型地区企业的合作创新要素匹配与绩效实证研究

本章将在前面理论分析和宏观统计数据分析的基础上,进一步设计调研问卷来研究我国浙江省温州、台州地区企业在开展合作创新过程中的异质性资源匹配状况、各种创新能力兼容状况以及合作伙伴行为约束与控制状况,并分析它们对企业的合作创新绩效的影响程度。温州、台州地区是我国重要的制造业基地,聚集有多个产业集群,对它们的调研能够较为客观地反映我国制造业企业开展合作创新的状况。

这一章将阐述调研对象分布、调研方法、理论模型假设、调研问卷设计、变量测量、统计结果讨论、启示等内容。对调研数据做了信度和效度检验,在此基础上做了整个结构方程模型分析、拟合度分析和相关因素对合作创新绩效的作用路径分析,找出对合作创新绩效影响显著的因素,为企业进行合作创新提供参考建议。主要采用了 Amos 统计软件作为调研问卷的分析工具。

第一节 调研对象与方法

一、调研对象的描述性统计

本书调研对象主要是浙江省温州、台州地区开展过合作创新的制造业企业。温州、台州地区是我国重要的制造业基地,温州、台州地区的企业在食品加工制造,纺织服装制造,化学原料制品制造,金属制品、电气机械器材制造等方面都具有较大优势,温州、台州地区享有"中国鞋都""中国电器城""中国经济型汽车之都""中国摩托车之都""中国模具之都""中国塑料制品之都"等称号,"温州制造""台州制造"在国内外竞争中都具有一定的优势。

本书调研对象的行业分布如表7-1所示:其中纺织服装制造企业占11.3%,通用、专用设备制造业企业占24.6%,交通运输设备制造企业占11.1%,电气机械器材制造企业占19.6%,这些行业也是合作创新较为活跃的行业领域。本书调研对象中绝大部分是私营企业,占到82.9%。被调查者主要是从事企业技术革新与新产品开发的中层管理者,如企业技术中心主任等,他们占到被调查企业的56.4%。被调查企业绝大多数开业年数在5年以上,其中10年以上的达到40.4%。相当部分企业是中型、大型企业,年销售规模达到2000万元的占47.8%。这些企业的创新活动也较为活跃,其中55.7%的企业的研发投入占销售比例达到0.5%以上。上述企业的分布与浙江省、全国企业的总体分布情况一致。问卷信息基本能反映被调查企业的总体情况。

表7-1 浙江省温州、台州地区被调研企业的描述性统计

类型	项目	比例(%)	类型	项目	比例(%)
行业	食品加工制造	3.4	被调查者	基层管理者	25.6
	纺织服装制造	11.3		中层管理者	56.4
	化学原料制品制造	6.1		高层管理者	18
	医药制造	4	开业年数	1~5年	21
	橡胶塑料制品制造	7.1		5~10年	38.4
	金属制品业	3.2		10年以上	40.4
	通用、专用设备制造	24.6	从业人数	100人以内	37.5
	交通运输设备制造	11.1		100~500人	44.1
	电气机械器材制造	19.6		500~2000人	14.8
	仪器仪表工艺美术制造	9.5		2000人以上	3.5
地区	温州企业	52.1	企业年销售规模	500万元以内	13.9
	台州企业	47.9		500万~2000万元	38.2
企业产权性质	国有、集体、股份合作	5.9		2000万元以上	47.8
	私营	82.9	研发占销售比例	小于0.5	44.2
	港澳台	4.9		0.5~2	34.2
	外资	6		2以上	21.5

本书调查的是2014年7~10月温州、台州地区的企业。通过亲自走访、电话访谈、委托调查形式展开调研,共发放调查问卷600份,其中收回问卷422

份，经过分析和处理，并剔除部分未开展过合作创新的企业，得到的实际有效问卷有 235 份。

二、调研方法

整个调研过程分三个阶段：

第一阶段是部分典型企业的访谈。笔者选取正泰集团、华峰集团、人民电器公司、浙江兴乐公司、浙江胜利塑胶公司等部分典型企业进行有关合作创新开展情况的试访谈，初步了解这些企业在开展合作创新过程中遇到的困难、合作采取的形式、影响创新绩效的因素以及最终合作效果等。

第二阶段是调查问卷的设计阶段。根据前面章节的理论分析，并结合典型企业的访谈结果，设计出了"企业合作创新影响因素的调查问卷"，并请部分老师、企业高管对问卷提出完善意见。之后在十家企业进行了试调查，进一步对问卷构思、语言表达做了修改完善。

第三阶段是正式的问卷调查阶段。调查以多个方式进行，一是笔者亲自深入到企业，与企业高层、中层、基层（主要负责企业技术改进、新产品开发以及合作创新事宜者）管理者进行访谈，并请其答卷。二是通过参与当地科技局、乡镇政府举办的相关讲座会议，请企业高管填写问卷。三是委托当地政府部门发放调研问卷给当地企业，然后邮寄给笔者。四是通过电话预约、访谈回答部分问卷。整个调查过程、调研方法符合社会调查要求，所获得相关数据可用于分析。

第二节 结构方程模型与调研问卷变量设计

一、结构方程模型与基本假设

本书所指的合作创新匹配（Matching）主要体现在资源、能力和行为匹配三个方面：资源匹配取决于合作创新主体的不同资源之间能否形成互补（Resource Complementary）；能力匹配则是合作创新主体的研发、吸收与应用等不同能力之间能否形成兼容（Capacity Compatible）；行为匹配是合作创新主体的创新行为能否形成协调一致（Behavior Coordinate）。前面的机理研究表明，当实现异质性资源互补、能力兼容和行为契合时就能发挥合作中的协同效应，提高创新绩效。实证部分将检验上述三类异质性创新要素匹配与企业创新绩效的逻辑关系，检验可能涉及以下逻辑关系：①决定合作创新中异质性资源互补匹配、异质性能力兼容和异质性行为契合三个子系统的影响因素及其逻辑关系；②资源异质性、能力异质性和行为异质性三者与合作创新绩效的因果关系；③资源异质性、能力异质性和行为异质性三者之间的相关关系。本书形成的模型结构如图 7-1 所示。

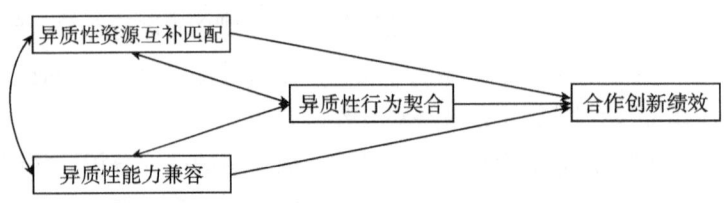

图 7-1　异质性要素基本结构与合作创新绩效的关系模型

根据第三章、第四章、第五章关于合作创新机理的研究推论，三类创新要素匹配之间的相互关系较弱。因此，假设检验主要集中在前面两个逻辑关系，即异质性要素匹配对合作创新绩效的影响，决定和影响三类创新要素匹配的细分因素的逻辑关系及其对创新绩效的影响。

异质性资源互补匹配能够提升合作企业的创新资源组合价值，提高创新模仿难度，增强合作创新的整体竞争力，因而可以提高合作创新绩效。由此，可以形成如下的基本假设1。各方的异质性创新能力兼容能够提高合作中的技术研发效率、技术学习与消化吸收效率、技术应用与市场转化效率，进而能够实现更高的创新绩效。因此，可以形成如下的基本假设2。合作中的各个创新主体如果能够保持行为的协调一致，那么将提高合作的质量、进度，发挥协同效应，降低创新的风险性，进而提高合作创新绩效。因此，可以形成如下的基本假设3。

基本假设1：合作伙伴之间的异质性资源互补与合作创新绩效呈正相关。

基本假设2：合作伙伴之间的异质性能力兼容与合作创新绩效呈正相关。

基本假设3：合作伙伴之间的异质性行为契合与合作创新绩效呈正相关。

在三个基本假设下，还有一些细分因素决定和影响着三类创新要素的匹配程度，进而影响着合作创新绩效（其作用机理分别在第三章、第四章、第五章中有详细的讨论和分析），如图 7-2 所示。这些细分因素或是决定创新要素匹配程度的关键性变量，或是产生问题的根源。本书进一步检验这些细分因素对创新绩效的影响效应。

第七章 典型地区企业的合作创新要素匹配与绩效实证研究

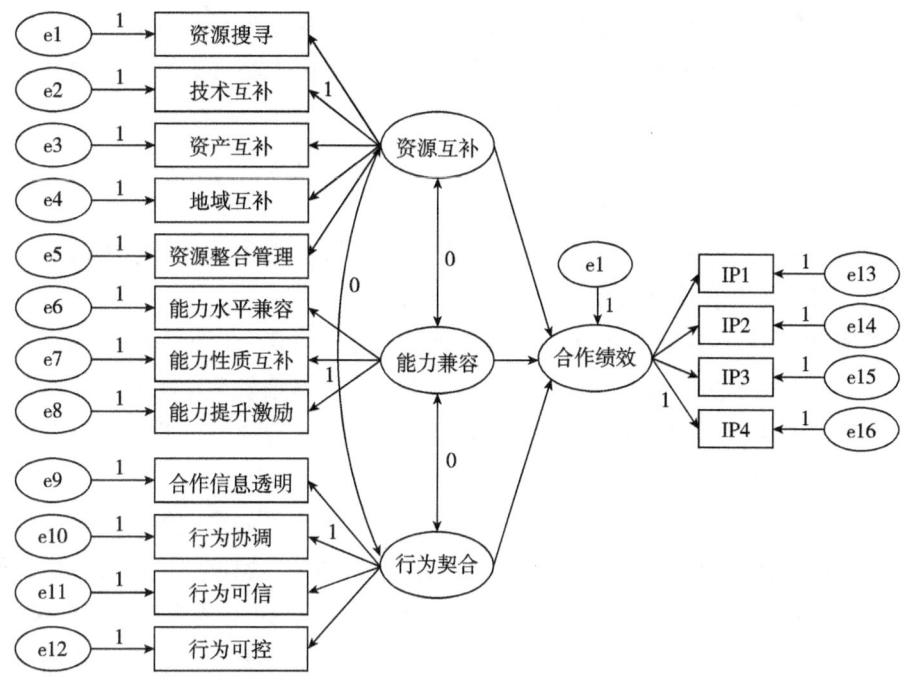

图 7-2 异质性资源、能力、行为匹配与合作创新绩效的整体关系模型

首先，在异质性资源互补匹配方面：①资源搜寻很重要。因为潜在合作对象之间经常存在不完全信息，创新资源需求者与供给者互相不了解，而且不同的潜在合作对象的创新资源质量存在很大差异。因此，如果企业增加搜寻努力就能提高合作中的资源互补匹配程度和创新绩效，可以形成子假设1.1。②如果合作各方提供的技术资源的多样性程度越高，资源组合的互补优势越大，因而合作价值也越高，可以形成子假设1.2。③潜在合作伙伴的资产包括技术专利等无形资产，也包括研发设备、生产设备和人力资本规模等。一般而言，潜在合作对象的资产规模越大，能够提供的有价值资源越多，因而也越能形成合作中的互补优势，进而提升合作绩效。由此，可以形成子假设1.3。④地域异质性反映合作创新主体之间除技术资源、资产之外的其他隐性资源状况，例如声誉、社会关系、隐性知识和经验等。合作中的地域异质性越大，可能带来资源的新颖性、专有性越强，越能提高合作中的创新绩效。因而，可以形成子假设1.4。⑤异质性资源组合只是提供了价值增进的机会，只有对这些资源进行有效的整合与管理才能实现价值增进。特别是由于合作各方的目标存在一定的冲突，不同资源连接利用还存在一定的障碍，资源整合显得尤为重要。因此，可以形成子假设1.5。

子假设1.1：企业对潜在合作对象和资源的搜寻努力将提高合作中的异质性资源互补匹配程度，进而与创新绩效呈正相关。

子假设1.2：潜在合作伙伴的技术资源多样性程度越高，合作形成的互补效应越高，进而提升创新绩效。

子假设1.3：潜在合作伙伴的无形资产和有形资产越多，合作形成的互补效应越高，进而提升合作创新绩效。

子假设1.4：潜在合作伙伴所处的地域越广泛，与其合作带来的资源价值新颖程度、专有性越高，因而互补优势越强，与合作创新绩效呈正相关。

子假设1.5：对合作中的各方技术资源、人力资源与物质资源等的整合力度越大，合作创新绩效越高。

其次，在异质性能力兼容方面。①合作方的能力水平如果能够有效衔接，将提高合作中的技术知识、信息传递效率，加速学习和开发速度，也能够克服合作中遇到的各种技术难题。因而，合作各方的能力水平越接近越能提高合作绩效。由此，可以形成子假设2.1。②合作中技术研发、学习与吸收、应用等不同能力之间的有效对接能够使得创新由研发、中试阶段向商业化阶段转化更为顺利。因而，合作中不同性质的能力越完备，那么合作绩效越高。由此，可以形成子假设2.2。③合作中的企业创新能力发挥也非常重要。能力形成是通过不断的 R&D 努力与积累而来的，因而有效的激励机制与能力管理（人才激励机制、利益分配机制等）不仅能够促进能力的提升，而且能消除能力发挥的障碍，使得各方能力正常发挥。因此，可以形成子假设2.3。

子假设2.1：合作中各方的能力水平越接近，越能提高合作效率和创新绩效。

子假设2.2：合作中各方在技术研发、学习与应用等方面的能力越完备，越能提高合作绩效。

子假设2.3：合作中的能力提升激励越强、能力管理水平越高，合作创新绩效越高。

最后，在异质性行为契合方面。①信息透明性能够增强合作各方的信任感，对合作行为起到一种"无形约束"的作用。因此，合作信息透明程度越强，彼此间行为的契合度越高，越能促进合作创新发展。由此，可以子假设3.1。②正如第五章模型所显示的，合作中行为协调一致非常重要，只有投资方、研发方与生产应用方等各个伙伴一致行动才能发挥合作中的协同效应，降低合作失败风险，提升创新绩效。因而，可以形成子假设3.2。③行为可信性是反映合作各方行为的诚实性，它影响到合作中有关知识是否能实现完整、准确和顺畅传递；合作各方是否会出现"偷懒"、挪用资金等欺骗行为。行为可信程度越高，合作绩效越高。因此，可以形成子假设3.3。④行为可控性是考察合作各方对创新行为的管理与控制水平，当合作企业能够通过合同契约、任务完成的奖惩机制、监督机制等实现对合作行为的控制时，合作行为一致性将提高，进而创新绩效提升。由此，可以形成子假设3.4。

子假设3.1：合作中的信息透明程度越高，合作创新绩效越高。

子假设3.2：合作中各方行为的一致性越强，合作创新绩效越高。

子假设3.3：合作中各方的信任程度越高，合作创新绩效越高。

子假设3.4：企业对合作过程的管理与控制水平越高，合作创新绩效越高。

二、自变量设计与测量

（一）异质性资源互补匹配的测量

在调查问卷表中，从五个方面加以衡量合作伙伴之间异质性资源互补匹配程度，如图7-3和表7-2所示：资源搜寻努力、技术多样性、资产多样性、地域多样性和资源整合力度。其中，①资源搜寻努力又从三个方面加以衡量，即搜寻工作的开展情况、搜寻人员的配置与搜寻效果如何。搜寻工作是在合作前调查、挖掘、筛选有关潜在合作对象所拥有的互补性资源状况的重要信息，它是实现有效的合作资源匹配的第一步重要工作。与搜寻工作质量相关的因素有企业的搜寻投入、相关部门设置、工作态度以及搜寻结果等。②技术多样性从合作伙伴的行业领域跨度情况、技术专利拥有状况以及技术领先程度加以衡量。技术多样性是合作创新中不同技术领域的伙伴进行知识资源交换状况的表征，当与不同行业、不同技术专利拥有数量、不同技术先进程度的伙伴开展合作时，才能够获得多样化的技术知识，而这是实现合作互补的关键一步。如果是同行业或相同技术水平的企业开展合作，那么它们的技术知识同质性程度就非常大，不大可能形成资源互补。因而，行业跨度领域越大、合作伙伴拥有技术专利数量越多、技术水平越为先进，合作中的技术知识互补性越大。③资产多样性主要从合作伙伴的规模和技术人员数量加以衡量。④地域多样性主要从合作伙伴所处的地理位置加以衡量。合作伙伴选择在地理位置远近与知名度之间取舍，一般而言，合作伙伴知名度越大，通过合作获得的互补性资源越多，但是知名度较大的合作伙伴可能分布于较广区域，如果合作伙伴的距离非常远，对于沟通、联系、学习与吸收则又非常困难,会增加合作中的交易成本。因而,对于温州、台州地区的企业而言,合作距离取舍的结果很有可能是在省内知名伙伴之间展开。⑤资源整合从是否采取了有力整合措施以及是否选择了适宜的合作方式方面加以衡量。提高异质性资源互补匹配有赖于企业采取有力措施对资源进行整合。另外,还需选择与自身资源特征相符的合作方式,例如有着较丰富合作经验、较多技术专利、更强技能的研究人员对待合作的积极性更高,有利于技术知识转移和合作创新。

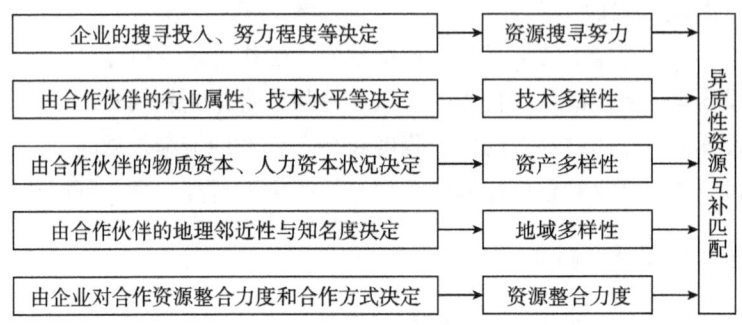

图7-3 决定异质性资源互补匹配的影响因素

表7-2 合作创新中异质性资源互补匹配的测量量表

维度	主要变量	观测变量
异质性资源互补匹配	资源搜寻努力	RC企业进行了细致的信息筛选与潜在合作对象搜寻工作
		RC企业设有专门部门或人员进行潜在合作对象搜寻
		RC企业确信自己和合作伙伴的资源是高度互补的
	技术多样性	RC企业倾向于与不同行业的伙伴开展合作
		RC技术专利数量多少是企业选择合作伙伴的重要标准
		RC技术领先程度是企业选择合作伙伴的重要标准
	资产多样性	RC企业倾向于与规模较大的伙伴开展合作
		RC企业倾向于与技术人员多的伙伴开展合作
	地域多样性	RC企业倾向于与地理位置相近且业务相关的伙伴开展合作
		RC企业倾向于与省内外知名伙伴开展合作
	资源整合力度	RC企业采取有力措施对合作中异质性资源进行整合
		RC企业选取了与自身资源特征相符的合作方式

(二)异质性能力兼容的测量

在调查问卷表中,从三个方面来衡量合作中异质性能力兼容程度,如图7-4

和表 7-3 所示：能力水平兼容、能力性质互补和能力提升激励。①能力水平兼容主要从合作企业对所开发技术的了解情况、技术学习与吸收能力、高管的技术背景、技术吸收努力程度等加以衡量。创新效率和收益大小取决于合作各方能力的发挥与匹配。如果合作各方的能力水平差异太大，影响了学习效果，那么创新绩效也会大打折扣。因此，合作各方的能力水平兼容很重要。企业的技术人员必须对合作研发技术有着较清晰了解；具备足够的技术吸收能力；为技术学习与吸收做出一定努力等。②不同能力互补状况主要从分工合作、企业努力、合作方式等方面加以衡量。合理的分工能发挥专业优势，形成互补性；企业也要针对不同合作特性、要求努力提升自身能力；选择与自身能力相匹配的合作方式；设立良好的互动学习机制或渠道等，这些都非常重要。③能力发挥激励主要从合作收益分配合理性、是否有专门的人才激励计划来加以衡量。其中合作个体的收益回报又与合作双方是否制定了合理的收益分配比例有关；然而人才激励则与奖励、股权激励等有关。

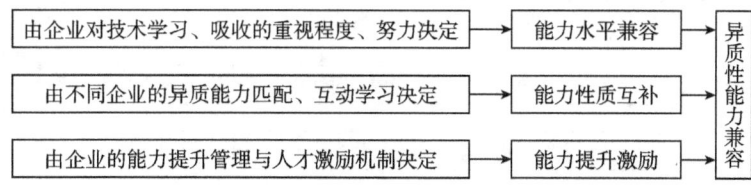

图 7-4 决定异质性能力兼容的影响因素

表 7-3 合作创新中异质性能力兼容的测量量表

维度	主要变量	观测变量
异质性能力兼容	能力水平兼容	CC 企业技术人员对合作研发技术非常了解
		CC 合作双方具有足够的新技术开发、吸收与应用能力
		CC 企业高层的技术背景对合作成功起了很重要的作用
		CC 企业为技术吸收做了很多努力与投入
		CC 合作伙伴为企业能力提升提供了大量信息和帮助
	能力性质互补	CC 企业确信合作成功有赖于各方分工，发挥不同能力
		CC 企业与合作伙伴在创新中展现了较强的能力互补性
		CC 企业针对不同合作特性与要求努力提升自身能力
		CC 企业选择了与自身能力相匹配的合作方式
		CC 合作双方建立了良好的互动学习机制或渠道
	能力提升激励	CC 合作双方制定了合理、满意的收益分配比例
		CC 企业制定了完善的研发或人才激励计划

(三) 异质性行为契合的测量

在调查问卷中,从四个方面来加以衡量合作中异质性行为契合程度,如图 7-5 和表 7-4 所示:信息透明性、行为协调性、行为可信性、行为可控性。其中,①信息透明性主要从合作对象的熟悉程度以及声誉状况加以衡量。增强合作中的信息透明性一般是通过选择与自己熟悉或朋友介绍的对象开展合作,或者选择具有较高声誉的合作伙伴而实现。②行为协调性主要是从合作目标一致性、任务完成及时性、投入努力程度、任务完成质量状况加以衡量。③行为可信性主要通过合作各方是否诚实相告自身的知识、经验和研发能力;合作方的承诺是否可靠、可行;合作各方是否存在挪用资金、知识侵权等行为来反映合作行为的可信性。④行为可控性主要从奖惩机制的设立状况、沟通平台以及监督机制的设立状况加以衡量。企业有效的合同管理,以及针对合作任务完成情况制定的奖惩制度、监督与检查机制等的完备状况决定了合作行为的可控性。

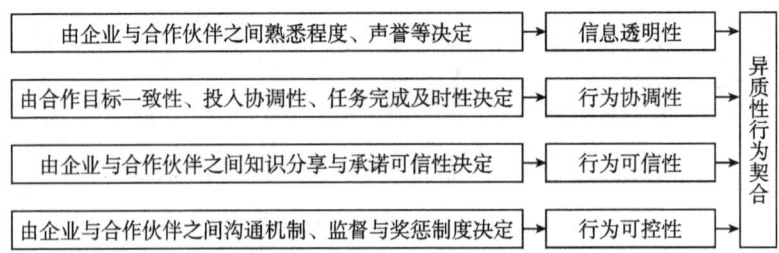

图 7-5 决定异质性行为契合的影响因素

表 7-4 合作创新中异质性行为契合的测量量表

维度	主要变量	观测变量
异质性行为契合	信息透明性	AC 与企业合作的伙伴大多是自己熟悉或朋友介绍的对象
		AC 企业倾向于选择与声誉高的伙伴合作,减少冲突可能性
	行为协调性	AC 企业的合作目标与合作伙伴高度一致
		AC 合作伙伴通常能按时完成研发任务
		AC 合作方完成的任务质量能达到项目规定的标准
		AC 企业与合作方都能为合作成功做出实质性努力和投入
	行为可信性	AC 合作方能诚实相告自身的知识、经验和研发能力
		AC 合作方的承诺可靠、可行
		AC 合作方没有挪用资金、知识侵权等行为存在

续表

维度	主要变量	观测变量
异质性行为契合	行为可控性	AC 企业在合同中对任务完成制定有明确的奖励与惩罚制度
		AC 企业与合作方设立了有效的沟通平台
		AC 企业建立有效的监督、检查机制,确保合约的有效遵守

三、因变量设计与测量

在调查问卷中,从三个方面加以衡量创新绩效:①合作目标的实现程度,即合作双方是否实现了此前订立的创新目标,除此之外,企业通过合作是否提高了创新能力和获得意外收益。它们从收益多少的角度考察合作绩效。②合作满意程度也是一种合作绩效的体现,它测度了合作参与人员、管理人员对合作完成状况的心理感受,间接反映合作实现的顺利程度。③合作可持续性也能够从一个侧面反映合作完成的成功程度。一般而言,合作各方愿意在未来时期继续维持合作关系,表明它们对合作的满意程度较高,说明合作取得了成功(见表7-5)。

表7-5 合作创新绩效的测量量表

维度	观测变量
合作创新绩效	IP 合作达到了此前各方订立的创新目标
	IP 企业通过合作提高了创新能力和获得意外收益
	IP 合作各方对整个合作过程感到满意
	IP 若未来有合作机会,各方愿意维持合作关系的延续

四、调研问卷计分制

在细化了调研问卷中的各个测量变量之后,需要对各个变量取值,将其转化为统计评分。对每一个统计指标采用了李克特(Likert)7分计分制,其中1分表示"非常不同意",2分表示"不同意",3分表示"稍微不同意",4分表示"一般",5分表示"稍微同意",6分表示"同意",7分表示"非常同意"。

五、模型识别与估计方法

在本书模型中,外生的潜在变量分别是:异质性资源互补匹配(Resource

Complementary)、异质性能力兼容（Capacity Compatible）和异质性行为契合（Action Coordinate），内生潜在变量则为合作创新绩效（Innovation Performance）。依据结构方程模型设定，待估参数总共有 40 个。一般而言，如果样本数目减去模型中所需估计参数的数目大于 50 个，并且样本数量在 200 个以上，则适宜采用极大似然估计方法进行结构方程模型参数估计。调查的样本数量为 235 个，自由度远大于 50，因此调研数据满足模型识别的基本要求，可以进行结构方程模型（SEM）参数估计。

第三节 测量变量的效度与信度检验

一、效度检验——探索性因子分析

效度（Validity）分析通常包括内容效度分析和建构效度分析，其中内容效度即检验各个测量项目能否代表分析变量的内容与主题，一般采用定性的方法判断。调研问卷是在充分借鉴已有研究成果并进行了大量理论探索的基础上，不断修改完善而形成的，因此问卷具有较高的内容效度。本书将采用探索性因子分析（Exploratory Factor Analysis，EFA）方法进行建构效度检验。探索性因子分析的目的有两个：一是探索观测数据的基本结构，把众多的观测变量缩减为少数因子，对数据进行简化。通过探索性因子分析，可以解析出多个自变量之间的相关度，当变量之间高度相关时，意味着它们反映的信息高度重合。因子分析有助于找出少数几个因子，代表数据的基本结构，反映这些信息的基本特征，并通过因子载荷的大小评价各项调研指标的效度。二是将各个观测量的信息转换成因子值，用这些因子值替代原有的各个指标测量进行回归分析和路径分析。

依照马庆国（2002）的方法：

（1）先对调研数据进行 KMO（Kaiser - Meyer - Olkin）的样本充分性测量和巴特利特球形检验（Bartlett Test of Sphericity）。KMO 统计量是探索变量之间的相关性，其值在 0~1，当 KMO 值大于 0.7 时，则表示各个变量之间具有较强的相关性，适合做探索性因子分析。巴特利特球形检验用于检查相关矩阵是否为单位矩阵，即各个观测变量是否具有独立性，只有拒绝独立性才能进行探索性因子分析。

(2) 提取公因子。因子分析前可以进行各个变量之间的相关性分析,只有当各个变量之间的相关性较高时(一般要求相关系数大于 0.3 以上)才可以认为变量之间显著相关。提取公因子主要是通过主成分分析方法来确定公共影响因子的个数,一般采用特征值准则加以判断,选取因子数应保证累计方差贡献率达到 60%~70%,各个测量题项的因子载荷系数大于 0.6。除了应用上述方法,选取因子时还要考虑该因子能否被解释,因子的选取也不应过多。

(一) 探索性因子分析

表 7-6 是异质性资源互补匹配指标体系因子分析的结果。可以看出,异质性资源互补匹配测量表中的 KMO 值大于 0.7,巴特利特球形检验 P 值小于 0.001,说明异质性资源互补匹配量表中的各个指标之间相关性较强,可以进行该系列指标的探索性因子分析。

表 7-6 KMO 和巴特利特球形检验

KMO 抽样适度测定值		0.885
巴特利特球形检验	近似卡方	1682.765
	df	103
	Sig.	0.000

如表 7-7 所示,在对合作创新中异质性资源互补匹配的 12 个测量题项进行因子萃取并进行因子旋转,结果得到 5 个特征值大于 1 的因子,这 5 个因子的累计方差贡献率达到 93%,大于 60%。因此,因子分析结果与前书中的测量体系 5 个维度的划分一致,分别为资源搜寻努力、技术多样性、资产多样性、地域多样性、资源整合力度,统计结果显示各个测量变量的因子载荷都大于 0.6,说明调研问卷中关于异质性资源互补匹配的量表建构效度较好,这一部分问卷内容设计合理。

结合前面的量表设计说明以及因子分析结果,可以得出异质性资源互补匹配指标主要包括五个方面,其中 RC1、RC2、RC3 主要描述合作企业对合作伙伴、合作信息的搜寻努力状况;RC4、RC5、RC6 主要描述企业在选择合作伙伴时的技术多样性匹配状况;RC7、RC8 主要描述企业在选择合作伙伴时的资产多样性匹配状况;RC9、RC10 主要描述企业在选择合作伙伴时的地域多样性匹配状况;RC11、RC12 主要描述企业对各种合作资源的整合状况。

表 7-8 是异质性能力兼容指标体系因子分析的结果。可以看出,异质性能力兼容测量表中的 KMO 值大于 0.7,巴特利特球形检验 P 值小于 0.001,说明异质性能力量表中的各个指标之间相关性较强,可以进行该系列指标的探索性因子分析。

表7-7 异质性资源互补匹配指标旋转后因子载荷矩阵

观测变量	因子载荷				
	1	2	3	4	5
RC1 企业进行了细致的信息筛选与潜在合作对象搜寻工作	0.91	0.26	0.17	0.28	0.453
RC2 企业设有专门部门或人员进行潜在合作对象搜寻	0.90	0.19	0.19	0.22	0.321
RC3 企业确信自己和合作伙伴的资源是高度互补的	0.88	0.17	0.17	0.14	0.243
RC4 企业倾向于与不同行业的伙伴开展合作	0.32	0.90	0.26	0.17	0.111
RC5 技术专利数量多少是企业选择合作伙伴的重要标准	0.13	0.90	0.27	0.09	0.178
RC6 技术领先程度是企业选择合作伙伴的重要标准	0.15	0.82	0.18	0.19	0.213
RC7 企业倾向于与规模较大的伙伴开展合作	0.22	0.16	0.88	0.11	0.007
RC8 企业倾向于与技术人员多的伙伴开展合作	0.23	0.17	0.81	0.31	0.198
RC9 企业倾向于与地理位置相近且业务相关的伙伴合作	0.31	0.11	0.09	0.94	0.155
RC10 企业倾向于与省内外知名伙伴开展合作	0.25	0.16	0.01	0.93	0.179
RC11 企业采取有力措施对合作中异质性资源进行整合	0.17	0.13	0.21	0.17	0.92
RC12 企业选取了与自身资源特征相符的合作方式	0.08	-0.05	0.20	0.13	0.89
特征值(旋转后)	2.61	2.53	2.10	1.97	1.72
方差贡献率(%)	20.1	21.3	19.5	17.4	14.7
累计方差贡献率(%)	20.1	41.4	60.9	78.3	93.0

表7-8 KMO和巴特利特球形检验

KMO抽样适度测定值		0.896
巴特利特球形检验	近似卡方	1347.656
	df	79
	Sig.	0.000

如表7-9所示,在对合作创新中异质性能力兼容的12个测量题项进行因子萃取并进行因子旋转,结果得到3个特征值大于1的因子,这3个因子的累计方差贡献率达到89.41%,大于60%。因此,因子分析结果与前书中的测量体系3个维度的划分一致,分别为能力水平兼容、能力性质互补和能力提升激励,统计结果显示各个测量变量的因子载荷都大于0.6,说明调研问卷中关于异质性能力兼容的量表建构效度较好,这一部分问卷内容设计合理。

结合前面的量表设计说明以及因子分析结果,可以得出异质性能力兼容指标主要包括三个方面:CC1、CC2、CC3、CC4和CC5主要描述合作企业之间创新能力水平兼容状况;CC6、CC7、CC8、CC9和CC10主要描述合作企业之间不同创新能力形成互补状况;CC111、CC12主要描述合作企业在实现创新能力提升时的激励机制建设与有效组织状况。

第七章 典型地区企业的合作创新要素匹配与绩效实证研究

表7-9 异质性能力兼容指标旋转后因子载荷矩阵

观测变量	因子载荷		
	1	2	3
CC1 企业技术人员对合作研发技术非常了解	0.927	0.198	0.248
CC2 合作双方具有足够的新技术开发、吸收与应用能力	0.912	0.241	0.261
CC3 企业高层的技术背景对合作成功起了很重要的作用	0.909	0.227	0.314
CC4 企业为技术吸收做了很多努力与投入	0.887	0.254	0.280
CC5 合作伙伴为企业能力提升提供了大量信息和帮助	0.864	0.177	0.344
CC6 企业确信合作成功有赖于各方分工，发挥不同能力	0.352	0.914	0.078
CC7 企业与合作伙伴在创新中展现了较强的能力互补性	0.331	0.908	0.176
CC8 企业针对不同合作特性与要求努力提升自身能力	0.175	0.901	0.103
CC9 企业选择了与自身能力相匹配的合作方式	0.210	0.896	0.112
CC10 合作双方建立了良好的互动学习机制或渠道	0.070	0.884	0.110
CC11 合作双方制定了合理、满意的收益分配比例	0.100	0.231	0.902
CC12 企业制定了完善的研发或人才激励计划	0.005	0.017	0.850
特征值（旋转后）	6.905	3.13	2.92
方差贡献率（%）	48.33	23.17	17.91
累计方差贡献率（%）	48.33	71.50	89.41

表7-10是异质性行为契合指标体系因子分析的结果。可以看出，异质性行为契合测量表中的KMO值大于0.7，巴特利特球形检验P值小于0.001，说明异质性行为契合量表中的各个指标之间相关性较强，可以进行该系列指标的探索性因子分析。

表7-10 KMO和巴特利特球形检验

KMO抽样适度测定值		0.875
巴特利特球形检验	近似卡方	1879.84
	df	96
	Sig.	0.000

如表7-11所示，在对合作创新中有关异质性行为契合的12个测量题项进行因子萃取并进行因子旋转，结果得到4个特征值大于1的因子，这4个因子的累计方差贡献率达到91.28%，大于60%。因此，因子分析结果与前书中的测量体系4个维度的划分一致，分别为合作信息透明性、合作行为协调性、合作行为可信性、合作行为可控性，统计结果显示各个测量变量的因子载荷都大于0.6，说明调研问卷中关于异质性行为契合的量表建构效度较好，这一部分问卷内容设计合理。

表7-11 异质性行为契合指标旋转后因子载荷矩阵

观测变量	因子载荷			
	1	2	3	4
AC1 与企业合作的伙伴大多是自己熟悉或朋友介绍的对象	0.945	0.183	0.259	0.248
AC2 企业倾向于选择与声誉高的伙伴合作,减少冲突可能性	0.928	0.156	0.221	0.255
AC3 企业的合作目标与合作伙伴高度一致	0.348	0.916	0.341	0.314
AC4 合作伙伴通常能按时完成研发任务	0.321	0.905	0.146	0.281
AC5 合作方完成的任务质量能达到项目规定的标准	0.231	0.896	0.178	0.344
AC6 企业与合作方都能为合作成功做出实质性努力和投入	0.275	0.874	0.198	0.087
AC7 合作方能诚实相告自身的知识、经验和研发能力	0.178	0.342	0.965	0.457
AC8 合作方的承诺可靠、可行	0.151	0.287	0.945	0.117
AC9 合作方没有挪用资金、知识侵权等行为存在	0.079	0.265	0.937	0.110
AC10 企业在合同中对任务完成制定有明确的奖励与惩罚制度	0.289	0.215	0.178	0.932
AC11 企业与合作方设立了有效的沟通平台	0.327	0.190	0.145	0.912
AC12 企业建立有效的监督、检查机制,确保合约的有效遵守	0.194	0.117	-0.04	0.885
特征值(旋转后)	2.68	2.05	1.65	1.37
方差贡献率(%)	24.24	23.65	23.52	19.87
累计方差贡献率(%)	24.24	47.89	71.41	91.28

结合前面的量表设计说明以及因子分析结果,可以得出异质性行为契合指标主要包括四个方面,其中AC1、AC2主要描述合作企业之间有关创新活动的各种信息透明状况;AC3、AC4、AC5、AC6主要描述合作企业之间在创新投入等行为方面的协调性、一致性;AC7、AC8、AC9主要描述合作伙伴之间创新行为的可靠性;AC10、AC11、AC12主要描述合作企业对合作各方的创新行为的管理与控制状况,通过设立奖惩制度、沟通平台与监督机制来加强合作各方行为的控制性。

表7-12是合作创新绩效指标体系因子分析的结果。可以看出,合作创新绩效测量表中的KMO值大于0.7,巴特利特球形检验P值小于0.001,说明合作创新绩效量表中的各个指标之间相关性较强,可以进行该系列指标的探索性因子分析。

表7-12 KMO和巴特利特球形检验

KMO抽样适度测定值		0.913
巴特利特球形检验	近似卡方	1310.792
	df	81
	Sig.	0.000

在对合作创新绩效的 4 个测量题项进行因子萃取并进行因子旋转后,结果得到 1 个特征值大于 1 的因子,这 1 个因子的累计方差贡献率达到 89.17%,大于 60%。因此,因子分析结果与前书中的测量体系 1 个维度的划分一致。统计结果显示测量变量的因子载荷大于 0.6,说明调研问卷中关于合作创新绩效量表建构效度较好,这一部分问卷内容设计合理(见表 7-13)。

表 7-13 合作创新绩效指标旋转后因子载荷矩阵

观测变量	因子载荷
	1
IP 合作达到了此前各方订立的创新目标	0.978
IP 企业通过合作提高了创新能力和获得意外收益	0.971
IP 合作各方对整个合作过程感到满意	0.963
IP 若未来有合作机会,各方愿意维持合作关系的延续	0.915
特征值(旋转后)	6.513
方差贡献率(%)	89.17
累计方差贡献率(%)	89.17

(二)验证性因子分析

为了验证在探索性因子分析中得到的因子结构模型是否与实际数据适配还需进行验证性因子分析(Confirmatory Factor Analysis),确认事先假设的测量变量与因子间关系的正确性。验证性因子分析一般采用绝对适配度、增值适配度和简约适配度来检验模型的整体适配度和建构效度。

其中:①χ^2 值越小或者显著性概率值(P)越小,表明模型的适配度良好。χ^2 自由度比也是如此,模型的估计参数越多,自由度会变得越小。②RMR(Root Mean Square Residual)是均方根残差,它是指样本数据与假设的协方差矩阵中要素的估算误差。值越小,表明模型的适配度越好。③RMSEA(Root Mean Square Error of Approximation)为渐进残差均方和平方根,值越小,表明模型的适配度越好。④GFI(Goodness-of-Fit Index)是适配度指数、AGFI(Adjusted Goodness-of-Fit Index)是可调整的适配度指数,它们都是拟合优度指标,值与 1 越接近越好。⑤NFI(Normed Fit Index)是基准拟合优度指标、IFI(Incremental Fit Index)是增值适配度指数、CFI(Comparative Fit Index)是比较适合指标,它们越大表明模型拟合程度越好。

表 7-14 结果显示，异质性资源互补、异质性能力兼容、异质性行为契合测量量表中的各项拟合指标均达到整体适配度和建构效度标准。

表 7-14 异质性资源互补、异质性能力兼容、异质性行为契合验证性因子分析适配度检验

统计检验量	适配标准	异质性资源五因素		异质性能力三因素		异质性行为四因素
绝对适配度						
χ^2	$P>0.05$	81.8 ($P>0.05$)	异质性资源互补匹配	86.34 ($P>0.05$)	异质性能力兼容	78.22 ($P>0.05$)
RMR	<0.05	0.033		0.021		0.042
RMSEA	<0.08	0.001		0.001		0.001
GFI	>0.9	0.913		0.907		0.892
AGFI	>0.9	0.895		0.925	异质性行为契合	0.901
增值适配度						
NFI	>0.9	0.885		0.915		0.907
RFI	>0.9	0.921		0.912		0.889
IFI	>0.9	1.000		0.906		0.907
TLI	>0.9	1.000		0.891		0.918
CFI	>0.9	0.917		0.787		0.913
简约适配度						
PGFI	>0.5	0.733		0.812		0.762
PNFI	>0.5	0.785		0.754		0.844
PCFI	>0.5	0.801		0.776		0.621
χ^2 自由度比	<2.00	0.794		1.219		0.814

二、信度检验

一个良好的测量工具应该有足够的信度和效度。信度（Reliability）检验也是可靠性分析，它是指测量结果的一致性和稳定性（具体而言，就是当采用同样方法对同一批调研对象进行多次调查所得到结果的一致性）。进行信度分析，主要考察两个指标，一个是克朗巴哈（Cronbach，一致性系数）α 系数，另一个是 CITC（Corrected Item Total Correlation，单个测量项与总测量项间的相关系数）

第七章 典型地区企业的合作创新要素匹配与绩效实证研究

值。α 系数的公式如下：

$$\alpha = \frac{K}{K-1}\left(1 - \sum \frac{S_i^2}{S^2}\right)$$

其中，K 表示测量项目数，S_i^2 表示每一个测量项目的变异量，S^2 表示测量总分的变异量。一般而言，只有当测度的 Cronbach α 系数大于 0.7 和 CITC 值大于 0.35 时，才认为变量的各测量间具有高度的内部一致性，即可满足信度要求。

（一）异质性资源互补匹配测量的信度检验

依据前文中探索性因子分析，异质性资源互补匹配指标体系具有五个维度，因此应分别对资源搜寻努力、技术多样性、资产多样性、地域多样性、资源整合力度进行信度分析。

从表 7-15 中可以看出，异质性资源互补匹配量表下的五个维度的克朗巴哈 α 系数均超过了 0.7 的标准，而 CITC 的值也都超过 0.35 的标准。因此，可以认为各项测量指标都是可靠的。

表 7-15 异质性资源互补匹配测量指标体系的信度检验

主要变量	观测变量	删除本项后均值	删除本项后方差	CITC	删除本项后 α 值	α 值
资源搜寻努力	RC 企业进行了细致的信息筛选与潜在合作对象搜寻工作	11.45	13.24	0.898	0.945	0.958
	RC 企业设有专门部门或人员进行潜在合作对象搜寻	11.38	13.67	0.916	0.938	
	RC 企业确信自己和合作伙伴的资源是高度互补的	10.11	14.21	0.863	0.957	
技术多样性	RC 企业倾向于与不同行业的伙伴开展合作	8.96	9.75	0.763	0.805	0.848
	RC 技术专利数量多少是企业选择合作伙伴的重要标准	9.23	9.54	0.758	0.808	
	RC 技术领先程度是企业选择合作伙伴的重要标准	9.21	9.31	0.732	0.830	
资产多样性	RC 企业倾向于与规模较大的伙伴开展合作	8.45	11.25	0.962	0.935	0.965
	RC 企业倾向于与技术人员多的伙伴开展合作	9.23	11.34	0.805	0.921	
地域多样性	RC 企业倾向于与地理位置相近且业务相关的伙伴开展合作	9.38	10.89	0.920	0.969	0.972
	RC 企业倾向于与省内外知名伙伴开展合作	9.09	10.11	0.932	0.974	

续表

主要变量	观测变量	删除本项后均值	删除本项后方差	CITC	删除本项后α值	α值
资源整合力度	RC 企业采取有力措施对合作中异质性资源进行整合	9.37	10.23	0.934	0.951	0.974
	RC 企业选取了与自身资源特征相符的合作方式	9.81	10.67	0.933	0.971	

（二）异质性能力兼容测量的信度检验

依据前书中探索性因子分析，异质性能力兼容指标体系具有三个维度，因此应分别对能力水平兼容、能力性质互补和能力提升激励进行信度分析。

从表 7–16 中可以看出，异质性能力兼容量表下的三个维度的克朗巴哈 α 系数均超过了 0.7 的标准，而 CITC 的值也都超过 0.35 的标准。因此，可以认为各项测量指标都是可靠的。

表 7–16　异质性能力兼容测量指标体系的信度检验

主要变量	观测变量	删除本项后均值	删除本项后方差	CITC	删除本项后α值	α值
能力水平兼容	CC 企业技术人员对合作研发技术非常了解	11.23	15.81	0.963	0.965	0.987
	CC 合作双方具有足够的新技术开发、吸收与应用能力	11.43	15.14	0.955	0.971	
	CC 企业高层的技术背景对合作成功起了很重要的作用	11.91	15.56	0.951	0.974	
	CC 企业为技术吸收做了很多努力与投入	11.91	15.23	0.959	0.969	
	CC 合作伙伴为企业能力提升提供了大量信息和帮助	11.67	15.27	0.973	0.960	
能力性质互补	CC 企业确信合作成功有赖于各方分工，发挥不同作用	19.34	24.41	0.909	0.980	0.982
	CC 企业与合作伙伴在创新中展现了较强的能力互补性	19.23	24.56	0.888	0.981	
	CC 企业针对不同合作特性与要求努力提升自身能力	19.19	24.62	0.907	0.970	
	CC 企业选择了与自身能力相匹配的合作方式	18.67	24.29	0.945	0.977	
	CC 合作双方建立了良好的互动学习机制或渠道	18.87	24.78	0.935	0.978	

续表

主要变量	观测变量	删除本项后均值	删除本项后方差	CITC	删除本项后α值	α值
能力提升激励	CC 合作双方制定了合理、满意的收益分配比例	10.29	15.16	0.982	0.990	0.993
	CC 企业制定了完善的研发或制造人才激励计划	10.78	15.71	0.992	0.983	

（三）异质性行为契合测量的信度检验

依据前书中探索性因子分析，异质性行为契合指标体系具有四个维度，因此应分别对合作信息透明性、行为协调性、行为可信性、行为可控性进行信度分析。

从表7-17中可以看出，异质性行为契合量表下的四个维度的克朗巴哈α系数均超过了0.7的标准，而CITC的值也都超过0.35的标准。因此，可以认为各项测量指标都是可靠的。

表7-17 异质性行为契合测量指标体系的信度检验

主要变量	观测变量	删除本项后均值	删除本项后方差	CITC	删除本项后α值	α值
合作信息透明性	AC 与企业合作的伙伴大多是自己熟悉或朋友介绍的对象	9.23	13.24	0.908	0.980	0.982
	AC 企业倾向于选择与声誉高的伙伴合作，减少冲突可能性	9.67	13.78	0.889	0.982	
行为协调性	AC 企业的合作目标与合作伙伴高度一致	11.02	16.08	0.983	0.991	0.993
	AC 合作伙伴通常能按时完成研发任务	11.01	16.52	0.993	0.984	
	AC 合作完成的任务质量能达到项目规定的标准	11.56	16.85	0.978	0.994	
	AC 企业与合作方都能为合作成功做出实质性努力和投入	12.13	16.39	0.59	0.78	
行为可信性	AC 合作方能诚实相告自身的知识、经验和研发能力	8.39	13.17	0.925	0.955	0.980
	AC 合作方的承诺可靠、可行	9.11	13.30	0.978	0.978	
	AC 合作方没有挪用资金、知识侵权等行为存在	9.04	13.07	0.977	0.964	

主要变量	观测变量	删除本项后均值	删除本项后方差	CITC	删除本项后α值	α值
行为可控性	AC 企业在合同中对任务完成制定有明确的奖励与惩罚制度	10.92	15.22	0.902	0.944	0.958
	AC 企业与合作方设立了有效的沟通平台	10.41	16.02	0.920	0.900	
	AC 企业建立有效的监督、检查机制，确保合约的有效遵守	10.17	15.31	9.012	0.928	

（四）合作创新绩效测量的信度检验

依据前书中探索性因子分析，合作创新绩效指标体系是单维度，因此可以直接进行信度分析。

从表 7-18 中可以看出，合作创新绩效量表下的克朗巴哈 α 系数超过了 0.7 的标准，而 CITC 的值也都超过 0.35 的标准。因此，可以认为各项测量指标都是可靠的。

表 7-18 创新绩效测量指标体系的信度检验

观测变量	删除本项后均值	删除本项后方差	CITC	删除本项后α值	α值
IP 合作达到了此前双方订立的目标	8.22	10.56	0.970	0.988	0.990
IP 企业通过合作提高了创新能力和获得意外收益	8.16	9.87	0.961	0.988	
IP 合作双方对整个合作过程感到满意	7.78	9.56	0.970	0.956	0.974
IP 若未来有合作机会，双方愿意维持合作关系的延续	9.52	10.12	0.923	0.945	

第四节 结构方程模型分析

一、异质性资源互补匹配与合作创新绩效的 SEM 模型分析

本小节利用调研样本数据和 Amos 软件来对异质性资源互补匹配与合作创新绩效的相关关系进行检验。经过多次分析，本书最终采用了多因子的直交模型，

该假设模型与实际数据较为适配。各个因子间呈现出一种"正交"或"直交"关系，它表明各因素间没有相关关系或存在较低程度相关关系。

Amos 软件得到的结构方程模型（SEM）如图 7-6 所示。

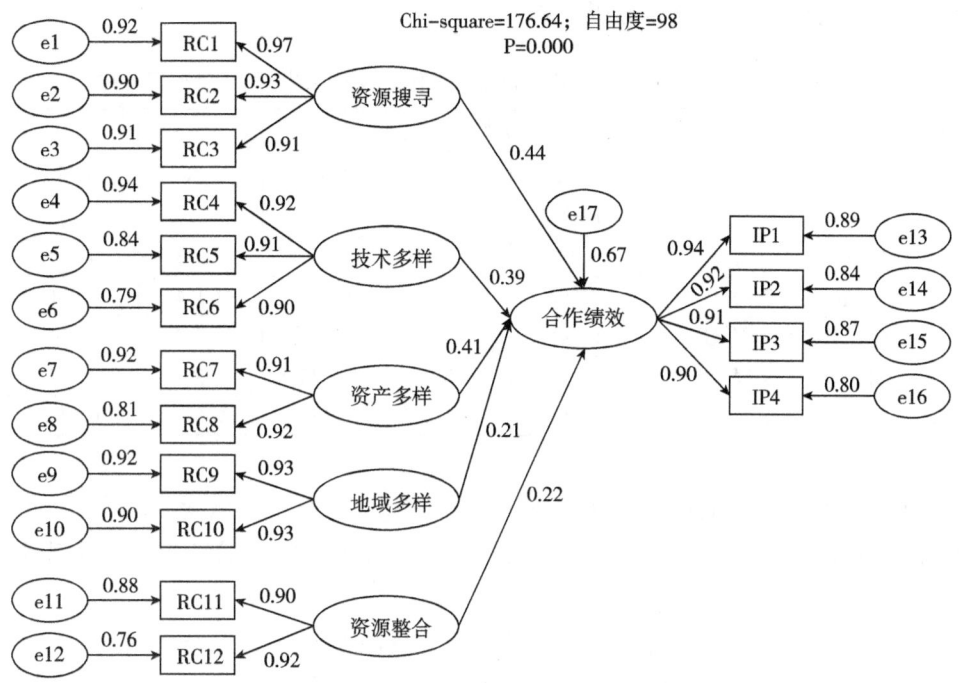

图 7-6　异质性资源互补匹配与合作绩效结构实证模型

（一）拟合优度检验

根据前述结构方程模型测量指标的意义，对拟合后得到的各个指标进行分析，解析整体模型的适配度。表 7-19 是异质性资源互补匹配与合作创新绩效模型的 SEM 适配度统计值。从拟合结果来看，绝对适配度指标显示整体模型预测观测协方差或相关矩阵的程度较好。资源搜寻努力、技术多样性、资产多样性、地域多样性、资源整合和合作创新绩效六个构面内的所有指标的标准化载荷系数估计值都很好，且 P 值都小于 0.000，模型的收敛效度较好。

表 7-19　异质性资源互补匹配与合作创新绩效模型 SEM 适配度统计值

χ^2	χ^2 自由度比	NFI	CFI	RMR	GFI	AGFI	RMSEA
176.64	1.802	0.928	0.965	0.051	0.932	0.917	0.058
适配标准	<2	>0.9	>0.9	<0.05	>0.9	>0.9	<0.08

(二) 整体模型路径效果分析和假设检验

根据 Amos 软件对最终模型的运行结果，可以对第三章的研究推论做一一检验，以验证研究推论是否正确合理。表 7-20 列出了合作创新中异质性资源互补匹配与合作创新绩效的路径分析结果。

表 7-20 异质性资源互补匹配与合作创新绩效结构模型测试结果 (回归系数)

	估计值		S. E.	C. R.	p 值
	非标准化路径系数	标准化路径系数			
合作绩效←资源搜寻努力	0.467	0.441	0.063	2.813	0.023
合作绩效←技术多样性	0.392	0.386	0.068	2.184	0.011
合作绩效←资产多样性	0.445	0.407	0.037	2.867	0.034
合作绩效←地域多样性	0.257	0.213	0.046	3.322	0.007
合作绩效←资源整合	0.261	0.226	0.032	3.651	0.016

由表中结果可以看出，在 0.05 的显著性水平上，异质性资源互补匹配与合作创新绩效之间有着显著的正相关关系，即本书第七章中的基本假设 1 得到验证。

进一步地，从标准化路径系数来看 (p)：资源搜寻努力 ($p=0.441$)、技术多样性 ($p=0.386$)、资产多样性 ($p=0.407$)、地域多样性 ($p=0.213$)、资源整合 ($p=0.226$) 都是影响合作创新绩效的因素，且都显著。其中资源搜寻努力对合作创新绩效的影响最为显著，资产多样性、技术多样性、资源整合和地域多样性紧接其后。

二、异质性能力兼容与合作创新绩效的 SEM 模型分析

本小节利用调研样本数据和 Amos 软件来对异质性能力兼容与合作创新绩效的相关关系进行检验。经过多次试分析，本书最终采用了多因子的直交模型，该假设模型与实际数据较为适配。各个因子间呈现出一种"正交"或"直交"关系，它表明各因素间没有相关关系或存在较低程度相关关系。

Amos 软件得到的结构方程模型 (SEM) 如图 7-7 所示。

(一) 拟合优度检验

根据结构方程模型测量指标的意义，对拟合后得到的各个指标进行分析，解析整体模型的适配度。表 7-21 是异质性能力兼容与合作创新绩效模型的 SEM

第七章 典型地区企业的合作创新要素匹配与绩效实证研究

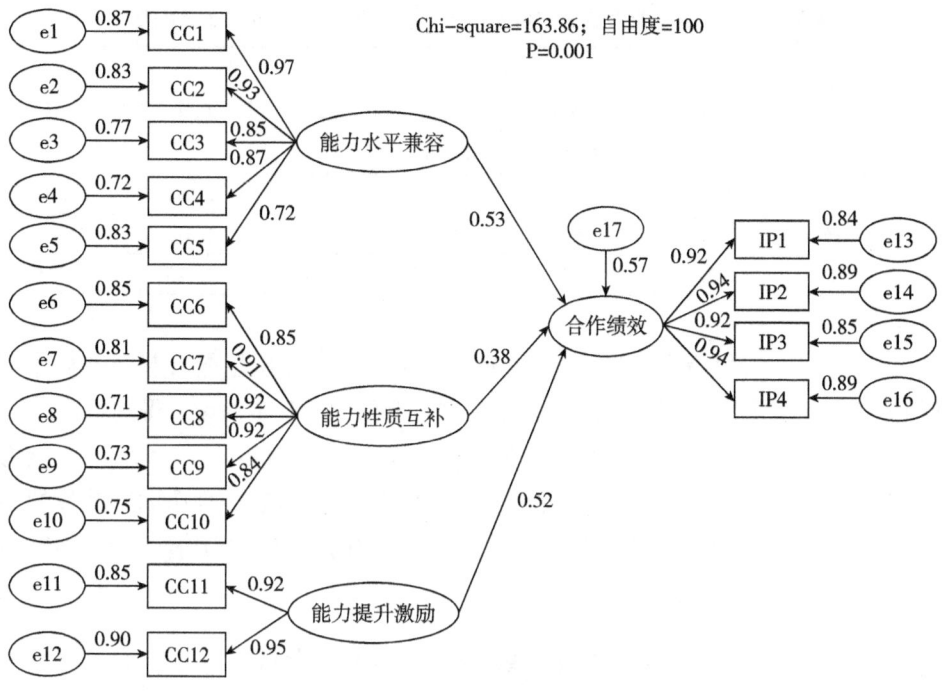

图7-7 异质性能力兼容与合作绩效结构实证模型

适配度统计值。从适配结果来看，绝对适配度指标显示整体模型预观测协方差或相关矩阵的程度较好。能力水平兼容、能力性质互补、能力提升激励和合作创新绩效四个构面内的所有指标的标准化载荷系数估计值都很好，且 p 值都小于0.000，模型的收敛效度较好。

表7-21 异质性能力兼容与合作创新绩效模型 SEM 适配度统计值

χ^2	χ^2自由度比	NFI	CFI	RMR	GFI	AGFI	RMSEA
163.86	1.638	0.962	0..954	0.044	0.912	0.889	0.062
适配标准	<2	>0.9	>0.9	<0.05	>0.9	>0.9	<0.08

（二）整体模型路径效果分析和假设检验

根据 Amos 软件对最终模型的运行结果，可以对第四章的研究推论做一一检验，以验证研究推论是否正确合理。表7-22列出了合作创新中异质性能力兼容与创新绩效的路径分析结果。

表7-22 异质性能力兼容与合作绩效结构模型测试结果（回归系数）

	估计值		S. E.	C. R.	p值
	非标准化路径系数	标准化路径系数			
合作绩效←能力水平兼容	0.601	0.531	0.194	2.081	0.010
合作绩效←能力性质互补	0.412	0.399	0.134	1.876	0.021
合作绩效←能力提升激励	0.527	0.507	0.161	1.725	0.007

由表中结果可以看出，在 0.05 的显著性水平上，异质性能力兼容与合作创新绩效之间有着显著的正相关关系，即本书第七章中的基本假设 2 得到验证。

进一步地，从标准化路径系数来看（p）：能力水平兼容（p=0.531）、能力性质互补（p=0.399）、能力提升激励（p=0.507）都是影响合作创新绩效的因素，且都显著。其中能力水平兼容对合作创新绩效的影响最为显著，能力提升激励次之，最后是能力性质互补。

三、异质性行为契合与合作创新绩效的 SEM 模型分析

本小节利用调研样本数据和 Amos 软件来对异质性行为契合与合作创新绩效的相关关系进行检验。经过多次试分析，本书最终采用了多因子的直交模型，该假设模型与实际数据较为适配。各个因子间呈现出一种"正交"或"直交"关系，表明各因素间没有相关关系或存在较低程度相关关系。

Amos 软件得到的结构方程模型（SEM）如图 7-8 所示。

（一）拟合优度检验

根据结构方程模型测量指标的意义，对拟合后得到的各个指标进行分析，解析整体模型的适配度。表 7-23 是异质性行为契合与合作创新绩效模型的 SEM 适配度统计值。从拟合结果来看，绝对适配度指标显示整体模型预测观测协方差或相关矩阵的程度较好。合作信息透明性、行为协调性、行为可信性、行为可控性和合作创新绩效五个构面内的所有指标的标准化载荷系数估计值都很好，且 p 值都小于 0.000，模型的收敛效度较好。

表7-23 异质性行为契合与合作创新绩效模型 SEM 适配度统计值

χ^2	χ^2自由度比	NFI	CFI	RMR	GFI	AGFI	RMSEA
158.24	1.598	0.946	0.962	0.046	0.907	0.924	0.075
适配标准	<2	>0.9	>0.9	<0.05	>0.9	>0.9	<0.08

第七章 典型地区企业的合作创新要素匹配与绩效实证研究

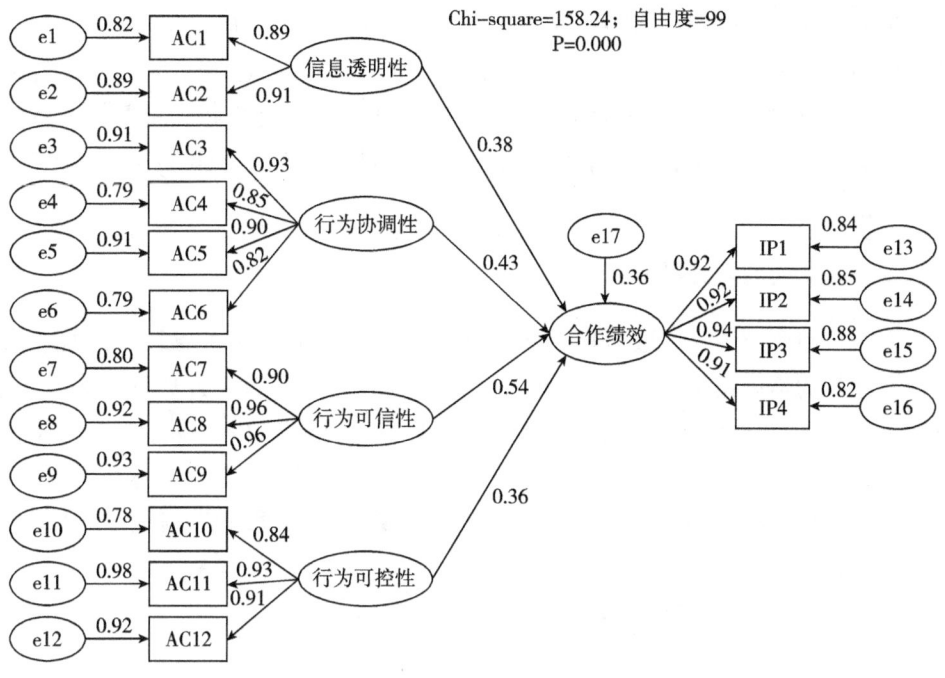

图7-8 异质性行为契合与合作绩效结构实证模型

(二) 整体模型路径效果分析和假设检验

根据 Amos 软件对最终模型的运行结果，可以对第五章的研究推论做一一检验，以验证研究推论是否正确合理。表7-24 列出了合作创新中异质性行为契合与合作绩效结构模型测试结果。

表7-24 异质性行为契合与合作绩效结构模型测试结果（回归系数）

	估计值		S. E.	C. R.	p 值
	非标准化路径系数	标准化路径系数			
合作绩效←合作信息透明性	0.392	0.375	0.091	2.198	0.010
合作绩效←合作行为协调性	0.441	0.434	0.014	2.865	0.000
合作绩效←合作行为可信性	0.550	0.532	0.035	4.582	0.006
合作绩效←合作行为可控性	0.379	0.360	0.028	3.897	0.018

由表中结果可以看出，在0.05的显著性水平上，异质性行为契合与合作创新绩效之间有着显著的正相关关系，即本书第七章中的基本假设3得到验证。

进一步地，从标准化路径系数来看（p）：合作信息透明性（p＝0.375）、合作行为协调性（p＝0.434）、合作行为可信性（p＝0.532）、合作行为可控性（p＝0.360）都是影响合作创新绩效的因素，且都显著。其中合作行为可信性对合作创新绩效的影响最为显著，接下来是合作行为协调性、合作信息透明性、合作行为可控性。

四、整体模型与路径分析

本小节利用调研样本数据和 Amos 软件来对三个维度的异质性因素匹配与合作创新绩效的整体相关关系进行检验。异质性资源互补匹配、异质性能力兼容、异质性行为契合与合作创新绩效的整体关系假设模型如图 7-9 所示。经过多次试分析，本书最终采用了多因子的直交模型，该假设模型与实际数据较为适配。各个因子间呈现出一种"正交"或"直交"关系，它表明各因素间没有相关关系或存在较低程度的相关关系。

Amos 软件得到的结构方程模型（SEM）如图 7-9 所示。

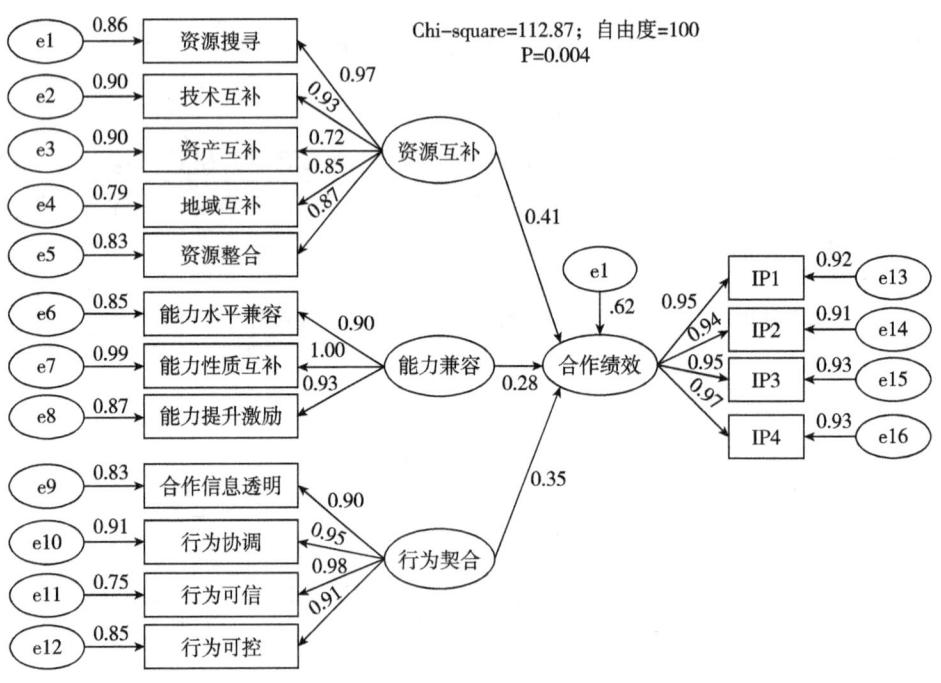

图 7-9　Amos 软件估算的异质性因素匹配与合作创新绩效的整体关系模型

第七章 典型地区企业的合作创新要素匹配与绩效实证研究

（一）拟合优度检验

根据前述结构方程模型测量指标的意义，对拟合后得到的各个指标进行分析，解析整体模型的适配度。表7-25是三个维度的异质性因素匹配与合作创新绩效模型的SEM拟合优度统计值。从拟合结果来看，绝对适配度指标显示整体模型预观测协方差或相关矩阵的程度较好。异质性资源互补匹配、异质性能力兼容和异质性行为契合和合作创新绩效四个构面内的所有指标的标准化载荷系数估计值都很好，且p值都小于0.000，模型的收敛效度较好。

表7-25 异质性资源、能力、行为匹配与合作创新绩效模型SEM适配度统计值

χ^2	χ^2自由度比	NFI	CFI	RMR	GFI	AGFI	RMSEA
112.87	1.128	0.946	0.962	0.046	0.907	0.924	0.075
适配标准	<2	>0.9	>0.9	<0.05	>0.9	>0.9	<0.08

（二）整体模型路径效果分析和假设检验

根据Amos软件对最终模型的运行结果，对第三、第四、第五章的研究假设进行综合检验，以验证这些研究假设是否同时能发挥作用。表7-26列出了合作创新中异质性资源互补、异质性能力兼容、异质性行为契合与合作绩效的路径分析的最终结果。

表7-26 异质性资源、能力、行为匹配与合作绩效结构模型测试结果（回归系数）

	估计值		S.E.	C.R.	p值
	非标准化	标准化			
合作绩效←异质性资源互补	0.517	0.409	0.112	3.476	0.000
合作绩效←异质性能力兼容	0.432	0.283	0.087	3.125	0.003
合作绩效←异质性行为契合	0.449	0.346	0.052	2.245	0.020

由表中结果可以看出，在0.05的显著性上，异质性资源互补匹配、异质性能力兼容和异质性行为契合同时与合作创新绩效之间有着显著的正相关关系，进一步地，从标准化路径系数来看（p）：异质性资源互补匹配（p=0.409）、异质性能力兼容（p=0.283）、异质性行为契合（p=0.346）都是影响合作创新绩效的因素，且都显著。其中合作中异质性资源互补匹配对合作创新绩效的影响最为显著，异质性行为契合次之，最后是异质性能力兼容。

第五节　假设检验结果及讨论

一、异质性资源互补匹配对合作创新绩效的影响

由前述结果表明：①企业在合作之前合作伙伴搜寻调查、信息挖掘能显著改善之后的合作创新绩效。在作者的调研中，也发现影响合作创新开展的最大障碍是信息不足，不少企业很难知道潜在合作伙伴的相关信息。这些潜在合作伙伴往往比较特殊，需要特定能力，这些能力信息又并非公开。所以，合作前的合作伙伴搜寻努力非常重要。②合作中不同合作伙伴的资产多样性对创新绩效很重要。资产规模、人力资本拥有状况，这些既是合作伙伴加强技术实力的标志，又是减少合作风险，提升合作概率的保证。因而资产多样性在合作前的三种互补性匹配中的影响最大。③与不同技术领域、跨行业的创新主体开展合作也很重要，它们提供了互补性技术资源。技术多样性为合作提供了多元信息、技能和观念，对研发技术、新产品市场、用户需求有着更深层次的理解，进而也决定了较高的创新绩效。④资源整合、地域多样性也对合作创新绩效产生影响，但是它们的影响程度相对较弱。

二、异质性能力兼容与合作创新绩效关系

前述结果表明：①能力水平兼容在三种能力要素中对合作创新绩效的影响最为显著，这说明合作各方的能力水平匹配确实对合作创新绩效产生重要影响。合作双方必须通过 R&D 努力、人力资本积累、组织学习等方式提高技术吸收能力和应用转换能力。那些越是重视内部创新能力提升和 R&D 活动的企业，就越能够有效整合企业内外的技术资源、信息，提取有用价值，因而也越有可能从合作创新获得高的回报收益，寻求合作创新的可能性也越大。②合作中创新能力提升的激励也很重要。通过扩大合作收益、改进收益分配方式以及增强知识产权保护等措施可以助力合作中的企业创新能力提升。具体而言，通过将合作各方的行为表现（提供的技术或服务的数量和质量等）与收益挂钩，对合作各方任务完成的进度、子目标的实现程度进行相应考核，并及时给予相应利益鼓励。③针对具体合作要求和特性，选择与自身能力相匹配、相互补的合作对象和合作方式也很

重要。

三、异质性行为契合与合作创新绩效关系

前述结果表明：①合作行为可信性对合作创新绩效的影响最为显著。正如笔者在调研中发现，失去技巧的风险、合作的高成本和违约风险等对于企业的合作创新非常重要。它们在一定程度上可以解释温州、台州地区较低的合作频率。企业之间信任的缺乏，阻碍了创新过程的合作，也阻碍了整个区域的创新系统形成。②正如第五章模型和第六章实证结果所显示的，合作中行为协调性也非常重要，只有研发方、生产应用投资方等各个伙伴一致行动才能实现合作中的协同效应。行为协调性主要是通过合作中的各个环节任务完成的及时性、质量水平等体现出来，并且与合作各方的目标一致性、合作各方的实质性努力程度和投入等有关。③信息透明性能够增强合作各方的信任感，也对合作行为起到了一种"无形约束"作用，因而也能起到促进合作创新发展的作用。④通过企业的合同管理、奖惩制度以及监督机制的设立可以加强合作中的创新行为控制，进而提高合作创新绩效。

四、三个维度的异质性因素匹配与合作创新绩效关系

从三个维度的异质性因素匹配与合作创新绩效关系的完整模型结果来看：

（1）异质性资源互补匹配对合作创新绩效的影响最为显著，它也表明当前的企业合作创新更为看重直接的资源互补匹配利用，这也是由我国企业发展的特点决定的。可以将企业的合作创新发展分为两个阶段：第一个阶段是以技术的直接利用为主的阶段；第二个阶段是以技术开发为主的阶段。前者对创新能力要求较弱，后者对创新能力要求较强。在技术利用阶段，企业对合作中的外部技术资源的互补性匹配更为重视，对其创新绩效影响也大。不过，随着我国企业的自主创新能力的逐步增强，企业越来越多地采用技术开发形式替代直接购买外部技术形式；因此，在以技术开发为主的阶段，企业的合作创新能力的高低将更为重要。

（2）无论在哪个阶段，合作过程中的异质性行为将使得合作各方相互间无法形成合力，知识信息传递受到极大阻碍，给创新活动带来极大风险。因此，对创新行为的有效管理将显得非常重要，管理控制要点就是改进治理机制，减少不对称信息和合作交易成本，增强合作双方的信任，提高行为协同性，实现资源、能力、组织同时合理匹配。

第六节 本章小结

本章是基于异质性要素匹配的合作创新绩效实证分析。在第三、第四、第五章合作创新机理研究的基础上，利用浙江省温州、台州地区制造业企业的调研数据，进一步研究了这些企业在开展合作创新过程中的异质性资源互补匹配、异质性能力兼容与异质性行为契合情况，并分析三个维度的异质性要素匹配对合作创新绩效的影响。详细阐述调研对象、调研方法、理论模型假设、调研问卷的设计、变量测量、效度与信度检验、统计结果讨论与启示等内容。采用了 SPSS 和 Amos 两个统计软件作为调研问卷的分析工具。最后通过整个结构方程模型分析和拟合度分析，给出相关因素对合作创新绩效的作用路径分析，找出对合作创新绩效影响显著的因素，为企业进行合作创新提供参考建议。主要研究包括：①异质性资源互补匹配与合作创新绩效之间有着显著的正相关关系，从标准化路径系数来看（p）：资源搜寻努力（p=0.441）、技术多样性（p=0.386）、资产多样性（p=0.407）、地域多样性（p=0.213）、资源整合（p=0.226）都是影响合作创新绩效的因素，且都显著。其中资源搜寻努力对合作创新绩效的影响最为显著，资产多样性、技术多样性、资源整合和地域多样性紧接其后。②异质性能力兼容与合作创新绩效之间有着显著的正相关关系，从标准化路径系数来看（p）：能力水平兼容（p=0.531）、能力性质互补（p=0.399）、能力提升激励（p=0.507）都是影响合作创新绩效的因素，且都显著。其中能力水平兼容对合作创新绩效的影响最为显著，能力提升激励次之，最后是能力性质互补。③异质性行为契合与合作创新绩效之间有着显著的正相关关系，从标准化路径系数来看（p）：合作信息透明性（p=0.375）、合作行为协调性（p=0.434）、合作行为可信性（p=0.532）、合作行为可控性（p=0.360）都是影响合作创新绩效的因素，且都显著。其中合作行为可信性对合作创新绩效的影响最为显著，接下来是合作行为协调性、合作信息透明性、合作行为可控性。④异质性资源互补匹配、异质性能力兼容和异质性行为契合同时与合作创新绩效之间有着显著的正相关关系，从标准化路径系数来看（p）：异质性资源互补匹配（p=0.409）、异质性能力兼容（p=0.283）、异质性行为契合（p=0.346）都是影响合作创新绩效的因素，且都显著。其中合作中异质性资源互补匹配对合作创新绩效的影响最为显著，异质性行为契合次之，最后是异质性能力兼容。

第八章 研究结论与对策建议

第一节 主要研究结论

随着我国经济快速发展和经济环境的变化,合作创新对于我国企业发展越来越重要。越来越多的企业已经开始重视并参与到合作创新中。但是在实际过程中,出现了大量的合作失败和合作分离的案例。

通过大量的文献研究和数据分析发现:合作中的创新资源匹配不当、合作中的能力衔接不足、合作中的行为协调性差是导致合作失败的重要原因。在此基础上,本书提炼出决定和影响合作创新绩效的"3C 匹配",即实现不同合作伙伴之间的异质性资源互补匹配(Resource Complementary),实现不同合作伙伴之间的技术研发、吸收与应用能力兼容(Capacity Compatible),实现不同合作伙伴之间的创新行为协调一致(Action Coordinate)。

本书正是从合作中的异质性资源互补匹配、异质性能力兼容与激发以及合作各方的行为控制与约束角度深入解析合作创新的作用机理。①在异质性资源互补匹配研究方面,本书提出只有在合作各方的资源的相关性(考虑合作交易成本等)与异质性(考虑资源丰裕度、多样性等)之间实现平衡,才能提高合作中的资源互补匹配程度,也就能提高合作绩效。本书指出了合作前的信息搜寻、筛选工作、合作对象和合作项目审查、评估机制的重要性。基于异质性资源互补匹配原理,本书还提出了潜在合作伙伴选择的两种评价方法:欧几里得距离评价方法和合作吸引力评价方法。②在异质性能力兼容研究方面,本书提出合作创新是一个动态过程,合作项目从研发、中试到成功实现商业化应用还需要合作各方不同能力（研发能力、技术学习、应用和转化能力、市场推广能力等）的良好衔接。本书通过模型论证，如果合作方的能力衔接混乱，或者技术吸收能力不足就会影响到合作创新过程中的知识学习效率、应用转化效率以及最终的收益水平。本书进一步指出决定合作中能力兼容程度的因素来自合作各方的能力提升激励和能力管理水平。③在异质性行为契合研究方面，本书指出了合作过程中容易出现的各种机会主义行为（包括合作不努力、刻意隐瞒成果、挪用项目资金，以及各种欺骗行为等），本书通过模型分析进一步论证了这些机会主义行为将使得合作风险增大，合作各方的创新投入积极性降低，最终导致合作失败。本书还分析了这些机会主义行为产生的深层次原因，包括信息不对称、利益取向不一致、合作契约不完备等，并强调应该从解决信息不对称、激励相容和加强契约管理等角度消除异质性行为对合作创新的不良影响。

本书进一步对提出的合作创新机理做了实证分析和验证。

（1）利用我国工业企业的宏观统计数据、文献、网络资料以及部分调研微观数据研究了我国企业开展合作创新的现状、特点以及存在的主要问题。本书显示，沿海等省市的合作创新规模和比例相对较大；产学研合作是各省企业首选的合作形式，而企业间的横向合作相对较少；企业倾向于与知名院校、特色学校和科研机构开展合作；合作往往呈现"集群特征"；合作呈现较强的层次性，规模较大、具有较强技术能力的企业开展合作创新的次数更为频繁，而小企业由于合作信息、合作渠道等的限制，其合作频繁度较弱。同时，本书借鉴了 Ceccagnoli 等（2014）的方法，检验了我国大中型工业企业开展合作创新过程中的互补效应及其影响因素。研究显示，当企业具有更强的技术吸收能力（衡量合作中各方能力兼容程度）、较大经营规模（衡量合作中可寻资源互补程度）和具备以往技术转让经验（衡量合作中各方行为管理与控制水平）时，内、外部 R&D 的互补性较强。

（2）利用浙江省温州、台州地区 235 家制造业企业的调研数据，笔者进一步研究了这些企业在开展合作创新过程中的异质性资源匹配状况、异质性能力兼容状况以及异质性行为契合状况，并分析了它们各自对创新绩效（合作目标实现程度、合作满意程度、合作关系稳定持久性）的影响效应，研究结果显示：资源互补匹配、能力兼容和行为契合同时与合作创新绩效之间有着显著的正相关关系；从标准化路径系数来看（p），异质性资源互补匹配（$p=0.409$）、异质性能力兼容（$p=0.283$）、异质性行为契合（$p=0.346$）都是影响合作创新绩效的因素，且都显著。其中合作中异质性资源互补匹配对合作创新绩效的影响最为显著，异质性行为契合次之,最后是异质性能力兼容。从细分维度的估算结果来看,在异质性资源互补匹配中,资源搜寻努力对合作创新绩效的影响最为显著,资产多样性、技术多样性、资源整合和地域多样性紧随其后;在异质性能力兼容中,能力水平兼容对合作创新绩效的影响最为显著,能力提升激励次之,最后是能力性质互补;在异质性行为契合中,合作行为可信性对合作创新绩效的影响最为显著,接下来是合作行为协调性、合作信息透明性、合作行为可控性。

(3)上述实证结果表明:当前我国企业的合作创新更为看重资源互补匹配,这由我国企业发展的特点决定,我国企业目前处在以技术直接利用为主的阶段,企业创新能力还较弱,因而强调互补资源的直接利用。随着我国企业的创新能力提升,合作研发、能力提升和创新行为管理将成为重点,因而它们对合作创新绩效的影响效应将逐步增强。

第二节 对策建议

企业与其他企业、大学或科研机构等开展合作创新的最终目的是提高企业的经营绩效,但是影响创新绩效的因素却较多且作用机理复杂。本书梳理了这些因素,并从中分离出最为关键的三个变量:异质性资源、异质性能力和异质性行为。异质性是这三个变量的共同特征:企业与企业、大学、科研院所之间存在广泛的异质性。这些异质性要素决定了合作中资源的利用程度、能力的发挥高低以及行为的可控性或约束程度。合作创新过程中的有些异质性要素能够提升创新绩效,例如,在确保各种资源相关性的前提下,资源的异质性程度越大,所体现的价值越大;但是也有的异质性要素会抑制创新绩效的提升,例如,合作中各方的能力水平差异太大,不能形成有效衔接;再如,合作中各种机会主义行为的出现。因此,成功的合作创新要因势利导,在充分考虑合作伙伴所具有的异质性的条件下,从资源匹配、能力兼容和行为契合方面加强管理,提升合作绩效。

一、提升合作双方异质性资源的互补衔接

(1)加强合作信息搜寻、合作项目和合作对象筛选、审查与评估工作,提升合作决策机制的科学性、有效性。合作创新的成功在很大程度上取决于合作双方所拥有的异质性资源的互补匹配程度。但是在对浙江省温州、台州地区的民营

企业的调研过程中发现,许多企业面临信息约束,合作信息不完全、信息渠道受到限制,对潜在合作对象无从了解,也不知道如何建立合作关系。

企业有必要改变这一不利局面:一是要加强信息搜寻、审查和评估工作,建立专业化的管理机构来实施评估工作,并且制定有效、科学的合作发展规划,减少合作对象选择的盲目性和单一性,确立合作的重点领域、对口单位与技术开发结合点。二是企业要增加在信息搜寻、咨询方面的投入,通过提供专门的资金支持,来提高合作选择的有效性。三是积极构建企业的合作信息网络,强化信息交流。合作信息网络能够将各个成员的信息有效汇集起来,包括创新资源、潜在合作伙伴背景、合作经历等,这些信息能为下一步合作开展打下基础。

(2) 在潜在合作对象的选择方面,要充分考虑合作双方所拥有的资源的相关性和异质程度,实现两者的最优平衡和互补匹配。前者能将不同资源连接起来,建立一个共同基础,降低认知距离和合作交易成本;后者则实现了资源组合的稀缺性、多样性、新颖性,并且能够提高这些资源组合的价值和竞争力。例如,我国华为公司在选择合作伙伴时确立了"产品接近、技术互补"的原则(李玲、陶锋,2012)。尽管,华为公司可以选择的合作伙伴众多,例如摩托罗拉、德州仪器、英特尔、日本电气股份有限公司(NEC)等,但是这些公司的技术和产品与华为公司属于同类,接近程度大。华为公司依据自身和合作伙伴特点,选择了与自身技术相近且较能顺畅实现技术交流、交换的高通公司开展合作。通过联合研发、购买高通的协议专利,华为公司迅速在一些关键技术上获得突破,实现了跨越式发展。

因此,在选择合作伙伴时应注意:一是不过分追求合作对象的"高大上"和技术的先进性,而是注重与自身资源互补性强的个体,注重资源的有效利用。二是尽量选择在某一领域具有专业优势、特色资源的企业、高校和科研院所作为合作伙伴,这样可以增强资源组合的稀缺性和竞争优势。三是合作对象选择具有多样性、层次性,包括产业链上下游企业,它们在市场中存在一定的依存关系,在技术、信息与产品供求方面具有互补性,因而它们之间的资源组合能够提升合作价值。合作对象也可以包括跨地区的合作伙伴,克服合作范围的地理限制。异质性信息的获得与所处地理位置以及范围大小紧密相关。当跨不同区域时,合作资源的互补性程度会增加。另外,随着企业发展到一定阶段,必然产生对跨地区资源的需求,这也是越来越多的企业对跨省或者国际合作产生兴趣并积极尝试的原因。例如,浙江省宁波市与中国科学院合作的"432"工作计划;嘉兴市的中关村长三角创新园、浙江清华长三角研究院,以及浙大网新集团与丹麦工业技术研究院的合作、温州服装发展有限公司与意大利高等培训及研发中心等的合作。四是在产学研合作方面，企业要着重考虑具有专业特色、学科特色的高校或科研院所。高校选择可以具有层次性，与不同的高校采用不同的合作方式，与不同的高校合作要尽量避免同质竞争，突出自身特长，重点发展不可替代的技术资源。

（3）选择合理的合作方式，提高合作针对性。具体而言，一是由企业适时提出技术需求或产品需求，由合作另一方依据项目需求进行研发工作。这种合作方式能够提高合作的针对性，降低合作开发成本，提高合作效益，实现技术供需匹配。二是合作方式由浅入深，可以沿着共建实验室、研发中心、委托研发、联合研发等方向发展。通过初期的磨合，可以增进了解，在熟悉各自专业优势的基础上可以开展更深层次的合作，使技术开发更贴近市场需求。三是在合作的不同阶段，选择不同的合作方式实现各种资源的有机对接。例如，对于人力资源，企业可以从研发阶段组织技术人员到高校，直接参与到合作项目的研发，在项目研发过程中培养技术对接人才；在项目中试和产业化阶段，可以选择在企业的技术中心和工厂进行，提高企业员工对技术的掌握程度，加快技术产业化应用。

（4）加强合作对象选择管理平台与机制的建设，从被动、盲目选择合作伙伴转变到主动、有针对性选择合作伙伴。相当部分的技术信息具有私密性，一般不为企业所知，企业要想获得这些信息必须建立专业的信息管理平台来整合它们。目前，我国相当部分企业和高校还没有建立起有效的合作管理平台和机制，部分高校的技术转移办公室的工作人员缺乏专业经验。企业和高校都做相应的组织调整，成立专门的合作创新发展促进部门，来评估、管理和整合外部创新资源，依靠高素质的专业人员来协调、稳固合作关系。

二、促进合作中的能力水平与能力性质兼容

（1）加大合作中企业创新能力提升与技术吸收能力提升的激励。正如本书所述，合作中创新效率高低还取决于合作各方的能力发挥，企业的技术能力水平、吸收能力水平不仅决定了企业对所获取知识的再创造质量，它还能有效消除技术供求之间的差距。并且当企业具备足够的能力时，才有实力介入合作项目，而它介入合作项目程度越深，合作项目的风险性越小，收益越高。影响合作中企业能力发挥的一个重要因素是能力发挥的激励，具体而言：一是企业可以从增加R&D投入、改进合作收益分配方式、加大人才奖励等方面促进能力提升和加速技术积累。二是对合作各方的表现进行考核，与提供的技术服务的数量、质量及时性相挂钩，能够促进能力的发挥。三是重视对人才的培养，通过专门培训、联

合培养等方式培养、积累人才。

(2) 增进合作各方的不同能力间的相互衔接。不同合作伙伴的能力性质可能不同，例如，有的合作方具有较强的技术研发能力，其对前沿知识的掌握较全面、牢固；有的则熟悉市场和用户，具有较强的技术转换与应用能力；还有的则掌握较多的知识管理经验与较强的知识应用连接能力。在合作中，应该增进合作各方能力的有机衔接，剔除"冗余"能力。具体而言：一是寻求与自身能力互补的创新主体作为合作对象。这需要加强合作前的调查评估，对潜在合作对象的创新能力进行深入分析，与自身能力具有互补性的对象可以优先选作合作伙伴。二是针对各方能力的差异性，选择不同能力提升策略。与大学、科研机构展开合作时，要求企业内部必须具备较强的吸收能力，能够将前沿科学知识转换为实际应用，因此企业应加强吸收与应用转换能力的提升。然而与同业企业合作时，则要求双方在较窄的技术领域具备互补能力。

(3) 改进和完善合作中的组织学习平台，为企业能力提升创造机会、环境和氛围。合作中，企业与其他组织的互动学习机制往往缺失，这也影响了企业合作创新能力的发挥。通过互动学习，企业可以获取各种网络资源、提高企业的动态能力。具体而言，一是在合作伙伴间举行定期或不定期的知识、信息与技术交流会，共享最新技术资源。二是合作各方互派技术人员深造、培训，共同参与研发项目，解决技术难题。人员之间保持有效的沟通，相互提供信息和产品改进建议。三是成立正式的合作团队，来自各方的团队成员间要保持适度的联系，为相互学习创造机会。

三、加强合作中双方行为的协调一致性管理

(1) 健全合作行为治理机制，减少信息不对称，提升创新行为的协调性。合作过程中的异质性行为将使得合作各方无法形成合力，知识信息传递滞缓，给创新活动带来极大风险。因此，对创新行为的有效管理将显得非常重要，管理控制要点就是改进治理机制，减少不对称信息和合作交易成本，增强合作双方的信任，提高行为协同性。具体而言，就是利用声誉机制或信号机制约束合作方的异质性行为。信誉和声誉等都是很好的信号机制，有助于解决信息不对称问题。企业的声誉具有累积性、稳定性和综合性，通过声誉能够将"好"的合作伙伴和"坏"的合作伙伴区别出来，以此减少合作中机会主义行为发生的可能性。发挥信号机制的作用有三个策略：一是做好合作前的资信调查，为合作方建立详细的信誉记录。通过政府、第三方信息中介或者自身努力收集潜在合作方的信誉记录。二是通过长期、制度化的合作来发挥信号机制的作用。在重复合作博弈中，合作方实施机会主义行为的激励会弱化。三是根据合作方的前期研发投入信息（例如，购入用于研发的设备、聘请相关领域的技术人员或专家作为顾问等）来决定后续合作进程。合作方的前期研发投入可以作为一种信誉的保证，降低后续机会主义行为的发生概率。

（2）通过构建社会网络，发挥关系治理的作用。社会网络能够让企业较为准确、迅速地了解潜在合作方的相关信息，减少信息不对称；还能提高合作双方创新行为的一致性，减少摩擦和交易成本。发挥关系治理的作用：一方面要企业社会网络的关系"嵌入性"，增加与潜在合作伙伴的连接，增进不同合作主体间的互信；另一方面要引入信誉监督机制，借助合作第三方或中介机构，建立合作各方的档案，评定合作伙伴的信誉等级，形成异质性行为约束。

（3）加强契约管理，建立合理、有效的利益分配机制。在合作创新过程中，经常出现利益分配不尽完善引起的纷争。合作各方的利益没有得到很好的处理，不仅影响合作进程，而且导致机会主义行为出现，合作中止。例如，在合作契约不完善情况下，合作一方发现创新利益越来越大，就会采用各种机会主义行为干扰合作正常进行。解决上述问题的最好方法就是，加强契约管理，建立合理、有效的利益分配机制。建立良好的契约管理：一是要在合作协议中对各方的责任、权利（财务决策权、财务监督权、收益分配权等）和义务做出明确划分，就各自的风险分担比例、分配利益大小及其变化方向以及知识产权归属等问题做出较为清晰的界定。二是在契约中要体现出激励机制和惩罚机制。对于合作方的努力和取得的成绩要给予一定的奖励，包括现金奖励、股权奖励和精神奖励等。对于合作方的"搭便车"行为、卸责行为、投机行为要进行相应的惩罚。

（4）建立有效的沟通管理平台。当合作双方存在一定摩擦时，如果具备有效的沟通机制，就能够减少摩擦，克服困难，保障合作的顺利进行。企业和高校应该设立专门的合作沟通平台来加强交流，协调和管理各项工作。具体而言，一是建立包括技术人员、管理人员、生产人员、市场推广人员等在内的团队，负责合作过程中联系、组织、进度协调、工作检查与应急处理等工作。二是建立直接的接触与网络连接，例如通过现场走访、联席会议、定期的交流汇报等方式，提高信息传递的质量，清除沟通中的障碍。三是采取适宜的交流与监督方式。当合作双方具有较高信任度时，应尽量弱化过程控制和监督式控制，可以促使合作成员的自我控制，以定期或不定期检查为主，检查研究进度、研究实验记录等。当新技术开发的难度较大时，应加强沟通，通过频繁互动、会面来共同应对开发压力。

四、发挥政府在合作对接方面的积极作用

正如前文实证部分和调研分析显示,政府在推进合作创新发展中能够发挥重要作用,在信息平台搭建、合作渠道拓展、合作投入资助以及推进中小企业合作创新发展方面都能发挥了一定的作用。

(1) 搭建信息平台,发挥信息中介作用。合作信息非常重要,它能促进创新资源匹配,同时能够减少信息不对称,降低合作风险性。但是经济理论研究表明,企业在寻求合作时,信息搜寻表现出相当大的不经济性(具有公共品性质)。政府可以借助自身在信息资源方面的优势解决这一问题。通过搭建合作信息平台,为合作各方及时提供合作创新信息,实现信息在各个潜在合作伙伴之间的共享,既能克服这种信息搜寻的不经济性,也能促进合作发展。因此,政府可以从三个方面做起:一是加强信息共享平台搭建,成立由政府资助的产学研或合作创新信息中心、科技园信息中心等,建立合作创新信息库、专家库、科技成果库,打造企业创新需求的综合信息平台。二是举办更多的合作对接会,在本地企业、高校、科研院所发布科技成果供需信息。三是出台优惠措施鼓励科技中介发展,让第三方信息中介成为创新主体之间的"黏合剂",满足企业创新需要。

(2) 成立专门的合作创新促进机构,为企业、大学等技术联合攻关、技术成果转让提供各种配套服务。该机构的具体职能包括:一是为本地科技成果转让、交易提供服务。二是为合作创新资源对接,比如为科技融资活动提供支持。三是解决合作中各种知识产权纠纷,提供法律咨询服务。四是为企业提供潜在各个合作伙伴的信誉咨询服务。正如前文所述,它能通过信号治理机制降低合作方的机会主义行为,降低合作风险,提高合作积极性。但是这一服务也只能由政府提供。五是撮合不同创新主体共同解决某一重点产业中的共性技术开发、应用问题,推进产业联盟发展。

(3) 推进中小企业合作创新发展。大企业开展合作创新的主动性更强,其具有更多的信息资源、合作渠道,但是相当部分的中小企业的合作创新发展受到限制。中小企业可能在某一方面具有专业优势、特色优势,但是它们也受到技术人才不足、资金来源不足等限制,对异质性资源需求的程度可能更高。目前,"万众创新"已经成为一种新趋势,中小企业可以成为开展合作创新的一支重要力量。政府可以出台措施推进中小企业的合作创新发展,包括:为中小企业的合作创新提供直接资助,解决其资金不足问题,包括补贴、免税等;为中小企业合作创新搭建平台，举办合作对接会和中小企业创新中心等，积极促进中小企业与地方特色院校、特色学科、专业人才对接，提高其合作积极性；支持中小企业参与国际合作，为中小企业提供国际合作的咨询服务、法律服务、金融服务等。

（4）政府直接投入资金支持企业合作创新。政府的直接资金投入将极大地提高企业参与合作创新的积极性。具体措施包括：一是成立产学研合作专项资助资金，由政府财政拨款设立。用于项目投资、研发中心建设、相关成果和技术人员奖励等；二是施行合作项目补贴制度，对于国家鼓励发展的高科技产业项目进行适当投资补贴；三是提供合作项目的融资服务，通过协调商业银行为合作项目安排优惠贷款等；四是对科技成果转让过程中的衍生企业给予资助，既能支持合作创新发展，又能支持新创企业发展。

参考文献

[1] Agrawal, A. University – to – Industry Knowledge Transfer: Literature Review and Unanswered Questions [J]. International Journal of Management Review, 2001, 3 (4): 285 – 302.

[2] Ahuja G, Katila R. Technological Acquisitions and the Innovation Performance of Acquiring Firms: A Longitudinal Study [J]. Strategic Management Journal, 2001, 22 (3): 197 – 220.

[3] Aiello, F, Cardamone, P, Mannarino L, et al. Does External R&D Matter for Family firm Innovation? Evidence from The Italian Manufacturing Industry [J]. Small Business Economics, 2020, 7 (2): 1 – 16.

[4] Alim, Alessandro R. Does knowledge Base Complexity Affect Spatial Patterns of Innovation? An Empirical Analysis in the Upstream Petroleum Industry [J] Technological Forecasting and Social Change, 2019, 143: 273 – 288.

[5] Almeida, P, Hohberger, J, Parada, P. Individual Scientific Collaborations and Firm – Level Innovation [J]. Industrial and Corporate Change, 2011 (6): 1571 – 1599.

[6] Atallah G. Defecting from R&D Cooperation [J]. Australian Economic Papers, 2006, 45 (3): 204 – 226.

[7] Barney J. Firm Resources and Sustained Competitive Advantage [J]. Journal of Management, 1991 (17): 99 – 120.

[8] Belderbos, R, Carree, M, Lokshin, B. Complementarity in R&D Cooperation Strategies [J]. Review of Industrial Organization, 2006, 28: 401 – 426.

[9] Berchicci, L. Towards an Open R&D System: Internal R&D Investment, External Knowledge Acquitition and Innovative Performance [J]. Research Policy,

2013, 42 (1): 117-127.

[10] Bierly III, P, Gallagher, S. Explaining Alliance Partner Selection: Fit, Trust and Strategic Expediency [J]. Long Range Planning, 2007, 40 (2): 134-153.

[11] Bozeman, Barry, Corley, E. Scientists' Collaboration Strategies: Implications for Scientific and Technical Human Capital [J]. Research Policy, 2004, 33: 599-616.

[12] Brouthers, K D, Brouthers, L E, Wilkinson T J. Strategic Alliances: Choose Your Partners [J]. Long Range Planning, 1995, 28 (3): 18-25.

[13] Bruneel, J, D'Este, Pablo, Salter, A. Investigating the Factors that Diminish the Barriers to University-Industry Collaboration [J]. Research Policy, 2010, 39 (7): 855-568.

[14] Bruneel, J. Investigating the Factors that Diminish the Barriers to University-Industry Collaboration [J]. Research Policy, 2010, 39 (7): 858-868.

[15] Carboni, O. Heterogeneity in R&D Collaboration: An Empirical Investigation [J]. Structural Change and Economic Dynamics, 2013 (25): 48-59.

[16] Cassiman, B, Veugelers, G. Organizing R&D Projects to Profit from Innovation: Insights from Co-Opetition [J]. Long Range Planing, 2009, 42 (2): 216-233.

[17] Cassiman, B, Veugelers, R. In Search of Complementarity in Innovation Strategy: Internal R&D and External Technology Acquisition [J]. Management Science, 2006, 52 (1): 68-82.

[18] Cassiman, B, Reinhilde, V. R&D Cooperation and Spillovers: Some Empirical Evidence from Belgium [J]. American Economic Review, 2002, 92 (4): 1169-1184.

[19] Ceccagnoli M, Higgins M, Palermo, V. Behind the Scenes: Sources of Complementarity in R&D [J]. Journal of Economics & Management Strategy, 2014, 23 (1): 125-148.

[20] Ceccagnoli, M, Graham, M, Higginsy, M, et al. Productivity and the Role of Complementary Assets in Firms' Demand for Technology Innovations [J]. Industrial and Corporate Change, 2010, 19 (3): 839-869.

[21] Changc L, Lin T, Tsaiw C. The Influences of Knowledge Loss and Knowledge Retention Mechanisms on the Absorptive Capacity and Performance of a MIS Department [J]. Management Decision, 2016, 54 (7): 1757-1787.

[22] Chaves C, Rapini M, Suzigan W, et al. The Contributions of Universities and Research Institutes to Brazilian Innovation System [J]. Innovation and Development, 2016, 6 (1): 31 -50.

[23] Chesbrough, H W. Open Innovation: The New Imperative for Creating and Profiting from Technology [M]. Boston: Harvard Business School Press, 2003.

[24] Cohen, W M, Nelson, R R, Walsh, J. P. Links and Impacts: The Influence of Public Research on Industrial R&D [J]. Management Science, 2002, 48 (1): 1 -23.

[25] Colyvas, J, Crow, M, Gelijns, A, et al. How Do University Inventions Get into Practice? [J]. Management Science, 2002, 48 (1): 61 -72.

[26] Cowan R, Jonard, N, Zimmermann, J. Bilateral Collaboration and the Emergence of Innovation Networks [J]. Management Science, 2007, 53 (7): 1051 -1067.

[27] Cummings J L, Teng B. S. Transferring R&D Knowledge: The Key Factors Affecting Knowledge Transfer Success [J]. Journal of Engineering and Technology Management, 2003, 20 (1): 112 -133.

[28] Das, T K. Between Trust and Control: Developing Confidence in Partner Cooperation in Alliances [J]. The Academy of Management Review, 1998, 23 (3): 491 - 512.

[29] Davids M, Frenken K. Proximity, Knowledge Base and the Innovation Process: Towards an Integrated Framework [J]. Regional Studies, 2018, 52 (1): 1 -12.

[30] Duysters, G, Heimeriks, K, Lokshin, B, et al. Do Firms Learn to Manage Alliance Portfolio Diversity? The Diversity - Performance Relationship and the Moderating Effects of Experience and Capability [J]. European Management Review, 2012, 9 (3): 139 -152.

[31] D'Este, P, Perkmann, M. Why do Academics Engage with Industry? The Entrepreneurial University and Individual Motivations [J]. The Journal of Technology Transfer, 2011, 36 (3): 316 -339.

[32] Edquist, C, Eriksson, M L, Sjogren, H. Characteristics of Collaboration in Product Innovation in the Regional System of Innovation of East Gothia [J]. European Planning Studies, 2002, 10 (5): 563 -581.

[33] Eom, B, Lee, K. Determinants of Industry – Academy Linkages and their Impact on Firm Performance: The Case of Korea as a Latecomer in Knowledge Industrialization [J]. Research Policy, 2010, 39 (5): 625 –639.

[34] Ernst H, Kahle H, Dubie A, et al. The Antecedents and Consequences of Affordable Value Innovations for Emerging Markets [J]. Journal of Product Innovation Management, 2015, 32 (1): 65 –79.

[35] Fassin, Y. The Strategic Role of University – industry Liaison Offices [J]. Journal of Research Administration, 2000 (2): 142 –160.

[36] Faulkner, D, Child, J. Strategies of Cooperation: Managing Alliances, Networks, and Joint Ventures [M]. Oxford: Oxford University Press, 1998.

[37] Fawcett, S, Jones, S, Fawcett, A. Supply Chain Trust: The Catalyst for Collaborative Innovation [J]. Business Horizons, 2012, 55 (2): 163 –178.

[38] Fontana, R, Geuna, A, Matt, M. Factors Affecting University – Industry R&D Projects: The Importance of Searching, Screening and Signaling [J]. Research Policy, 2006, 35 (2): 309 –323.

[39] Giuliani, E. Cluster Absorptive Capacity [J]. European Urban and Regional Studies, 2016, 12 (12): 269 –288.

[40] Glising V, Noteboom B, Vanhaverbeke W, et. al. Network Embedness and the Exploration of Novel Technology: Technological Distance, Between Centrality and Density [J]. Research Policy, 2008 (37): 1717 –1731.

[41] Guan J, Liu N. Exploitative and Exploratory Innovations in Knowledge Network and Collaboration Network: A Patent Analysis in the Technological Field of Nano – energy [J]. Research Policy, 2016, 45 (1): 97 –112.

[42] Hagedoorn, J. Inter – Firm R&D Partnerships: An Overview of Major Trends and Patterns Since 1960 [J]. Research Policy, 2002, 31 (4): 477 –492.

[43] Hagedoorna, J, Wang, N. Is there Complementarity or Substitutability Between Internal and External R&D Strategies? [J]. Research Policy, 2012, 41 (5): 1072 –1083.

[44] Hamel G. Competition for Competence and Interparter Learning within International Strategic Alliances [J]. Strategic Management Journal, 1991, 12: 83.

[45] Harrigan, K. Joint Ventures and Competitive Strategy [J]. Strategic Management Journal, 1988, 9 (2): 141 –158.

[46] He, Z, Wong, P. Reaching Out and Reaching Within: A Study of the Relation between Innovation Collaboration and Innovation Performance [J]. Industry and Innovation, 2012, 19 (7): 539 – 561.

[47] Hewitt – Dundas, N. The Role of Proximity in University – Business Cooperation for Innovation [J]. Journal of Technology Transfer, 2013, 38 (2): 93 – 115.

[48] Hoang, H, Rothaermel, F T. Leveraging Internal and External Experience: Exploration, Exploitation, and R&D Project Performance [J]. Strategic Management Journal, 2010, 31 (7): 734 – 758.

[49] Holmberg, S, Cummings, J. Building Successful Strategic Alliances [J]. Long Range Planning, 2009, 42 (2): 164 – 193.

[50] Hutt, M. Defining the Social Network of Strategic Alliances [J]. Sloan Management Review, 2000, 41 (2): 51 – 62.

[51] Ingham, M, Mothe, C. How to Learn in R&D Partnerships? [J]. R&D Management, 1998, 28 (4): 249 – 261.

[52] Jiang, R, Tao, Q, Santoro, M. Alliance Portfolio Diversity and Firm Performance [J]. Strategic Management Journal, 2010, 31 (10): 1136 – 1144.

[53] Kafouros, M, Wang, C, Piperopoulos, P, et al., Academic Collaborations and Firm Innovation Performance in China: The Role of Region – Specific Institutions [J]. Research Policy, 2015, 44 (3): 803 – 817.

[54] Kaiser, U. R&D with Spillovers and Endogenous Absorptive Capacity [J]. Journal of Institutional and Theoretical Economics, 2002, 158 (2): 286 – 303.

[55] Kamien, M. I, Zang, I. Meet Me Halfway: Research Joint Ventures and Absorptive Capacity [J]. International Journal of Industrial Organization, 2000, 18 (7): 995 – 1012.

[56] Knott, A M. Persistent Heterogeneity and Sustainable Innovation [J]. Strategic Management Journal, 2003, 24 (8): 687 – 705.

[57] Kodama, T. The Role of Intermediation and Absorptive Capacity in Facilitating University – Industry Linkages – An Empirical Study of TAMA in Japan [J]. Research Policy, 2008, 37 (8): 1224 – 1240.

[58] Kok, H, Faems D, Faria P. Knowledge Recombination in R&D Alliances: The Importance of Architectural and Component Knowledge [J]. Academy of Management Annual Meeting Proceedings, 2017 (1): 12181.

[59] Kolympiris C, Klein P G. The Effects of Academic Incubators on University Innovation [J]. Social Science Electronic Publishing, 2016 (11): 145-170.

[60] Lampe, R, Petra, M. Do Patent Pools Encourage Innovation? Evidence from 20 U. S. Industries under the New Deal [R] NBER Working Paper, No. 18316, 2012.

[61] Lane, P, Salk, J, Lyles, M. Absorptive Capacity, Learning, and Performance in International Joint Ventures [J]. Strategic Management Journal, 2001, 22 (12): 1139-1161.

[62] Laursen K, Salter A. Open for Innovation: The Role of Openness in Explaining Innovation Performance Among U. K. Manufacturing Frms [J]. Strategic Management Journal, 2006, 27 (2): 131-150.

[63] Lee, Y. Technology Transfer and the Research University: A Search for the Boundaries of University - Industry Collaboration [J]. Research Policy, 1996, 25 (6): 843-863.

[64] Lerner, J, Malmendier, U. Contractibility and Contract Design in Strategic Alliances [J]. American Economic Review, 2010, 100: 214-246.

[65] Lerner, J, Strojwas, M Tirole, J. The Design of Patent Pools: The Determinants of Licensing Rules [J]. The RAND Journal of Economics, 2007, 38 (3): 610-625.

[66] Lhuillery, S, Pfister, E. R&D Cooperation and Failure in Innovation Projects: Empirical Evidence from French CIS Data [J]. Research Policy, 2009, 38 (1): 45-57.

[67] Lichtenthaler, U, Lichtenthaler, E. A Capability - Based Framework for Open Innovation: Complementing Absorptive Capacity [J]. Journal of Management Studies, 2009, 46 (8): 1315-1338.

[68] Littler, D, Leverick, F, Bruce, M. Factors Affecting the Process of Collaborative Product Development: A Study of UK Manufacturers of Information and Communications Technology Products [J]. Journal of Product Innovation Management, 1995, 12 (1): 16-32.

[69] Ma Y, Jiang B, Wang Y, et al. The Influence of Scope and Depth of Firms' Inter - Organizational R&D Collaboration on Enterprise Innovation Performance: An Empirical Analysis Based on Chinese Industrial Enterprises Database [J]. Science Research Management, 2014, 35 (6): 33-40.

[70] Mansfield, E, Lee, J. The Modern University: Contributor to Industrial Innovation and Recipient of Industrial R&D Support [J]. Research Policy, 1996, 25 (7): 1047-1058.

[71] Marra A, Antonelli P, Pozzi C. Emerging Green – Tech Specializations and Clusters – A Network Analysis on Technological Innovation at the Mentropolitan Level [J]. Renewable and Sustainable Energy Reviews, 2017, 67: 1037-1046.

[72] Marsili, O. The Anatomy and Evolution of Industries: Technological Change and Industrial Dynamics [R]. MA, USA, 2001.

[73] Mayer, M, Kenney, M. Economics Action Does not Take Place in a Vacuum: Understanding Cisco's Acquisition and Development Strategy [J], Industry and Innovation, 2002, 23 (1): 23-45.

[74] Milgrom P, Roberts J. The Economics of Modern Manufacturing: Technology, Strategy, and Organization [J]. American Economic Review, 1990, 80 (3): 511-528.

[75] Mindruta, D. Value Creation in University – Firm Research Collaborations: A Matching Approach [J]. Strategic Management Journal, 2013, 34 (6): 644-665.

[76] Mishra, A, Shah, R. In Union Lies Strength: Collaborative Competence in New Product Development and its Performance Effects [J]. Journal of Operations Management, 2009, 27 (4): 324-338.

[77] Miyagiwa, K. Collusion and Research Joint Ventures [J]. The Journal of Industrial Economics, 2009, 57 (4): 768-784.

[78] Mohr, J, Spekman, R. Characteristics of Partnership Success: Partnership Attributes, Communication Behavior, and Conflict Resolution Techniques [J]. Strategic Management Journal, 2006, 15 (2): 135-152.

[79] Moris, F. U. S. – China R&D Linkages: Direct Investment and Industrial Alliances In the 1990s [R]. National Science Foundation Science Resources Statistics Info brief, NSF 04-306, 2004.

[80] Mortensen, D, Pissarides, C. Job Creation and Job Destruction in the Theory of Unemployment [J]. Review of Economic Studies, 1990, 61 (3): 397-415.

[81] Motohashi, K. University – Industry Collaborations in Japan: The Role of New Technology Based Flrms in Transforming the National Innovation System [J].

Researeh Poliey. 2005, 34 (5): 583 -594.

[82] Nissen, H, Evald, M, Clarke, A. Knowledge Sharing in Heterogeneous Teams Through Collaboration and Cooperation: Exemplified through Public - Private - Innovation Partnerships [J]. Industrial Marketing Management, 2014, 43 (3): 473 -482.

[83] Okamuro, H. Determinants of Successful R&D Cooperation in Japanese Small Businesses: The Impact of Organizational and Contractual Characteristics [J]. Research Policy, 2007, 36 (10): 1529 -1544.

[84] Parida, V, Patel, P C, Wincent J, et al. Network Parter Diversity, Network Capability, and Sales Growth in Small Firms [J]. Journal of Bussiness Research, 2016, 69 (6): 2113 -2117.

[85] Pastor, M, Sandonis J. Research Joint Ventures vs. Cross Licensing Agreements: An Agency Approach [J]. International Journal of Industrial Organization, 2002, 20 (2): 215 -249.

[86] Perkmann, M, King, Z, Pavelin, S. Engaging Excellence? Effects of Faculty Quality on University Engagement with Industry [J]. Social ence Electnonic Publishing, 2011, 40 (4): 539 -552.

[87] Petersen, K. Supplier Integration into New Produc Development: Coordinating Product, Process and Supply Chain Design [J]. Journal of Operations Management, 2005, 23 (3/4): 371 -388.

[88] Pommerening S, Wawi B. Factors and Drivers of Partner Selection and Formation Within Open Innovation in SMEs: Study on SMEs in Manufacturing Sector in Sweden [D]. Sweden: Jonkoping University, 2017.

[89] Ponds, R, van O, F, Frenken, K. Innovation, Spillovers and University - Industry Collaboration: An Extended Knowledge Production Function Approach [J]. Journal of Economic Geography, 2010, 10 (2): 231 -255.

[90] Poyago -Theotoky, J, J. Beath, D. Siegel. Universities and Fundamental Research: Reflections on the Growth of University - Industry Partnerships [J]. Oxford Review of Economic Policy, 2002, 18 (1): 10 -21.

[91] Pucci T, Brumana M, Minola T. Social Capital and Innovation in a Life Science Cluster: The Role of Proximity and Family Involvement [J]. Journal of Technology Transfer, 2017 (3): 1 -23. .

[92] Pyka, A. Innovation Networks in Economics: From the Incentives - Based

to the Knowledge – Based Approach [J]. European Journal of Innovation Management, 2002 (5): 152 – 163.

[93] Roller, L H, Tombak M M, Siebert R. The Incentives to form Research Joint Ventures: Theory and Evidence [M]. Cig Working Paper, 1998, 1 (4): 303 – 313.

[94] Rotemberg, J, Garth S. Benefits of Narrow Business Strategies [J]. American Economic Review, 1994, 84 (5): 1330 – 1349.

[95] Rothaermel, F T, Hess, A M. Building Dynamic Capabilities: Innovation Driven by Individual, Firm, and Network Level Effects [J]. Organization Science, 2007, 18 (6): 898 – 921.

[96] Sa W, Huang S, Fan Y, et al. Integrated Partner Selection and Production – Distribution Planning for Manufacturing Chains [J]. Computers and Industrial Engineering, 2015, 84 (2): 32 – 42.

[97] Sakakibara, M. Evaluating Government – Sponsored R&D Consortia in Japan: Who Benefits and How? [J]. Research Policy, 1997, 26: 447 – 473.

[98] Sakakibara, M. Heterogeneity of Firm Capabilities and Cooperate Research and Development: An Empirical Examination of Motives [J]. Strategic Management Journal, 1997, 18: 143 – 160.

[99] Sammarra, A, Biggiero, L. Heterogeneity and Specificity of Inter – Firm Knowledge Flows in Innovation Networks [J]. Journal of Management Studies, 2008, 45 (4): 800 – 829.

[100] Sampson, R. C, R&D Alliances and Firm Performance: The Impact of Technological Diversity and Alliance Organization on Innovation. Academic Management [J]. Academy of Management Journal, 2007, 50 (2): 364 – 386.

[101] Sarasini, S. Electrifying the Automotive Industry: The Geography and Governance of R&D Collaboration [J]. Environmental Innovation and Societal Transitions, 2014, 13: 109 – 128.

[102] Schmiedeberg C. Complementarities of Innovation Activities: An Empirical Analysis of the German Manufacturing Sector [J]. Research Policy, 2008, 37 (9): 1492 – 1503.

[103] Shan, R, Swaminathan, V. Factors Influencing Partner Selection in Strategic Alliances: The Moderating Role of Alliance Context [J]. Strategic Management Journal, 2008, 29 (5): 471 – 494.

［104］Smith, K, Collins, C, Clark, K. Existing Knowledge, Knowledge Creation Capability, and the Rate of New Product Introduction in High – Technology Firms ［J］. The Academy of Management Journal, 2005, 48 (2): 346 – 357.

［105］Song, M. A Dynamic Analysis of Cooperative Research In The Semiconductor Industry ［J］. International Economic Review, 2011, 52 (4): 1157 – 1177.

［106］Stepanova, A, Tesoriere, A. R&D Spillovers Monopoly vs Duopoly ［J］. The Manchester School, 2011, 79 (1): 125 – 144.

［107］Sugandhavanija P, Sukchai S, Ketjoy N, et al. Determination of Effective University – Industry Joint Research for Photovoltaic Technology Transfer in Thailand ［J］. Renewable Energy, 2011, 36: 600 – 607.

［108］Tojeiro – Rivero D, Moreno R. Technological Cooperation, R&D Outsourcing, and Innovation Performance at the Firm Level: The Role of the Regional Context ［J］. Research Policy, 2019, 48 (7): 1798 – 1808.

［109］Tsai, K. Collaboration Networks and Product Innovation Performance: Toward a Contingency Perspective ［J］. Research Policy, 2009, 38 (5): 765 – 778.

［110］Van, Dierdonck. R, Debackere, K. Academic Entrepre – Neurship at Belgium University ［J］. R&D Management, 1988 (4): 77 – 91.

［111］Vega – Jurado, J, Gutiérrez – Gracia, A, Fernández – de – Lucio, I. Does External Knowledge Sourcing Matter for Innovation? Evidence from the Spanish Manufacturing Industry ［J］. Industrial and Corporate Change, 2009, 18 (4): 637 – 670.

［112］Wang, C, Hong, J, Kafouros, M, et al. Exploring the Role of Government Involvement in Outward Direct Investment From Emerging Economies ［J］. Journal of International Business Studies, 2012, 43 (7): 655 – 676.

［113］Weber, S. The Success of Open Source ［M］. Boston: Harvard University Press, 2004.

［114］Winter, S G, Kaniovski Y M, Dosi G. A. Baseline Model of Industry Evolution ［J］. Journal of Evolutionary Economics, 2003, 13 (4): 19 – 32.

［115］Woerter, M. Industry Diversity and its Impact on the Innovation Performance of Firms: An Empirical Analysis Based on Panel Data ［J］. Journal of Evolutionary Economics, 2009, 19 (5): 675 – 700.

［116］Yayavaram, S, Srivastavam, K, Sarkarm, B. Role of Search for Domain Knowledge and Architectural Knowledge Inalliance Partner Selection ［J］. Strategic

Management Journal, 2018, 39 (8): 2277-2302.

[117] Yunjh J, Wond K, Park K. Dynamics from Open Innovation to Evolutionary Change [J]. Journal of Open Innovation Technology Market and Complexity, 2016, 2 (1): 7-29.

[118] 常永恒. 政策感知对校企合作创新绩效的影响研究 [D]. 福州: 福州大学, 2018.

[119] 陈怀超, 张晶, 费玉婷. 制度支持是否促进了产学研协同创新? ——企业吸收能力的调节作用和产学研合作紧密度的中介作用 [J]. 科研管理, 2020, 41 (3): 1-11.

[120] 陈伟. 开创产学研国际化合作的新模式——记上海交通大学与通用汽车公司的全方位合作 [J]. 中国高校科技与产业化, 2007 (8): 2-3.

[121] 陈伟民. 人情社会中企业合作创新水平分析 [J]. 浙江科技学院学报, 2013, 25 (4): 253-258.

[122] 陈艳艳, 王文迪. 合作创新网络对知识密集型服务企业创新绩效影响的研究 [J]. 华东经济管理, 2013 (6): 44-48.

[123] 陈钰芬. 企业开放式创新的动态模式研究 [J]. 科研管理, 2009, 30 (5): 1-11.

[124] 陈钰芬. 探求与企业特质相匹配的开放式创新模式 [J]. 科研管理, 2013 (9): 27-35.

[125] 程巧莲, 胡珑瑛, 崔双双. 基于知识转移的合作创新伙伴信任评价研究 [J]. 运筹与管理, 2014 (2): 143-150.

[126] 戴彬, 屈锡华, 李宏伟. 基于模糊综合评价的技术创新合作伙伴选择模型研究 [J]. 科技进步与对策, 2011 (1): 120-123.

[127] 邓春平, 宋琦, 毛基业, 等. 发起与感知: 协同创新中议题营销的作用 [J]. 管理世界, 2018, 34 (12): 95-108.

[128] 樊霞, 陈丽明, 刘炜. 产学研合作对企业创新绩效影响的倾向得分估计研究——广东省部产学研合作实证 [J]. 科学学与科学技术管理, 2013 (2): 63-69.

[129] 樊霞, 何悦, 朱桂龙. 产学研合作与企业内部研发的互补性关系研究——基于广东省部产学研合作的实证 [J]. 科学学研究, 2011, 29 (5): 764-770.

[130] 范如国, 叶菁, 李星. 产业集群复杂网络中的信任机制研究——以浙

江永康星月集团与双健集团合作创新为例［J］. 学习与实践，2012（2）：20-30.

［131］方金城，陈华，朱斌. 改进灰局势决策在技术创新合作伙伴选择中应用［J］. 哈尔滨商业大学学报（自然科学版），2011（1）：117-120.

［132］谷丽，任立强，洪晨，等. 知识产权服务中合作创新行为的产生机理研究［J］. 科学学研究，2018，36（10）：1870-1877.

［133］顾兴燕，银路. 基于能力异质性的产学研合作创新对象选择［J］. 技术经济，2010（11）：24-29.

［134］郭淑芬，郭金花，李晓琪. 合作创新质量、知识吸收能力与企业创新绩效——基于太原高新区科技型中小企业的实证研究［J］. 南京工业大学学报（社会科学版），2017，16（3）：89-99.

［135］胡剑波. 跨国公司技术转移方式探析［J］. 中国国情国力，2008（4）：25-28.

［136］贾晓霞，张寒. 引入合作网络的知识积累对产学研合作创新绩效影响的实证研究［J］. 产经评论，2018，9（6）：116-127.

［137］江苏中超电缆股份有限公司关于控股子公司签订合作开发协议的公告［N］. 证券时报，2015-03-05（B33）.

［138］景临英，薛耀文，李亨英，等. 基于不同心理与需求的校企合作博弈研究［J］. 科学学研究，2008，26（10）：171-177.

［139］李丹，杨建君. 联结强度、企业间信任和技术创新模式与合作创新绩效［J］. 软科学，2018，32（6）：74-77.

［140］李金登. 跨国公司与中国大学之间的 R&D 合作研究［D］. 北京：清华大学，2005.

［141］李琳，吴越. 地理邻近、网络位置对产学联盟合作创新的影响［J］. 中国科技论坛，2014（9）：75-83.

［142］李玲，陶锋. 基于双研发模式的合作创新影响因素研究［J］. 科技进步与对策，2012（8）：1-4.

［143］李娜. 基于 AHP 的院校视角下校企合作战略联盟伙伴评价体系的研究［J］. 教育教学论坛，2018（7）：30-31.

［144］李卫红，陈圻，王强. 基于 NASH 谈判模型的上下游企业 R&D 合作与协调机制研究［J］. 管理工程学报，2012（2）：65-71.

［145］李亚. 企业网络动态能力与技术创新绩效关系研究［D］. 杭州：浙江理工大学，2012.

[146] 李兆友, 孙庆梅. 产学研协作创新中的"市场失灵"及纠治 [J]. 社会科学家, 2013 (5): 58–61.

[147] 梁靓. 开放式合作创新中的伙伴异质性对创新绩效的影响 [D]. 杭州: 浙江大学, 2014.

[148] 刘克寅, 汤临佳. 基于异质性要素匹配的企业合作创新作用机理研究 [J]. 科技管理研究, 2016, 36 (7): 11–18.

[149] 刘克寅, 宣勇, 池仁勇. 企业内外部 R&D 战略的互补性与替代性研究——基于中国大中型工业企业的行业数据分析 [J]. 研究与发展管理, 2016, 27 (6): 1–9.

[150] 刘克寅, 宣勇, 池仁勇. 校企合作创新的协调失灵、再匹配与发展机制——基于省际校企合作创新的面板数据分析 [J]. 科研管理, 2015, 36 (10): 35–43.

[151] 刘克寅, 宣勇. 高校与企业开展合作创新的匹配规律及对策研究——以浙江省校企合作创新为例 [J]. 高等工程教育研究, 2014 (4): 50–56.

[152] 刘群慧, 李丽. 关系嵌入性、机会主义行为与合作创新意愿 [J]. 科学学与科学技术管理, 2013 (7): 83–93.

[153] 刘炜, 马文聪, 樊霞. 产学研合作与企业内部研发的互动关系研究——基于企业技术能力演化的视角 [J]. 科学学研究, 2012 (12): 1853–1861.

[154] 刘岩, 高艳慧, 沈聪. 技术知识基础多元度对企业合作创新伙伴选择的影响研究 [J]. 技术经济, 2020, 39 (9): 1–10.

[155] 刘洋, 魏江, 江诗松. 后发企业如何进行创新追赶?——研发网络边界拓展的视角 [J]. 管理世界, 2013 (3): 96–110.

[156] 卢福财, 周鹏. 企业间网络是合作创新的有效组织形式 [J]. 当代财经, 2006 (9): 53–57.

[157] 吕海萍. 产学研相结合的动力障碍机制实证分析 [J]. 研究与发展管理, 2004 (2): 58–62.

[158] 罗炜, 唐元虎. 国内外合作创新研究述评 [J]. 科学管理研究, 2000 (4): 14–20.

[159] 马庆国. 管理统计: 数据获取、统计原理、SPSS 工具与应用研究 [M]. 北京: 科学出版社, 2002.

[160] 马如飞. 企业研发组织模式选择——基于交易成本理论和资源基础理论的实证检验 [J]. 科学学与科学技术管理, 2011 (1): 152–158.

[161] 倪旭东，薛宪方. 基于知识异质性团队的异质性知识网络运行机制 [J]. 心理科学进展，2013，21（3）：389-397.

[162] 潘丽萍. 浙江医药投资亿元"跨进"乳腺癌新药研发产业领域 [N]. 绍兴晚报，2013-11-12（A06）.

[163] 任荣，王涛. 主体要素与企业合作创新绩效关系的实证研究 [J]. 经济问题，2009（3）：51-54.

[164] 任宗强，吴志岩. 创新网络中的异质性、匹配度与能力动态仿真研究 [J]. 科学学与科学技术管理，2012，33（8）：51-55.

[165] 释均. "产学研"合作企业要当创新主角 [N]. 中国高新技术产业导报，2011-06-27（A03）.

[166] 宋晶，孙永磊，陈劲. 基于调节定向的网络惯例对合作创新绩效的作用研究 [J]. 科学学与科学技术管理，2017，38（2）：127-135.

[167] 宋娟，张莹莹，谭劲松. 创新生态系统下核心企业创新"盲点"识别及突破的案例分析 [J]. 研究与发展管理，2019，31（4）：76-90.

[168] 孙荣臻. 中低技术企业协同创新模式与机制研究 [J]. 科学管理研究，2019，37（5）：104-108.

[169] 陶蕴芳，员智凯. 研究型大学与跨国公司的合作创新模式研究 [J]. 西北工业大学学报（社会科学版），2012（2）：94-98.

[170] 汪孟艳. 基于企业成长视角的产学研合作创新网络研究 [D]. 天津：天津大学，2012.

[171] 王崇锋，孟星辰，晁艺璇. 合作创新网络视角下团队间合作的动因研究——以中国船舶产业为例 [J]. 中国海洋大学学报（社会科学版），2018，162（4）：88-96.

[172] 王鹏，张剑波. 外商直接投资、官产学研合作与区域创新产出——基于我国十三省市面板数据的实证研究 [J]. 经济学家，2013（1）：58-66.

[173] 王晓丽，刘和东. 基于混合溢出的技术创新联盟博弈分析 [J]. 科技管理研究，2012（13）：6-9.

[174] 王晓新，邹艳，叶金福. 企业合作创新伙伴选择的多层次优属度评价 [J]. 科技进步与对策，2008（7）：65-67.

[175] 肖丁丁，朱桂龙. 产学合作中的知识生产效率——基于"模式Ⅱ"的实证研究 [J]. 科学学研究，2012（6）：895-903.

[176] 肖丁丁，朱桂龙. 产学研合作创新效率及其影响因素的实证研究

[J]. 科研管理, 2013 (1): 11-18.

[177] 许婷, 杨建君. 企业间信任、合作模式与合作创新绩效——知识库兼容性的调节作用 [J]. 华东经济管理, 2017, 31 (12): 35-43.

[178] 薛澜, 姜李丹, 黄颖, 等. 资源异质性、知识流动与产学研协同创新——以人工智能产业为例 [J]. 科学学研究, 2019, 37 (12): 2241-2251.

[179] 严成樑, 周铭山, 龚六堂. 知识生产、创新与研发投资回报 [J]. 经济学（季刊）, 2010, 9 (3): 1051-1059.

[180] 严焰, 池仁勇. R&D 投入、技术获取模式与企业创新绩效——基于浙江省高技术企业的实证 [J]. 科研管理, 2013, 34 (5): 48-55.

[181] 杨东奇, 徐影. 研发联盟合作伙伴选择影响因素分析 [J]. 科技和产业, 2009, 9 (6): 71-75.

[182] 杨东奇, 张春宁, 徐影, 等. 企业研发联盟伙伴选择影响因素及其对联盟绩效的作用分析 [J]. 中国科技论坛, 2012 (5): 116-120.

[183] 杨东升, 卞慰萱, 张永安. 校企合作创新方式选择的博弈分析 [J]. 科研管理, 2008, 29 (10): 29-32.

[184] 杨焕春. 温州企业技术创新能力和产出的调查与分析 [J]. 科学学与科学技术管理, 2007, 28 (9): 47-49.

[185] 杨名, 潘雄锋, 刘荣. 企业合作创新伙伴选择研究——基于 AHP-OVP 模型 [J]. 技术经济与管理研究, 2013 (1): 28-31.

[186] 于长宏. 基于企业技术能力的产学研合作创新模式选择研究 [D]. 大连: 大连理工大学, 2019.

[187] 袁磊. 战略联盟合作伙伴的选择分析 [J]. 中国软科学, 2001 (9): 53-57.

[188] 詹美求, 潘杰义. 校企合作创新利益分配问题的博弈分析 [J]. 科研管理, 2008, 29 (1): 8-14.

[189] 张华, 顾新. 合作创新的领导权博弈与利益协调研究 [J]. 系统工程理论与实践, 2018, 38 (12): 119-133.

[190] 张慧. 组织异质性对合作创新绩效的影响研究——基于创新生态系统视角 [D]. 西安: 西北大学, 2019.

[191] 张奇, 张志刚, 王晓蓬. 基于技术许可的校企合作创新博弈模型构建研究 [J]. 科学学研究, 2009, 29 (6): 941-946.

[192] 张艺, 龙明莲. 海洋战略性新兴产业的产学研合作: 创新机制及启示

[J]．科技管理研究，2019，39（20）：91-98.

[193] 证券时报网．广东东阳光科技控股股份有限公司关于与深圳清华大学研究院签署技术开发（合作）合同并设立全资子公司的提示性公告［EB/OL］．[2014-08-16]．http：//finance.sina.com.cn/stock/t/20140816/030120029873.shtml.

[194] 庄涛，吴洪，胡春．高技术产业产学研合作创新效率及其影响因素研究——基于三螺旋视角［J］．财贸研究，2015（1）：55-60.

附　录

企业合作创新要素匹配的调研问卷

请您根据贵企业的基本情况回答以下问题，在认同的选项处打"√"。

企业背景资料：
1. 企业名称：_____
2. 企业设立年份：_____年
3. 企业员工人数：_____人
4. 企业产权性质：
   □ 国有及国有控股　　□ 集体　　□ 外资　　□ 私营　　□ 港澳台
5. 企业主导业务所在行业领域：_____
6. 企业近三年研发投入占当年销售总额的平均比重：
   □ <0.5%　　　　□ 0.5%~2%　　　　□ 2%以上
7. 您的工作职位：
   □ 基层管理人员　　□ 中层管理人员　　□ 高层管理人员

	非常不同意	不同意	稍微不同意	一般	稍微同意	同意	非常同意
一、异质性资源互补							
RC企业进行了细致的信息筛选与潜在合作对象搜寻工作							
RC企业设有专门部门或人员进行潜在合作对象搜寻							

附　录

续表

	非常不同意	不同意	稍微不同意	一般	稍微同意	同意	非常同意
RC 企业确信自己和合作伙伴的资源是高度互补的							
RC 企业倾向于与不同行业的伙伴开展合作							
RC 技术专利数量多少是企业选择合作伙伴的重要标准							
RC 技术领先程度是企业选择合作伙伴的重要标准							
RC 企业倾向于与规模较大的伙伴开展合作							
RC 企业倾向于与技术人员多的伙伴开展合作							
RC 企业倾向于与地理位置相近且业务相关的伙伴开展合作							
RC 企业倾向于与省内外知名伙伴开展合作							
RC 企业采取有力措施对合作中异质性资源进行整合							
RC 企业选取了与自身资源特征相符的合作方式							
二、异质性能力兼容							
CC 企业技术人员对合作研发技术非常了解							
CC 合作双方具有足够的新技术开发、吸收与应用能力							
CC 企业高层的技术背景对合作成功起了很重要的作用							
CC 企业为技术吸收做了很多努力与投入							
CC 合作伙伴为企业能力提升提供了大量信息和帮助							
CC 企业确信合作成功有赖于各方分工，发挥不同能力							
CC 企业与合作伙伴在创新中展现了较强的能力互补性							
CC 企业针对不同合作特性与要求努力提升自身能力							

续表

	非常不同意	不同意	稍微不同意	一般	稍微同意	同意	非常同意
CC 企业选择了与自身能力相匹配的合作方式							
CC 合作双方设立了良好的互动学习机制或渠道							
CC 合作双方制定了合理、满意的收益分配比例							
CC 企业设立了完善的研发或制造人才激励计划							
三、异质性行为契合							
AC 与企业合作的伙伴大多是自己熟悉或朋友介绍的对象							
AC 企业倾向于选择与声誉高的伙伴合作，减少冲突可能性							
AC 企业的合作目标与合作伙伴高度一致							
AC 合作伙伴通常能按时完成研发任务							
AC 合作方完成的任务质量能达到项目规定的标准							
AC 企业与合作方都能为合作成功做出实质性努力和投入							
AC 合作方能诚实相告自身的知识、经验和研发能力							
AC 合作方的承诺可靠、可行							
AC 合作方没有挪用资金、知识侵权等行为存在							
AC 企业在合同中针对任务完成情况制定有明确奖惩制度							
AC 企业与合作方设立了有效的沟通平台							
AC 企业建立有效的监督、检查机制，确保合约的有效遵守							
四、合作创新绩效							
IP 合作达到了此前双方设立的目标							
IP 企业从合作中提高了创新能力和获得意外收益							
IP 合作双方对整个合作过程感到满意							
IP 若未来有合作机会，双方愿意维持合作关系的延续							

后　记

本书是在我的博士学位论文的基础上修改而成的，同时也是教育部人文社会科学研究项目"基于异质性的企业合作创新匹配机理研究"、浙江省哲学社会科学规划课题"企业与高校合作创新中的异质性要素匹配机理研究——以浙江省企业为例"等课题的研究成果之一，获得浙江省温州大学的"温州大学学术精品文库"部分出版资助。

本书的出版首先要感谢我的导师——浙江外国语学院党委书记宣勇教授。感谢恩师这么多年来对我的学习、工作、生活等方面的谆谆教诲和悉心关怀。先生深厚的学术功底、严谨的治学风格以及求真务实的工作作风亦是我终身学习的榜样。

其次要感谢池仁勇教授、徐维祥教授和谢洪明教授，感谢他们在我读博期间给予的指导和帮助，没有他们的无私帮助与关怀，我也无法顺利完成学业。另外，也十分感谢百忙之中参加我的论文答辩并提出宝贵意见的王俊豪教授、虞晓芬教授、盛亚教授、陈多长教授和李正卫教授。倪英老师在论文评审、材料递交等方面给予的帮助，在此一并表示感谢。同时，也感谢教授过我知识的其他各位师长。

还要感谢读博期间给予我诸多帮助的汤临佳、杨玉香、吴宝、戴海容、张鹏、马永喜等各位同学，感谢他们在此期间在学习和工作上给予我的支持和帮助。也感谢我在温州大学的领导和同事，感谢他们在工作上和生活上对我的关心和支持。另外，对有关部门所给予的资助表示深深感谢。

我要特别向我的家人表达感谢。他们始终如一的支持，给了我极大的信心和力量来完成漫长的学业。我的爱人潘翃在家务和工作上做了极大付出，减去了我学术研究过程中的后顾之忧，再次深深表示感谢！

最后感谢《科研管理》《研究与发展管理》《高等工程教育研究》等期刊和

经济管理出版社给予我展示成果的机会,并对经济管理出版社总编室何蒂主任及其他编辑老师表示由衷的感谢!

刘克寅
2020 年 10 月于温州茶山